IMMOBILIEN
FachVerlag

Helge Ziegler

3, 2, 1 verkauft ...?

Das Märchen vom einfachen Immobilienverkauf

Zahlreiche Immobilienexperten
packen aus –

Insiderwissen, unausgesprochene
Geheimnisse und Gefahren

Bibliographische Information der Deutschen Nationalbibliothek:
Die deutsche Nationalbibliothek verzeichnet diese Publikation in der deutschen Nationalbibliografie. Detaillierte Daten sind im Internet über http://dnb.dnb.de abrufbar.

Impressum

ImmobiliA GmbH
Geschäftsführer: Helge Ziegler
Sitz der Gesellschaft: 97753 Karlstadt, Gartenstr. 5
Telefon: +49 (9353) 9769052
E-Mail: info@immobilia-online.com
Registergericht: Würzburg
Registernummer: HRB 9145
Steuer-Nummer: 231/164/03803
Umsatzsteuer-Identifikationsnummer: DE313478732

Der ImmobilienFachVerlag ist ein
Unternehmensbereich der ImmobiliA GmbH
ImmobilienFachVerlag, 97839 Esselbach,
Johann-Kern-Str. 12
Telefon: +49 (9353) 9768785
E-Mail: info@immobilienfachverlag.de
Internet: www.immobilienfachverlag.de

Lektorat: Anna Pickhan, freiberufliche Lektorin &
Philosophin, anna.pickhan@gmx.de

Covergestaltung: Anna Müller, Annafy Grafikdesign
annafy.design@gmail.com
www.annafy.de

Coverbild:
Adobe Stock: ©139072669 olly
1. Auflage 2019

ISBN 978-3-981-90465-9

Rechtliche Hinweise

Die Wiedergabe von Gebrauchsnamen, Handelsnamen, Warenbezeichnungen usw. berechtigt auch ohne besondere Kennzeichnung nicht zur Annahme, solche Namen wären im Sinne der Warenzeichen- und Markenschutz-Gesetzgebung als frei zu betrachten und dürften daher von jedermann benutzt werden.

Der Verlag, der Herausgeber und die Autoren dieses Werkes gehen davon aus, dass die Angaben und Informationen in diesem Werk zum Zeitpunkt der Veröffentlichung vollständig und korrekt sind. Dennoch können weder der Verlag noch die Autoren und/oder die Herausgeber, ausdrücklich oder implizit, Gewähr oder Haftung für den Inhalt, etwaige Fehler oder Äußerungen übernehmen. Um Verständnis wird gebeten.

Das Werk kann nicht als Ersatz für eine rechtliche Beratung gesehen werden. Es empfiehlt sich daher, im konkreten Einzelfall juristischen Rat einzuholen.

Hinweis an die Leserinnen des Buches

An die Leserinnen dieses Buches ergeht die Bitte um Verständnis, dass lediglich aus Vereinfachungsgründen und der besseren Lesbarkeit wegen, die männliche Form gewählt wurde.

Danksagung

Ich bedanke mich in meiner Eigenschaft als Herausgeber an dieser Stelle

bei allen Autoren, gleich ob Immobilienmakler, Juristen, Ausbilder und Trainer oder Vorstände, dass sie sich trotz ihrer beruflichen Auslastung die Zeit genommen haben, ihre reichhaltigen Erfahrungen zu Papier zu bringen und sich an diesem Gemeinschaftswerk zum Nutzen der Leser zu beteiligen,

bei Anna Pickhan, Germanistin und Philosophin, die parallel zu ihrer Dissertation und ihrer verantwortungsvollen Aufgabe als noch junge Mutter die verschiedenartigsten Texte der Autoren kompetent redigierte und lektorierte,

bei Anna Müller, Graphikdesignerin, die für jeden Autor einzelne Buchcover erstellte und geduldig immer wieder den neuen Anforderungen anpasste,

bei Bernhard Völker, der in vielen Stunden mit seinen profunden Word-Kenntnissen die Formatierungen so anpasste, dass der Text druckreif erstellt werden konnte

und zu guter Letzt bei meiner lieben Ehefrau Petra, die nicht nur meine vielen Bürostunden geduldig ertrug, sondern auch mit ihrem Feingefühl für die deutsche Sprache zum Gelingen dieses umfangreichen Werkes beitrug.

Danke!

Inhaltsverzeichnis

Vorwort 17

Das Image des Immobilienmaklers in der Öffentlichkeit – Vorurteile und Wirklichkeit 21
von Helge Ziegler

Auch bei Immobilienmaklern gibt es „weiße“ und „schwarze“ Schafe 21
Leider hat der Gesetzgeber wesentlich zum Negativbild des Maklers beigetragen...22
Viele Gesetze tangieren die Tätigkeit des Maklers..................................23
Wer ist verpflichtet, eine Provision an den Makler zu bezahlen? 25
Warum soll man denn überhaupt eine Provision an den Makler bezahlen? 26
Die unterschiedlichen Provisionsmodelle 28
Der Staat als Mitverursacher der Wohnungsmisere 30
Viele private Eigentümer sind der Meinung „Makler sind unverzichtbar!“ 30

Die Emotionen beim Verkauf und Kauf einer Immobilie....33
von Bianca Merk

Immobilien sind Emotionen und ein Zuhause 34
Erfahrungen mit Käufern und Verkäufern unterschiedlicher Nationalitäten und Kulturen...34
Verkaufe ich meine Immobilie selbst oder ziehe ich einen Makler hinzu? 40
Der Makler als Mediator...43
Wie Hindernisse beseitigt werden können..45
Wo finde ich den passenden Makler für meinen Immobilienverkauf? 47
Die Entscheidung – Makler ja oder nein 48
Die Bewertung der Immobilie..49

Immobilie geerbt – was nun? 51
von Sven Weida

Detailinformationen sind unabdingbar 51
Diese zwölf Fragen sollten Sie sich stellen..52

Immobilienprofis zeichnen sich durch eine gute Ausbildung aus 63
von Markus Langenbach

Es gibt eine gesetzliche Weiterbildungspflicht 63
Das wird sich in der Zukunft ändern 64
Der maximale Preis – der Wunsch eines jeden Verkäufers 65
Ein gut ausgebildeter Makler kann eine Immobilie professionell einwerten 66
Woran erkennt man einen Profimakler? 67
Welche Aus- und Weiterbildungen muss ein Makler vorweisen können? 68
Welche Maklerprovision ist gerechtfertigt? 69

Auf welche Weise der Preis Einfluss auf die Vermarktungsdauer hat 71
von René Reuschenbach

Die falsche Einschätzung der Vermarktungsdauer 72
Der irreführende Vergleich mit angebotenen Immobilien auf Internetplattformen 73
Ein zu hoher Preis schreckt potenzielle Käufer ab 74
Harte und weiche Faktoren der Wertermittlung 75
Die Ermittlung des realen Marktwertes 76

Vom Fehler, keine Immobilie zu kaufen 79
von Jürgen Engelberth

Jeder kann Immobilieneigentümer werden 80
Mein Tipp: Nie ohne Makler! 81
Warum ist eine Unternehmensanalyse so wichtig? 81
Kundenwünsche ändern sich im Laufe der Überlegungen 82
Immobilienfinanzierung – gewusst wie 85
Immobilienmakler ermöglichen oft erst den Immobilienerwerb 86
Politische Fehlentwicklungen 87
Das Eigenkapital-Ersatzdarlehen steigert die Eigentumsquote 91
Der Owners Club 93

Stolpersteine beim Verkauf einer Immobilie erkennen, verstehen und vermeiden 95
von Wolfgang Bertol

Privatverkauf: Die sechs großen Schwachstellen 96
Irrtümer und Wahrheiten über Makler 108
Sechs fatale Denkfehler 113

Vom Vorgehen bei Besichtigungen und Erfahrungen mit seltsamen Kaufinteressenten 119
von Sebastian Fesser

Besichtigungstourismus – der neue Volkssport?.................................. 120
Warum der Nachbar der denkbar schlechteste Käufer ist 121
Einzel- oder Massenbesichtigung? 124
Vorbereitung der Besichtigung.. 126
Von „Klugscheißern" und „Krümelsuchern" 128
„Helikopter-Gene" sind weiter verbreitet als Sie glauben 130
Das ist ja „alles Mist!".. 130
Die „ganz Cleveren" 131
Kinder bei einer Besichtigung – „Gottesgleich" oder „Teufelswerk"?.... 134
Die richtige Besichtigung der Immobilie.. 134
Closing – sammeln Sie „Ja´s!" 136

Die vier Typen von Interessenten und wie Emotionen den Verkauf behindern können 139
von Oliver-D. Helfrich

Die vier Interessenten-Typen: 140
Wie Emotionen den Verkauf behindern können.................................... 146

Immobilienmakler – Traumberuf oder Albtraum?........... 153
von Klaus Gölbert

Vom Banker zum Immobilienmakler 155
Verkäufer verkaufen die Vergangenheit – Käufer kaufen die Zukunft... 155
Professionalität und gute Ausbildung.. 157
Die Marktpreisermittlung 157
Die Finanzierung des Kaufpreises 158
Objektbilder und 360°-Rundgänge 159
Bauschäden und Renovierungsstau... 160
Netzwerk, Service und Mehrwert des Maklerbüros............................... 161
Der Makler verdient viel Geld - und das einfach so............................... 162

Diese Vorgehensweise hilft Ihnen beim Verkauf Ihrer Immobilie und – Wie sich Hans und Ingrid um ihren Lebenstraum brachten 163
von Michael Bruchhage

21 Schritte, die Sie für den Verkauf Ihrer Immobilie kennen sollten..... 163
Wie sich Hans und Ingrid um ihren Lebenstraum brachten – eine wahre Geschichte........ 173

Fehler beim Immobilienverkauf und -kauf durch eine gute Vorbereitung vermeiden 181
von André W. Ockenfels

Ein Makler sollte die Sorgfaltsregeln schon aus eigenem Interesse unbedingt wahren........ 181
Der beabsichtigte Immobilienverkauf........ 182
Der beabsichtige Kauf einer Immobilie........ 184
Die richtige Auswahl eines Sachverständigen........ 186
Die Ermittlung des Verkehrswertes 188
Die immobilienwirtschaftliche Analyse einer renditeorientierten Liegenschaft 196
Die Verwendung des Verkaufserlöses für eine sichere und lukrative Kapitalanlage........ 199

Immobiliengeschehen durch die juristische Brille 201
von Marcus Lasar

Von steuerlichen Aufklärungspflichten, die ein Immobilienmakler nicht erfüllen muss........ 201
Die Haftung des Maklers für Angaben im Exposé........ 205
Der Makler in seiner Funktion als Projektentwickler 206
Steht dem Makler infolge einer Internetanzeige eine Provision zu?..... 207

Die Immobilie im Erbfall und im Scheidungsfall 211
von Jürgen Pfund

Immobilie geerbt – was nun? 211
Erbschaftssteuer: Steuerklassen und Freibeträge 219
Die Immobilie bei einer Scheidung........ 223

Interessante und lustige Anekdoten aus dem Makler-Alltag........ 229
von Alexander Gebelein

Das unverkäufliche Traumhaus – am Ende doch noch verkauft........ 229

Umdenken - der entscheidende Impuls, neue Ideen zu entwickeln 233
Der „komische" Hausmeister 236
Was beim Notar so alles passieren kann 237
Ein wirklich seltsamer Verkäufer 238
Ein Kandidat für „Me too"? 238
Die Termin(nicht)einhaltung 239
Kuriose Ereignisse vor unserem Büro 239
Die Zwillinge 240

Eine Vermittlung mit Hindernissen – Über die Vielfältigkeit der verborgenen Probleme und Potentiale....... 243
von Dieter Huber

Der mit dem Arzt befreundete Vermögensberater 243
Wie ein erstmal gesetzter „Anker" im Unterbewusstsein wirkt 245
Von einem maßlos überhöhten Wunschpreis zur Realität 247
Wie in einem Gespräch Anker versetzt werden können 248
Von der Theorie bis zur Umsetzung des Vorhabens 249
Von der Anforderung, die unterschiedlichen Interessen zu koordinieren 253
Vom taktischen Verhalten der Interessenten 253
Wie ein Hausverwalter eine Immobilie entwerten kann 255
Brach liegende Potentiale freilegen 256

Ihr Verkaufserfolg kann schon an der Bewertung scheitern 259
von Christian Bubeck

Die Bewertung der Immobilie als Grundlage für den Verkaufsbeginn ... 259
Vom Wunsch zur Realität 260
Die Online-Wertermittlung und ihre Tücken 260
Die Folgen einer falschen Wertermittlung und deren Vermeidung 262
Die Ermittlung des realistischen Marktwertes 266

Immobilien mit maßgeschneiderten Modernisierungs- und Sanierungskonzepten besser verkaufen 269
von Frank Leonhardt

Die Gebrauchtimmobilie 269
Die Denkmalschutz-Immobilie 282
Die Liquidations-Immobilie 283

Die Autoren 287
Wolfgang Bertol 288
Michael Bruchhage 289
Christian Bubeck 290
Jürgen Engelberth 291
Sebastian Fesser 292
Alexander Gebelein 293
Klaus Gölbert 294
Oliver-D. Helfrich 295
Dieter Huber 296
Markus Langenbach 297
Marcus Lasar 298
Frank Leonhardt 299
Bianca Merk 300
André W. Ockenfels 301
Jürgen Pfund 302
René Reuschenbach 303
Sven Weida 304
Helge Ziegler 305

Anhang 307
Das Leistungsprofil eines qualifizierten Immobilienmaklers 307
Checkliste Unterlagen für den Verkauf eines Hauses 319
Checkliste Unterlagen für den Verkauf einer Eigentumswohnung........ 321

Der ImmobilienFachVerlag 323
Vorstellung ausgewählter Bücher 323
„Richtig vermieten – beruhigt schlafen“ 323
„Abmahnungen – Nein, Danke!“ 324
„Erfolgreich als Immobilienmakler“ 326
„Anforderungen an den Datenschutz in Immobilienunternehmen
Die EU-Datenschutz-Grundverordnung (DSGVO)“ 327

**Der „BVFI – Bundesverband für die
Immobilienwirtschaft“ 329**

Charity 331

Vorwort

Dieses Buch ist ein Gemeinschaftswerk vieler Autoren. Sie sind alle seit vielen Jahren als Immobilienexperten tätig, haben mannigfache immobilienwirtschaftliche und rechtliche Erfahrung und sind damit echte Fachleute.

Das Buch entstand aus dem Wunsch, Sie als Leser an den wertvollen Erfahrungen und am Wissen der Experten teilhaben zu lassen. Die Autoren verfolgen mit Ihren Beiträgen das Ziel, Sie als Verkäufer oder Käufer vor Schaden zu bewahren. Denn in den meisten Fällen geht es beim Immobilienkauf oder -verkauf um große Vermögenswerte, meist sogar Ihre größten.

Jeder Autor hat bestimmte Themen aus seiner Sicht geschildert. Als Kapitel sind sie in sich abgeschlossen. Es ist also nicht erforderlich, einen Abschnitt nach dem anderen zu lesen. Sie können sich, je nach Ihrer persönlichen Interessenlage, die jeweiligen Kapitel heraussuchen. Oder Sie lesen zunächst das Kapitel des Autors, den Sie persönlich kennen. So erfahren Sie noch mehr von ihm.

Am Ende des Buches gibt es zu jedem Autor eine Kurzvita mit Kontaktdaten.

Zudem soll an dieser Stelle noch auf den Anhang hingewiesen werden. Dort finden Sie hilfreiche Checklisten und weiterführende Literatur.

Das Gesetz der Wirtschaft

„Es gibt kaum etwas auf dieser Welt,
das nicht irgendjemand ein wenig
schlechter machen kann
und etwas billiger verkaufen könnte.
Die Menschen, die sich nur am Preis orientieren,
werden die gerechte Beute solcher Menschen.

Es ist unklug, zu viel zu bezahlen,
aber es ist noch schlechter,
zu wenig zu bezahlen.
Wenn Sie zu viel bezahlen,
verlieren Sie etwas Geld, das ist alles.
Wenn Sie dagegen zu wenig bezahlen,
verlieren Sie manchmal alles,
da der gekaufte Gegenstand
die ihm zugedachte Aufgabe nicht erfüllen kann.

Das Gesetz der Wirtschaft verbietet es,
für wenig Geld viel Wert zu erhalten.
Nehmen Sie das niedrigste Angebot an,
müssen Sie für das Risiko,
das Sie eingehen, etwas hinzurechnen.
Und wenn Sie das tun,
dann haben Sie auch genug Geld,
um für etwas Besseres zu bezahlen."

John Ruskin (1819-1900)
britischer Schriftsteller, Maler,
Kunsthistoriker und Sozialphilosoph.

Das Image des Immobilienmaklers in der Öffentlichkeit – Vorurteile und Wirklichkeit

von Helge Ziegler
Präsident BVFI – Bundesverband für die Immobilienwirtschaft, Frankfurt/Main

Inhalt

- Auch bei Immobilienmaklern gibt es „weiße" und „schwarze" Schafe
- Leider hat der Gesetzgeber wesentlich zum Negativbild des Maklers beigetragen
- Viele Gesetze tangieren die Tätigkeit des Maklers
- Wer soll eigentlich verpflichtet sein, eine Provision an einen Makler zu bezahlen?
- Warum soll man denn überhaupt eine Provision an einen Makler bezahlen?
- Die unterschiedlichen Provisionsmodelle
- Der Staat als Mitverursacher der Wohnungs-misere
- Viele private Eigentümer sind der Meinung: „Makler sind unverzichtbar."

Auch bei Immobilienmaklern gibt es „weiße" und „schwarze" Schafe

Der BVFI – Bundesverband für die Immobilienwirtschaft, dessen Präsident ich bin, hat viele Immobilienmakler als Mitglieder. Von daher glaube ich zu wissen, wie es um diese Berufsgruppe steht. Mein Kapitel soll Ihnen einen groben Überblick über die Berufstätigkeit eines Maklers vermitteln.

Wie sollte es auch anders sein: Wie in jedem Beruf gibt es (leider) auch unter Immobilienmaklern sogenannte „schwarze Schafe". Das Unangenehme dabei ist nur, dass es oft diese Marktteilnehmer sind, die sich in die Öffentlichkeit drängen und gerade sie es sind, die sich selbst als typische Vertreter der Maklergilde sehen. Zudem haben reißerische Sendungen wie „Mieten – Kaufen – Wohnen" ein Bild geprägt, das mit der Wirklichkeit wenig zu tun hat. Schon allein deshalb müssen sich die „weißen Maklerschafe" anstrengen, um das zunächst einmal negativ geprägte Bild über ihren Berufsstand zu neutralisieren oder sogar in ein positives umzuwandeln. Zumeist ändert sich dann die Meinung, wenn man einen Makler einmal persönlich kennengelernt hat und sich von seiner umfangreichen Dienstleistung selbst überzeugen konnte. Anders wäre es auch nicht zu erklären, dass etwa 40 Prozent aller wohnwirtschaftlichen Immobilien von Maklern vermittelt werden. Denn es gibt schließlich keinen Zwang, einen Makler zu beauftragen.

Leider hat der Gesetzgeber wesentlich zum Negativbild des Maklers beigetragen

Während es in anderen Berufen erforderlich ist, vor Erteilung der Gewerbeerlaubnis seine fachliche Eignung nachzuweisen (etwa über einen Meisterbrief oder einen abgeschlossenen, fachspezifischen Berufs- oder Studienabschluss), gilt dies für die Berufszulassung als Immobilienmakler (leider) nicht. Er benötigt lediglich einige wenige hundert Euro für die Gebühr der Gewerbeerlaubnis, ein Führungszeugnis ohne negative Vermerke und - das war's! In anderen Ländern, wie beispielsweise in Frankreich und in Großbritannien, gibt es zudem viel strengere Voraussetzungen, um den Maklerberuf ausüben zu dürfen; teilweise sind sogar Hochschulabschlüsse Pflicht. Das kann den Makler dann aber auch befähigen, als Notar tätig zu sein. Jahrelang forderten wir aus diesem Grund seitens unseres Verbandes die Einführung eines Sachkundenachweises. Nur wenn dieser erbracht wird, soll eine Gewerbeerlaubnis erteilt werden. Doch der Gesetzgeber konnte nicht überzeugt werden und lehnte dies ab. Stattdessen wurde eine Weiterbildungsverpflichtung eingeführt. Nun muss ein Makler (nur) nachweisen, dass er innerhalb von drei Jahren an zwanzig Weiterbildungsstunden teilgenommen hat. Das ist unseres Erachtens zwar ein Schritt in die richtige Richtung, insgesamt aber noch zu wenig. Es ist zu bezweifeln, dass dies zu einer grundlegenden Qualitätssteigerung führt. Deshalb fordern wir nach wie vor die Einführung eines Sachkundenachweises mit regelmäßiger Weiterbildungspflicht, ähnlich wie bei einem Fachanwalt.

Viele Gesetze tangieren die Tätigkeit des Maklers

Ein anderer Grund ist, dass die gesetzlichen Bestimmungen für den Makler im Bürgerlichen Gesetzbuch lediglich vier(!) Paragrafen umfassen. Und das ist seit nahezu 120(!) Jahren unverändert. Was hat sich in diesen Jahren nicht alles gesellschaftlich, wohnwirtschaftlich und rechtlich verändert. Das blieb nicht ohne Einfluss auf die Tätigkeit eines Maklers. So muss er heute beispielweise fast Teilzeitjurist sein, um seine Tätigkeit für seine Kunden und sich in einem rechtssicheren Rahmen ausüben zu können. Nur einmal beispielhaft soll hier ein Teil der Gesetze und Verordnungen genannt werden, die Immobilienmakler bei der Erfüllung des an sie gerichteten Qualitätsanspruches kennen müssen:

- das Bürgerliche Gesetzbuch (BGB)
- das Maklerrecht

- die Makler- und Bauträgerverordnung (MaBV)
- das Wohnungsvermittlungsgesetz (WoVermittG)
- das Mietrecht
- das Verbot der Zweckentfremdung von Wohnraum (ZwVbG)
- das Wohnungseigentumsgesetz (WEG)
- die Betriebskostenverordnung (BetrKV)
- das Allgemeine Gleichbehandlungsgesetz (AGG)
- die Energieeinsparverordnung (EnEV2014)
- das Fernabsatzgesetz mit seinem Widerrufsrecht
- die EU-Datenschutz-Grundverordnung (DSGVO)
- das Wirtschaftsstrafgesetz (WiStG)
- die Preisangabenverordnung (PAngV)

Weil es der Gesetzgeber bisher versäumte, die längst fällige Novellierung des Maklerrechts anzugehen, hatte zwangsläufig die Rechtsprechung die Aufgabe, die zahlreich entstandenen Lücken zu schließen. So hat sich das Maklerrecht nach und nach zum Richterrecht entwickelt. Dies führte im Laufe der Jahre zu einer Vielzahl kaum mehr zu überblickender Urteile. Nur wirklichen Fachleuten ist es überhaupt noch möglich, einigermaßen den Überblick zu behalten. Im Ergebnis bedeutet dies eine enorme Rechtsunsicherheit, sowohl für den Kunden als auch für den Makler. Allein um die Frage zu beantworten, ob nun ein Provisionsanspruch des Maklers oder eine Provisionspflicht des Kunden besteht, muss man sich durch eine Unmenge an Fachliteratur und Urteilen arbeiten.

Wer ist verpflichtet, eine Provision an den Makler zu bezahlen?

Gegen den Grundsatz, „Wer bestellt, bezahlt!" ist per se überhaupt nichts einzuwenden. Das ist gängige Praxis und dem widerspricht auch kein Makler. Die Frage ist nur: Wer ist der Besteller der Maklerleistung und wer hat sie in Folge dessen zu bezahlen?

Um es nicht zu juristisch werden zu lassen, möchte ich es einfach fassen: Besteller (besser Auftraggeber) ist derjenige, der ein Angebot unterbreitet, Auftragnehmer der, der das Angebot annimmt. Decken sich Angebot und Annahme mittels zweier übereinstimmender Willenserklärungen, ist der Vertrag zwischen den beiden zustande gekommen. Es stellt sich somit die Frage, worin im Falle des Maklervertrages das Angebot auf Abschluss des Maklervertrages besteht und worin die Annahme.

Viele meinen, der Verkäufer einer Immobilie wäre der Auftraggeber. Das ist aber nur bedingt richtig. Der Verkäufer erteilt dem Makler zwar den Auftrag, sein zu verkaufendes Objekt anzubieten. Damit ist zwar ein Maklervertrag zwischen dem Verkäufer und dem Makler zustande gekommen. Doch wie steht es um den Abschluss des Vertrages zwischen dem Makler und dem Kaufinteressenten?

Der Bundesgerichtshof stellte mit seinem Urteil vom 03.05.2012 klar, dass in einer Zeitungs- oder Internetanzeige des Maklers noch kein Angebot auf Abschluss eines Maklervertrages mit dem Kaufinteressenten zu sehen ist, sondern „nur" eine Aufforderung zur Abgabe eines Angebotes. Erst die Kontaktaufnahme des Interessenten mit dem Makler ist dessen Angebot auf Abschluss eines Maklervertrages. Nimmt der Makler das Angebot, beispielsweise durch sein Tätigwerden an, ist der Maklervertrag zustande gekommen. Auftraggeber („Besteller") der Maklerleistung ist folglich der Kaufinteressent, der Makler der Auftragnehmer. Dieser Logik weiter folgend ist der Kaufinteressent der „Besteller" und hat die Provision an den Makler zu entrichten. Aus diesem Grund ist der Begriff „Bestellerprinzip" nicht nur irreführend, sondern sogar falsch. Übrigens: Konnte dieser Vertrag bisher auch konkludent, also stillschweigend, zustande kommen, so wird wohl künftig die Textform erforderlich sein. Damit sollen bisherige Irritationen, ob denn nun ein Maklervertrag mit auslösender Provisionspflicht abgeschlossen wurde oder nicht, vermieden werden.

Warum soll man denn überhaupt eine Provision an den Makler bezahlen?

Unbestrittener Weise erbringt ein Immobilienmakler eine Leistung. Folglich steht ihm dafür, wie jedem anderen Leistungserbringer auch, eine Honorierung zu. Makler vermitteln Immobilien. Ganz korrekt ist diese Aussage jedoch nicht. Denn eigentlich vermitteln sie Grundstückskaufverträge oder erbringen den Nachweis der Gelegenheit, einen solchen Vertrag abzuschließen. Damit für einen Makler aber überhaupt ein Provisionsanspruch entsteht, muss erst einmal ein notarieller Kaufvertrag zustande kommen. Bis dahin ist es ein weiter Weg!

Der BVFI hat einmal mit Unterstützung seiner Mitglieder die vielfältigen Leistungen eines Maklers aufgelistet, damit es am Ende überhaupt zu einem notariellen Kaufvertrag kommen kann. Es wird Sie erstaunen: Es sind nahezu 100 Maßnahmen erforderlich! Der Übersichtlichkeit halber seien hier nur einige Leistungen genannt:

- Marktwertermittlung der Immobilie und Abschätzung der realistischen Verkaufsmöglichkeiten
- Gespräch mit dem Verkäufer und Erläuterung des ermittelten Marktwertes
- Erstellen eines Vermarktungskonzeptes und dessen Umsetzung
- Erläuterung des ermittelten Marktwertes gegenüber den Interessenten
- Gespräche und Besichtigungen mit Interessenten
- Informieren der Interessenten über deren gesetzliches Widerrufsrecht
- Identifizierung der Interessenten nach dem Geldwäschegesetz nach den gesetzlichen Vorgaben
- Vorbereitung des notariellen Kaufvertrages, Besprechung des Entwurfs mit den Vertragsparteien
- Unterstützung der Vertragspartner bei der Übergabe der Immobilie

Ja, diese Leistungen und viele weitere erbringt ein qualifizierter Makler. Die meisten davon sind für die Parteien gar nicht zu sehen. Der Makler möchte dafür verständlicherweise honoriert werden, also eine Provision erhalten. Bemerkenswert ist: Erbringt der Makler all diese Leistungen und es kommt trotzdem zu keinem notariellen Kaufvertrag, weil es sich zum Beispiel eine der Parteien im letzten Moment noch anders überlegt, hat er keinen Provisionsanspruch! Ist das nicht eigenartig? Er hat seine Leistung voll erbracht und dennoch muss sie nicht bezahlt werden! Sicher haben Sie jetzt mehr Verständnis dafür, warum ein Makler mit den erfolgreich abgeschlossen Verträgen auch die nicht erfolgreich abgeschlossenen finanzieren muss. Übrigens ist das in jeder anderen Branche auch so, nur dass der Makler einer der wenigen ist, der seine Provision offen ausweist. Es ist eigentlich schade, dass ihm diese Transparenz auch noch verübelt wird.

Die unterschiedlichen Provisionsmodelle

Über die Jahre haben sich ganz unterschiedliche Provisionsmodelle in den Bundesländern entwickelt. Da ist einmal die sogenannte „Innenprovision". Damit ist gemeint, dass ein Makler die Provision nur vom Verkäufer einer Immobilie erhält. Meist wird dabei die Verkäufer- und die eigentliche Käuferprovision in den Verkaufspreis einkalkuliert. Dieses Modell hat durchaus seine Vorteile. Allerdings muss ein Makler auch in der Lage sein, seine Dienstleistung und den Sinn und die Vorteile dieser Vorgehensweise dem Verkäufer gegenüber zu vermitteln, denn nur dann geht dieser auf dieses Modell ein. Dass diese Variante gut funktioniert, beweisen landauf landab Makler, auch jene, die in Regionen arbeiten, die üblicherweise (noch) mit der sogenannten „Außenprovision" arbeiten. Unter Außenprovision versteht man, dass nur der Käufer eine Maklerprovision bezahlt. Das ist beispielsweise in den Bundesländern Berlin, Hessen und Hamburg, aber auch in einzelnen anderen Regionen üblich. Der Verkäufer bezahlt also keine Provision, obwohl er derjenige ist, der einen Großteil der Makler-Dienstleistungen erhält. Nicht wenige halten dies für nicht ausgewogen und vertreten daher die Meinung, dass die Provision zwischen dem Verkäufer und dem Käufer gerecht aufgeteilt werden sollte. Das ist auch die Haltung unserer Verbandsmitglieder, die ich in deren Namen auch bei den politischen Beratungen in Berlin über die Provisionsregelung für Makler vertreten und gemeinsam mit den großen Brancheteilnehmern artikuliert habe. In elf von sechzehn Bundesländern ist bereits die gerechte Provisionsregelung üblich. Der Verkäufer bezahlt 3,57 Prozent Maklerprovision inklusive Mehrwertsteuer, der Käufer auch. Dennoch weichen zuweilen Makler davon ab, weil es ihnen vielleicht nicht immer gelingt, den Verkäufer von ihren Leistungen zu überzeugen, oder weil sie auf diese Weise leichter Verkaufsaufträge generieren können. Sie erheben dann die volle Provision, also insgesamt 7,14 Prozent beim Käufer. Besonders unangenehm war es dem Gesetzgeber, dass bei Mietwohnungen im Falle der Tätigkeit eines Maklers nur der Mieter die Provision zu bezahlen hatte. Die Wohnungsnot, aber auch die langen Schlangen vor den Wohnungen bei den Besichtigungen, prägte sich ins Gedächtnis der Politiker und der Bevölkerung ein. Als Verursacher oder gar Schuldiger wurde schnell zu Unrecht der Makler ausgemacht. Von den wirklichen Ursachen einmal abgesehen, war es auch einfach nicht gerecht, wenn ein Großteil der Maklerleistungen für den Vermieter erbracht wurden, der Mieter diese aber zu bezahlen hatte. So kam es im Jahr 2015 zum sogenannten „Bestellerprinzip". Ich halte es für ein „falsches" Bestellerprinzip und Sie werden diese Äußerung durch meine obigen Ausführungen zum Zustandekommen eines Maklerauftrages auch verstehen. Dass es so nicht bleiben konnte, ist also nachvollziehbar. Ich hätte mir jedoch eine ausgewogenere Regelung gewünscht. Aber wie dem auch sei, für Mietwohnungen gilt nun das Bestellerprinzip.

Der Staat als Mitverursacher der Wohnungsmisere

Doch die Einführung des Bestellerprinzips lenkte den Blick der Entscheidungsträger noch immer nicht auf die Realität. Nicht etwa die Makler sind die Schuldigen der Wohnungsmisere oder der steigenden Immobilienpreise! Es wurde jahrelang versäumt, Rahmenbedingungen für mehr Wohnraum zu schaffen und die gesetzlichen Auflagen beim Bau von Neubauobjekten so zu gestalten, dass die Baukosten nicht explodieren. Preistreibend wirken sich immer noch übertriebene Energieeinsparvorschriften aus, sowie dass die Kommunen zu wenig Bauland ausweisen und die Aufstockung oder Lückenbebauung erschweren. Ganz zu schweigen vom Verkauf von kommunalen Wohnungsbeständen, die jetzt zum Beispiel in Berlin mit einem erheblichen Preisaufschlag wieder zurückgekauft werden. So ist der Staat selbst einer der Verursacher der Wohnungsmisere. Zudem gehört er auch ganz unmittelbar zu den Preistreibern, was ganz deutlich anhand der Grunderwerbsteuer gezeigt werden kann. Lag diese einmal bundesweit bei 2,5 Prozent, so wurde sie in manchen Bundesländern schrittweise auf 6,5 Prozent hochgeschraubt. Das ist fast eine Verdreifachung!

Viele private Eigentümer sind der Meinung: „Makler sind unverzichtbar!"

Eine Umfrage von Immobilienscout24 bei 500 Immobilieneigentümern brachte Erstaunliches zu Tage:

- 57 Prozent der Immobilienbesitzer würden ihre Immobilie über einen Makler verkaufen, nur 36 Prozent selbst!
- Sogar 96 Prozent würden über einen Makler verkaufen, wenn die zu verkaufende Immobilie nicht im Wohnort liegt!

Fazit

Für Immobilienmakler wird es unter der Voraussetzung, dass sie qualifizierte und gute Unternehmer sind, auch in Zukunft viel zu tun geben! Immobilienmakler erbringen, besonders dann, wenn sie qualifiziert sind, eine Dienstleitung, die ihren Preis wert ist. Die Betonung liegt hierbei auf „qualifiziert“. In einigen Artikeln der Autoren dieses Buches werden sie erfahren, wie sie einen solchen qualifizierten Immobilienmakler finden. Natürlich braucht nicht jeder einen Immobilienmakler, so wie nicht jeder einen Tapezierer oder Fliesenleger braucht, weil er sich zutraut, seine Räume selbst zu tapezieren oder zu fliesen. Immerhin glauben bis etwa 60 Prozent derjenigen, die mit Immobilientransaktionen zu tun haben, dass sie dies selbst können und verkaufen ihre Immobilie ohne Makler. Doch immerhin haben 40 Prozent der Verkäufer einen Makler beauftragt, obwohl es dazu gar keine Verpflichtung gibt.

Ich wünsche Ihnen bei der Auswahl des Maklers und bei der Umsetzung Ihrer Vorhaben viel Erfolg!

Ihr
Helge Ziegler

Die Emotionen beim Verkauf und Kauf einer Immobilie

von Bianca Merk
Merk Immobilien, Neustadt an der Weinstraße, Kaiserslautern

Inhalt

- Immobilien sind Emotionen und ein Zuhause
- Erfahrungen mit Käufern und Verkäufern unterschiedlicher Nationalitäten und Kulturen
- Verkaufe ich meine Immobilie selbst oder ziehe ich einen Makler hinzu?
- Der Makler als Mediator
- Wie Hindernisse beseitigt werden können
- Wo finde ich den passenden Makler für meinen Immobilienverkauf?
- Die Entscheidung – Makler ja oder nein
- Die Bewertung der Immobilie

Bevor ich Maklerin geworden bin, sammelte ich meine ersten Erfahrungen im privaten Immobilienbereich. Hierin liegt meine Motivation für die kommenden Seiten, auf welchen ich einen Weg zum passenden Makler aufzeige. Ebenso möchte ich darlegen, welche Bereicherungen bei der Zusammenarbeit mit einem Vermittlungs- und Vermarktungsspezialisten, insbesondere auf der menschlichen Seite, entstehen und als Mehrwert verzeichnet werden können. Es würde mich sehr freuen, wenn meine Erlebnisse und Erfahrungen Ihnen einen Nutzen bringen.

Immobilien sind Emotionen und ein Zuhause

Immobilien zeigen das Leben auf -
Spuren und Charakter
oder Wünsche & Träume.

Auch die Zeichen der Zeit stehen an Fassaden,
Wänden, Böden.
Materialien beantworten Fragen,
wie das Wie und das Wann?!
Es sind die Kombinationen. Die Verbindungen.
Die Brücken.

Ein kleiner Blick auf das Potential. Und die Ideen sind da.
Richtung, Gestaltungsmöglichkeiten,
Erkennung des Fundamentes.
Scheint ein Objekt noch so puristisch und perfekt.
Es ist es nicht.

Ein Haus ist wie ein Leben. Mindestens eins.
Vielleicht ist es zeitlos. Aber es geht mit der Zeit.
Es ist eben ein Spiegel. Charakter.
Ein Stück Magie.

Erfahrungen mit Käufern und Verkäufern unterschiedlicher Nationalitäten und Kulturen

Viele Regionen Deutschlands haben an Internationalität zugenommen. Nicht nur in den Ballungsräumen der Großstädte innerhalb unseres Landes leben viele Menschen aus anderen Ländern, auch in ländlicheren Räumen entstehen gemischte Kulturen. Große Unternehmen und Wirtschaftszentren errichten ihre Firmensitze auch außerhalb der Ballungsgebiete und beziehen mehr und mehr Fachkräfte aus unterschiedlichen Nationen. Beispielsweise kommen im medizinisch-therapeutischen Bereich und dem der Pflege nicht selten Arbeitskräfte und Ärzte aus osteuropäischen Ländern. Im IT-Bereich sind es oft top qualifizierte Akademiker aus Indien, China oder anderen asiatischen Ländern, aber auch aus Amerika oder Kanada. Im Handwerk trifft man zum Teil auf Mitbürger, deren Ursprünge in Ost- und Südeuropa liegen, wie z.B. in Polen, Serbien oder Albanien. Auch diejenigen, die einst Zuflucht suchten, die die Chancen der Integration nutzen und mit Energie und Erfolg im Arbeitsleben Fuß fassen, werden voraussichtlich in den kommenden Jahren mehr und mehr zu potenziellen Kaufinteressenten. Viele Immigranten hatten in Ihren Heimatländern ein Eigenheim und streben dies auch in Deutschland an. Diese Erkenntnis konnte ich aus vielen persönlichen Begegnungen und Gesprächen gewinnen.

Mit meinem Vermarktungsschwerpunkt im pfälzischen Raum kann ich auf bewegende Erfahrungen in diesem Bereich zurückblicken. Aufgewachsen in der kleinen Großstadt Kaiserslautern und in einem Elternhaus, in dem bereits in den 70er-Jahren das Reisen einen hohen Stellenwert hatte, entwickelte ich viele Gedanken und kann auf die Erfahrungswerte, die das Reisen mit sich bringt, zurückgreifen. Diese lasse ich nun auf individuelle Weise in meine Arbeit einfließen.

Nach dem 2. Weltkrieg waren es die großen Besatzungsmächte Amerika und Frankreich, die das gemeinsame Leben in und um Kaiserslautern prägten. Bis heute werden gerade dort durch den nahegelegenen Nato-Stützpunkt Ramstein intensive deutsch-amerikanische Freundschaften gelebt.

Auch nach dem Abzug der Franzosen bestehen weiterhin enge Kontakte ins nahegelegene Frankreich, zum Beispiel durch Verbindungen von Partnerstädten, die zu einem etwas „bunteren“ Denken beitragen. Dazu kommen Kontakte durch Sport, Musik und ein Alltag mit Gastarbeitern aus südlichen und östlichen Ländern wie Portugal, Spanien und der Türkei.

Schon in frühen Jahren und durch die Erfahrungen in vielen Ländern habe ich des Öfteren überlegt, ob die Familien der Gastarbeiter genauso freundlich behandelt werden, wie wir (meine Familie und ich) auf unseren Reisen. Zu meinen engsten Jugendfreunden zählte ein Junge aus Chile und ein Mädchen aus der Türkei, mit der ich auch heute noch Kontakt halte.

Viele Vermarktungen finden bereits international statt. Erfahrungsgemäß entstehen dabei häufig auch Hürden, die genommen werden müssen. Manchmal sind es einfache kulturelle und traditionsbedingte Verhaltensmuster, die zwischen unterschiedlichen Nationen auf einen gemeinsamen Nenner gebracht werden müssen. Hilfreich sind hierbei natürlich Toleranz und Akzeptanz sowie die Bereitschaft, beides zu leben. Es gibt aber auch viele andere Herausforderungen, etwa die Kreditabwicklung mit internationalen Kunden, bei denen die Gewährleistung der Sicherheit des dauerhaften Aufenthaltes nicht gegeben ist (z.B. aufgrund einer Stationierung von Militärangehörigen oder bei ausländischen akademischen Fachkräften). Beim Privatverkauf der Immobilien springen potenzielle Kaufinteressenten nicht selten wieder ab, weil sie vom Eigentümer keine Tipps und Anregungen erhalten können. Mehr denn je sind hier ein gutes Netzwerk und Erfahrungen in internationalen Geschäftsabwicklungen hilfreich. Als Mensch und Maklerin versuche ich vertrauensvoll und offen zu agieren.

Die Kunst, zwischen den Mentalitäten unterschiedlicher Nationalitäten zu vermitteln

In vielen Fällen wird man in Kooperation mit einem Makler erfolgreicher sein, der darin geübt ist, diese so unterschiedlichen Interessen der Parteien auf einen gemeinsamen Nenner zu bringen. Es gibt viele Beispiele aus meinem beruflichen Erfahrungsschatz, die zeigen, dass gerade bei ausländischen Kunden Vertrauen und Wertschätzung durch persönlichen Austausch bedeutsam sind. Ein Makler mit internationaler Erfahrung und Kooperationen kann gewiss mit manchen Verkaufssituationen objektiver, unvoreingenommener und verständnisvoller umgehen als jemand, der diese Erfahrungen nicht hat. Gerade im Bereich der unterschiedlichen Bräuche, Traditionen und Lebensstile macht es Freude, wenn man seine Aufgabe als neutraler Vermittler kompetent wahrnehmen kann.

Ein Beispiel: Für viele Amerikaner sind großzügige, offen gestaltete Räumlichkeiten, einhergehend mit einem weitläufigen Grundstück oftmals Voraussetzung für eine Besichtigung. Bei anderen Nationalitäten hingegen ist eher das Gegenteil der Fall. Man erlebt, dass genau diese großzügigen Räume wieder geteilt werden, weil sich die Menschen darin verloren vorkommen und nicht wohlfühlen.

Ein noch komplexeres Beispiel: Zwei Häuser, sechs Nationen, unterschiedliche Lebensstile. Und ich mittendrin!

Vor einigen Jahren kontaktierte mich ein Ehepaar. Sie war italienischer Abstammung, er Amerikaner. Sie beauftragten mich mit der Vermarktung ihrer beiden Einfamilienhäuser.

Das waren zum einen eine Doppelhaushälfte, zum anderen ein freistehendes Architektenhaus. Die Doppelhaushälfte war an ein Ehepaar mit 3 Kindern vermietet. Die Vermarktung wurde durch viele Faktoren erschwert. Die Frau stammte aus Hawaii, der Mann (in hoher Führungsposition) aus den USA. Diese Mieter waren nur bedingt kooperativ und nicht sehr flexibel, insbesondere nicht in der Terminierung. Die Familie zeigte sich sehr penibel in Bezug auf Verhaltensregeln bei den Besichtigungsterminen (z.B. Schuhe ausziehen, Ruhe halten, etc.). Die Kaufinteressenten erhielten von ihnen leider Fehlinformationen, welche nur durch meine Einflussnahme wieder berichtigt werden konnten. Ein weiteres Hindernis lag darin, die im Vorfeld nicht vollzogene Teilung des Grundstücks in geordnete Bahnen zu lenken. Als Maklerin ist es meine Aufgabe zu informieren. Auch hier war mir selbstverständlich sehr wichtig, die Voraussetzungen und Möglichkeiten dieser Situation den potenziellen Käufern aufzuzeigen und detailliert zu informieren. Gemeinsam mit unserem Kooperationspartner, einem Vermessungsbüro, welches mit seinen Ingenieuren öffentlich bestellt tätig war, war es möglich, die Teilung zu vollziehen. Aufgrund dessen konnte die Doppelhaushälfte letztendlich an einen serbischen Interessenten verkauft werden. Die Vermarktung war längst nicht so einfach wie zunächst gedacht. Das freistehende Architektenhaus war auf den ersten Blick ein absolutes Traumhaus. Wir gingen davon aus, dass die Vermarktung einfach werden würde. Dies erwies sich jedoch als Trugschluss. Zum einen bevorzugte der amerikanische Eigentümer einen russischen Interessenten, der plötzlich bei ihm vor der Tür stand und ihm suggerierte, dass er mit seiner Familie den optimalen Käufer darstellen würde. Dies tat er unter Umgehung von mir. Obwohl meinerseits weitere Interessenten vorhanden waren, die einen höheren Kaufpreis bezahlt hätten und die Finanzierungsbestätigung bereits vorlegen konnten oder sogar keine benötigten, bestand der Eigentümer darauf, dieser Familie das Haus zu verkaufen. Zudem stellten sich bauliche Mängel heraus, die der ebenfalls russische Bauträger zu verantworten hatte und die von der Eigentümerfamilie letztendlich eingeklagt werden mussten, weil der Bauträger diese nicht behob. Der potenzielle Käufer wiederum versuchte selbst den bereits zugestandenen niedrigeren Kaufpreis weiter und weiter zu drücken. Am Ende war der Käufer gar nicht so solvent, wie er es darstellte. Letztendlich mussten die Eigentümer feststellen, dass sie durch ihre Gutgläubigkeit auf viel Geld verzichten würden, welches sie für die Finanzierung der Genesung ihrer mittlerweile schwer erkrankten Tochter dringend benötigten. Hinzu kam der Zeitdruck, weil die Vermittlung an die bei uns registrierten Interessenten nicht mehr möglich war.

Die Schwierigkeit liegt eben häufig in der unterschiedlichen Art und Weise der Verhandlungsführung. Um die Kommunikationsstörung zu beheben, baten mich die Verkäufer, noch einmal zwischen den Parteien vermittelnd tätig zu werden. Das Haus wurde letztlich an den russischen Interessenten verkauft und beide Seiten waren froh. Die Verkäuferseite darüber, dass der Verkauf noch in dem engen Zeitfenster vonstattengehen konnte, die Käufer, weil sie die Außerwählten für dieses einzigartige Architektenhaus waren. Sechs Nationen. Zwei Häuser und zwei erfolgreiche Verkäufe. Ein gutes Ende für alle. So unterschiedlich wie die Nationalitäten, Bräuche und Sitten, so unterschiedlich sind auch die Vorstellungen, Ansätze und Ideen. Gerade hier spielen Themen wie Einfühlungsvermögen und Vertrauen eine große

Rolle. In diesem Fall konnte ich zwischen den Parteien vermitteln und so den Verkaufsprozess in Gang setzen. Sechs Nationen konnten sich einigen, sodass die beiden Häuser die Besitzer wechselten.

Verkaufe ich meine Immobilie selbst oder ziehe ich einen Makler hinzu?

Vermarkte ich meine Immobilie selbst? Oder nehme ich mir besser einen Makler? Warum sollte ich mich für einen Makler entscheiden, der am Ende daran noch mitverdient? Ist er das wert? Wenn ich mich für einen Makler entscheide, auf wen fällt die Wahl? Tagtäglich stellen sich Menschen, die mit der Suche oder der Vermarktung einer Immobilie konfrontiert werden, derartige Fragen. Und das zu Recht. In einer Zeit, in der die Zeit selbst eines der wertvollsten Güter geworden ist, in der Angebote, Alternativen und unzählige Möglichkeiten (ob an Freizeitangeboten, neuen technologischen Herausforderungen oder Überflutungen an Werbung) Standard sind. So ist es oft sehr schwer, sich zu entscheiden. Vor allem bei einem der „Big Points" im Leben: bei einem Kauf oder Verkauf des eigenen Hauses. Jeder, der mit dem Kauf oder Verkauf einer Immobilie zu tun hat, weiß für sich selbst am besten, wie viel Erfahrung er für diese Aufgabe mitbringt. Diese Herausforderung besteht unabhängig von der Objektart – sei es ein Grundstück, eine Wohnung, ein Haus, ein Feriendomizil oder sogar ein geschäftliches Anwesen. Bereits eine kleine Unwissenheit kann beim Verkauf ebenso wie beim Erwerb einer Immobilie unberechenbare Folgen und Schäden mit sich bringen. Häufig sind diese kombiniert mit großen Unsicherheiten sowie zeitlichen und finanziellen Einbußen und gehen mit Ängsten und Sorgen einher, die mit einem erfahrenen Experten leicht hätten vermieden werden können. Tatsache ist, dass in den meisten Fällen viele versteckte Fehler durch den Einsatz eines kompetenten Maklers mit hoher Wahrscheinlichkeit minimiert oder sogar verhindert werden könnten. Mit einem Makler des Vertrauens an der Seite wird sich die gesamte Transaktion eines Immobiliengeschäftes sorgenfreier und unkomplizierter anfühlen und durchlebt werden können. Wertvolle Erfahrungswerte, Tipps und Tricks werden so im Bereich des Verkaufes zum Erfolg führen. Es beginnt bei einer adäquaten Wertermittlung des Objektes und endet bei dem vielseitigen Thema Marketing. Ein Verkäufer muss sich also am besten folgende Fragen stellen:

- Wie bewerbe ich mein Objekt am sinnvollsten?
- Bewerbe ich es online? Wenn ja, auf welchem der vielen Portale?
- Welche Daten gebe ich an, ohne Fehler zu machen?
- Sollte ich die Anschrift veröffentlichen?
- Kenne ich das Für und das Wider dabei und deren Auswirkungen?

Ein erfahrener Makler erledigt all dies. Auch die optimale Präsentation des Objekts ist ein wichtiger Aspekt im Vermarktungsakt.

- Wie präsentiere ich die Immobilie im Internet?
- Fotografiere ich das Anwesen erkennbar?
- Welche Räume lichte ich ab und aus welchen Perspektiven?

- Besitzt meine Kamera eine Tiefenschärfenfunktion, mit der beispielsweise Außenaufnahmen EU-DSGVO-konform gestaltet werden können?
- Beachte ich alle gesetzlich vorgeschriebenen Voraussetzungen?

Weitere Aufgaben, die ein Makler übernimmt, sind die Vorbereitung und Zusammenstellung der notwendigen Unterlagen, einerseits für eine adäquate Finanzierung und andererseits für den notariellen Kaufvertragsabschluss. Im Anhang dieses Buches finden Sie eine hilfreiche Zusammenstellung der erforderlichen Unterlagen. Ein qualifizierter Immobilienmakler kennt das jeweilige Prozedere. Er lebt die Kontakte und besitzt ein gutes Netzwerk. Er steht im Austausch mit vielen Verwaltungsstellen und Institutionen. Hierzu gehören beispielsweise die Abteilungen der Stadt- und Kreisverwaltungen, Bau- und Bauordnungsämter sowie der Finanz- und Grundbuchämter, der Notariate und auch der Juristen, Kreditinstitute und Gutachter. Für die ausgefallensten und spezifischsten Fragen findet er die Antworten im Dialog mit seinen kooperierenden Partnern. Darüber hinaus findet ein Makler auch immer Anregungen in seinem Berufsverband, wie beispielsweise dem BVFI, dem Bundesverband für die Immobilienwirtschaft. Hier treffen sich Experten in regelmäßigen Abständen und steigern ihre Kompetenzen durch Aus- und Weiterbildungen. Hier ist auch der Ort, an dem sich Immobilienprofis u.a. über rechtswissenschaftliche, wirtschaftliche und politische Themen austauschen und so auf dem neuesten Stand bleiben.

Der Makler als Mediator

Der Makler kann ein neutrales Element in komplexen oder verzwickten Verkaufsgeschehen sein. Er arbeitet in Streitfällen wie ein Mediator und kann auf mehreren Seiten Klärung schaffen. Zudem kann er aufzeigen, dass ein gemeinsamer Zusammenhalt im Einzelnen am Ende sinnvoller und zielführender für alle sein wird. In Trennungs- und Scheidungsfällen kann er ebenso ausgleichend wirken, wie bei Erbschaftsdifferenzen und anderen Auseinandersetzungen. Hierzu möchte ich Ihnen einmal ein Beispiel aus meinem persönlichen Erfahrungsschatz schildern:

Vor einigen Jahren verkaufte ich ein ca. 10 Jahre altes Einfamilienhaus, welches insbesondere mit seinem großen Eigentumsgrundstück charmevoll begeisterte und mit wenigen Investitionen oder einem einfachen Renovierungsaufwand zu einem schönen Domizil hergerichtet werden konnte. Die Lage nahe einer Großstadt, die fußläufigen Einkaufsmöglichkeiten, Kindergärten und Schulen, sowie eine gute Verkehrsanbindung machten das Objekt lukrativ und sehr gefragt. Das Ehepaar, die Eigentümer dieses Anwesens, waren zu gleichen Teilen im Grundbuch eingetragen. Die Beiden trennten sich nach 20 Jahren Ehe und zwei erwachsenen Kindern. Im Trennungs- und Scheidungsprozess lebten sie das Thema „Rosenkrieg“ bilderbuchmäßig aus. Etwa drei Jahre stand das Haus leer. Beide lebten in neuen Beziehungen, doch die Missgunst und Unfähigkeit zur Kooperation auf beiden Seiten verursachte Kosten, welche schon schnell nicht mehr tragbar waren. Es ist mir hier wichtig zu erwähnen, dass beide Partner stilvolle und fleißige Menschen sind. Trauriger Weise riefen die immensen Kosten im Rahmen der Scheidung am Ende den finanziellen Ruin hervor. Leider gelang es auch den Anwälten nicht, eine gemeinsame Ebene zu schaffen, auf der wenigstens eine Vermietung funktioniert hätte. Problemlos hätte die Finanzierung für dieses Haus mit den Mieteinnahmen gestemmt werden können. Stattdessen bauten sich die laufenden Kosten durch den Leerstand des Hauses über Jahre hinweg auf und erhöhten den ohnehin schon großen Schuldenberg. Als mich der Eigentümer um das Erstgespräch bat, blieben viele Fragen unbeantwortet. Spürbar war für mich der große Druck des Vaters, nicht in die Privatinsolvenz zu gelangen. Mir wurde schnell klar, dass die beiden Kinder, insbesondere die ältere Tochter, als Sprachrohr zwischen Papa und Mama fungierten.

Der erste Anruf der Eigentümerin wird immer in meinem Gedächtnis bleiben. Ich spürte den Hass, den Zorn, die Wut und vor allem das Misstrauen ihrem Ex-Ehemann gegenüber. Sie hatte das Gefühl, man verbünde sich gegen sie. Vergriffen im Ton, lautstark und aggressiv war das Gespräch zu Beginn. Das war so unerwartet und überraschend für mich, dass ich in diesem Moment über die verbalen Angriffe und Beleidigungen geschockt war. Doch ich hörte ihr einfach zu, auch wenn Beleidigungen mit einhergingen. Im Gesprächsverlauf bemerkte sie meine Stille, meine leise Verwunderung über die Art der akustischen Erstbegegnung und sie wurde ruhiger und entschuldigte sich zuletzt sogar. Das Gespräch wurde in weiteren Telefonaten fortgeführt und vertieft. Das Wichtigste meinerseits war, zu erklären, dass es nicht um Schuld vergangener Taten und Situationen geht. Sondern lediglich um die Bearbeitung einer Aufgabe, die mit gemeinsamen Anstrengungen zu einer Win-Win- Situation werden kann. An dieser Stelle ist es mir wichtig, ein drittes „Win“ für eine solche Situation zu ergänzen: Nämlich den Gewinn und die Entlastung für die Kinder. Insbesondere gilt das hier für die eine Tochter, die sehr unter dem Streit der Eltern litt und vergeblich versuchte, Frieden zwischen den Fronten zu schaffen. Darüber hinaus fühlte sie sich stets verantwortlich für den Streit. Als wäre die zwischenmenschliche Ebene nicht Herausforderung und schlimm genug, kam noch die massive Angst durch den Druck seitens des Kreditinstitutes hinzu. Schlaflose Nächte, Alpträume und Müdigkeit erklären vielleicht, warum ein noch so stabil scheinender Mensch, physisch, psychisch und emotional an den Rand seiner Leistungsfähigkeit gelangen kann. Das Gleichgewicht aus Belastung und Belastbarkeit gerät genau durch derartige Lebenssituationen ganz schnell ins Wanken. Damit einher gehen gegebenenfalls auch körperliche und psychische Erschöpfungssymptome – ein guter Nährboden für depressive Verstimmungen, Burn Out & Co. Stellen Sie sich jetzt einmal vor, Sie müssten ihr Kreditinstitut genau in solch einer Situation von ihrem Vermarktungsgelingen ihrer eigenen Immobilie überzeugen, damit ein zeitlicher Aufschub der Kreditrückzahlung bewilligt wird. Für einen solch prekären Moment kann ein fachkompetenter Makler ein starker Partner und die Rettung in der Not sein.

Wie Hindernisse beseitigt werden können

In meinem Beispiel unterschrieb dann die Eigentümerin, die fünf bis sechs Autostunden entfernt lebte, den qualifizierten Maklervertrag. In Kooperation mit ihrem Ex-Mann, dem Eigentümer vor Ort, begann ich daraufhin die professionelle Vermarktung des schnuckeligen Anwesens. Gemeinsam besprachen wir die Räumung und Reinigung des Hauses. Mit einfacher Gestaltung des schönen Gartens begegneten wir den Spuren der Verwilderung, die der Leerstand hinterließ.

Das schöne und stilvolle Exposé, Ideenberichte über Aus- und Umbauoptionen sowie die dargestellten Möglichkeiten im Bereich des Homestagings zeigten den Interessenten schnell das Potential dieser Immobilie. Die Wahl der definitiven Kaufinteressenten fiel beiden Eigentümern unabhängig voneinander sehr leicht. Sie fiel auf eine herzliche und fleißige, vierköpfige Familie mit Migrationshintergrund und guten Deutschkenntnissen. Bei der Erstbegehung entstanden leichte Bedenken aufgrund einer fehlenden Barrierefreiheit des Hauses. Gemeinsam überlegten wir Optionen eines vereinfachten Zuganges der Wohnräume, damit auch dem beeinträchtigten Kind ein barrierefreier Zugang gewährleistet werden konnte. Hier fand sich ein angepasster Terrasseneingang als Lösung. Diese Familie wohnt und lebt heute noch glücklich in ihrem neuen Domizil. Auch der gemeinsame Erfolg der Ex-Eheleute durch die Vermarktung hat beiden aufgezeigt, dass gemeinsame Stärke am Ende für alle der richtige Weg war. Versetzt man sich nun abschließend nochmals in die Lage der beiden zerstrittenen Ex-Eheleute, deren einzige gemeinsame Basis das Misstrauen gegenüber dem anderen war, so ist nachvollziehbar, welche Hilfestellung der Makler hier in dieser Notsituation geleistet hat. Der Blick in die gleiche Richtung und das Anstreben eines gemeinsamen Kompromisses sowie das Gelingen der Immobilientransaktion führte zu einem gemeinsamen Erfolg und der Wiederherstellung einer einfachen Kommunikationsebene. All dies wäre ohne den Einfluss des Maklers nicht denkbar gewesen.

Wo finde ich den passenden Makler für meinen Immobilienverkauf?

Und: Woran erkenne ich den passenden Makler für mein Verkaufsprojekt? Diese Fragen sind sicherlich nicht ganz einfach zu beantworten, denn die Antwort liegt nicht immer auf der Hand. Hinzu kommt, dass wir Menschen gerade im Bereich der Entscheidungsfindung oft sehr unterschiedlich sind.

Hierzu gebe ich Ihnen einen guten Tipp: Das Bauchgefühl täuscht meist nicht! Vielleicht liegt die Entscheidung eben doch schon auf der Hand – oder besser gesagt im Bauch. Vielleicht kennt man bereits einen Immobilienexperten aus dem sozialen Umfeld oder Erfahrungsberichte von Verwandten und Freunden werden aufgegriffen und Empfehlungen umgesetzt. Oder aber man hat schon im Vorfeld, beispielsweise bei Besichtigungen von anderen Miet- oder Kaufobjekten, einen Makler kennengelernt, der die Symbiose aus Kompetenz und Erfahrung zu vereinen schien und dazu mit Sympathie begeisterte. Wie so oft im Leben sollte hier schlicht „die Chemie stimmen". Der Verkäufer und der Makler sollten in einem gesunden Vertrauensverhältnis stehen. Neben einer fachkompetenten Beratung, die insbesondere Unsicherheiten und Transparenz bietet, ist es wichtig ein gutes Gefühl zu haben. Der Makler muss seinem Kunden verständlich erklären können, warum gewisse Abläufe auf eine bestimmte Art und Weise durchgeführt werden sollten. Der Kunde darf und sollte alle ihm in den Sinn kommende Fragen stellen. Ein guter Makler wird ihm Erklärungen aus Sicht eines Experten in verständlicher Weise geben können. Der adäquate Makler drängt sich nicht auf. Er stellt sein Angebot vor und lässt dem Kunden, Interessenten oder

Eigentümer genügend Zeit und Raum für die Entscheidung. Ebenso wird er verständliche und ausführliche Auskünfte zu diversen Themen informativ aufbereiten. Er wird das Thema Widerruf genauso verständlich erklären, wie die aktuellen Datenschutzrichtlinien der EU. Genauso wird er auch den Maklervertrag besprechen und individuell den Gegebenheiten anpassen. Er wird die Art des geschäftlichen Ablaufes erklären und über die aktuellen Insertionen ebenso Auskünfte erteilen, wie über die jeweiligen Besichtigungen. Er wird dem Verkäufer erklären, warum ihm gewisse Dinge wertvoll sind und ihn entlasten. Ebenso wird er die Objektbesichtigungen geordnet und transparent durchführen. Dazu gehören die relevanten Unterlagen, die sich nach Interessensstufe und Intensität des jeweiligen Kaufinteressenten richten. Auch wird ein Makler klar und deutlich formulieren, wenn ein jeweiliges Objekt nicht passend oder ungeeignet scheint.

Die Entscheidung – Makler ja oder nein

Es gibt tausend Gründe dafür und dagegen. Makler erbringen sowohl für Verkäufer als auch für Käufer wertvolle Dienstleistungen. Wäre dem nicht so, würden sie nicht immer wieder eingeschaltet werden. Wie umfangreich seine Leistungen sind, ist im Anhang zu diesem Buch ausführlich beschrieben.

Verfolge ich so manche öffentliche Debatte oder Redebeiträge in Talkshows, fühle ich mich als Maklerin zutiefst betroffen und in meiner Leistung nicht gewürdigt. Erhebt der Staat bei jeder Immobilientransaktion ungeniert länderspezifisch bis zu 6,5 Prozent Grunderwerbssteuer, wird dem Makler seine wohlverdiente Provision nicht gegönnt. Daraus kann man doch nur schließen, dass Politiker die in den Medien verbreiteten Fehlinformationen leider zu oft ungeprüft übernehmen. Ich würde mir eine objektivere Betrachtung der Fakten unter Würdigung der Investitionen und erforderlichen Ausgaben, die ein Makler hat, wünschen. Viele von ihnen arbeiten mit großem Einsatz Tag ein Tag aus daran, Menschen bei ihren Vorhaben zu unterstützen.

Die Bewertung der Immobilie

Haben Sie sich schon einmal gefragt, wie ein Bestandsobjekt, beispielsweise ein Einfamilienhaus aus einem Erbfall, digital auf korrekte und aussagekräftige Weise aus der Ferne bewertet werden kann? Glauben Sie, dass dies nur mit künstlicher Intelligenz und mathematischen Algorithmen zu bewältigen ist? Ohne Detailinformationen, wie z.B. solche über Schäden an der Bausubstanz, Lärmbelästigungen durch Straßenverkehr oder exakte Materialinformationen, kann es keine qualitativ hochwertige Immobilienbewertung geben. Oftmals wird der Endverbraucher im Internet mit einem schnellen und kurzgehaltenen Fragebogen gelockt. Die Daten des Verkäufers sind hierbei schnell registriert. Und wissen Sie, wo Ihre Daten gespeichert werden? Kennen Sie die Personen, denen Sie Ihre persönlichen Daten anvertrauen?

Die Verlockung, Immobilien ohne Makler zu vermarkten, scheint oft groß. Verkauft ist sie deshalb noch lange nicht. Wenn es so einfach wäre, würden doch alle ohne Makler verkaufen. Doch immerhin entscheiden sich fast die Hälfte der Verkäufer dafür, einen Makler zu beauftragen. Sollten Sie sich für einen Makler vor Ort entscheiden, so wird natürlich auch dieser Daten von Ihnen benötigen und nach geltendem Recht verarbeiten. Doch der große Unterschied liegt darin, dass Sie wissen, wer dahintersteht. Sie werden den

Makler ihrer Wahl in diesem Fall persönlich kennenlernen. Er hat die nötigen Kenntnisse im Bereich der regionalen Marktsituation. Unter Berücksichtigung vorangegangener Aspekte, wird die Vermarktung erfolgreich sein und ein positives Erlebnis, auf welches Sie gerne zurückblicken werden – eben ein Mehrgewinn.

Fazit

Es ist schon eine Herausforderung, den Makler zu finden, der für Ihr Vorhaben am besten geeignet ist. Aber der Aufwand lohnt sich, weil es Ihnen dann gelingt, mehr über die Qualifikation der einzelnen Makler zu erfahren und dabei den zu gewinnen, der am besten zu Ihnen passt.

Ich wünsche Ihnen viel Erfolg bei der Vermittlung Ihrer Immobilie!

Ihre
Bianca Merk

Immobilie geerbt – was nun?

von Sven Weida
W4/Immobilien Karlsruhe

Inhalt

- Detailinformationen sind unabdingbar
- Diese zwölf Fragen sollten Sie sich stellen

Wer ein Haus oder eine Wohnung erbt, sieht sich schnell mit einer ganzen Menge Fragen und Entscheidungen konfrontiert, wie zum Beispiel:

- Verkaufe ich die Immobilie oder behalte ich sie?
- Muss ich auf weitere Erben Rücksicht nehmen?
- Ist das Haus renovierungsbedürftig oder muss es sogar umfassend saniert werden?
- Was ist mit der Erbschaftssteuer?

Vielleicht steht die Immobilie auch am anderen Ende der Republik und man weiß gar nicht, wie man das alles überhaupt koordinieren soll. Hinzu kommt, dass all dies in einer absoluten Ausnahmesituation stattfindet – schließlich hat man gerade einen Angehörigen verloren.

Detailinformationen sind unabdingbar

Um nicht den Überblick zu verlieren und keine überstürzten Entscheidungen zu treffen, ist es ratsam, sich genau zu informieren oder am besten gleich einen Experten hinzuzuziehen. Viele Erben wissen nicht, wie sie mit einer Immobilie umgehen sollen, die sie im Rahmen der gesetzlichen Erbfolge oder testamentarisch geerbt haben. Welchen Wert hat die jeweilige Immobilie überhaupt oder was muss man gar investieren, um einen adäquaten Wert zu erhalten? Gerade Privatpersonen, die sich bis dahin nicht oder nur am Rande mit Immobilien beschäftigt haben, sind häufig überfordert, wenn es um die Bewertung und Einordnung einer geerbten Immobilie geht.

Diese zwölf Fragen sollten Sie sich stellen

Weil das Erben einer Immobilie solche und weitere Schwierigkeiten nach sich ziehen kann, biete ich Ihnen hier die Möglichkeit, sich mit Hilfe von geeigneten Fragen einen ersten Überblick über die Gesamtsituation zu verschaffen. Gehen Sie am besten ganz systematisch vor und stellen sich die folgenden, zentralen Fragen:

1. <u>Sind Sie Alleinerbe oder Teil einer Erbengemeinschaft?</u>
   Wenn Sie Alleinerbe sind, ist alles relativ einfach. Schwierig wird es, wenn Sie Teil einer Erbengemeinschaft sind, weil sich dann die Prozesse verkomplizieren. Das ist vor allem dann der Fall, wenn sich die Gemeinschaft nicht einig ist. Nicht selten beginnen die Streitigkeiten bereits, wenn es um die Verteilung wertvoller Möbel oder anderer Erbstücke aus dem Hausrat geht. Richtig schwierig wird es allerdings, wenn Uneinigkeit über die Nutzung der Immobilie besteht. Wer trägt die laufenden Kosten und wer die Darlehenszinsen und wer kümmert sich um etwaige Modernisierungsmaßnahmen? Und überhaupt: Wer darf das Anwesen bewohnen und wie werden im Falle einer Eigennutzung die anderen Erben entschädigt? Es gilt also, zunächst Klarheit über die Verwendung der Immobilie herzustellen. Entweder ein Erbe nutzt sie

selbst und entschädigt die anderen oder man veräußert sie und teilt den Erlös auf. In beiden Fällen ist die genaue Wertermittlung grundlegend und für das weitere Vorgehen entscheidend. Ganz schlimm wäre es, wenn sich die Erben nicht einigen und es zu einer sogenannten Teilungsversteigerung kommen muss, an deren Ende jeder seinen Anteil aus dem Versteigerungserlös erhält. Eine fundierte Bewertung der Immobilie ist ohne entsprechende fachkundige Unterstützung jedoch kaum möglich. Verzichtet man auf einen externen Experten, ist das Risiko groß, dass im Nachhinein Diskussionen darüber entstehen, ob die Immobilie nicht zu billig verkauft wurde. Sobald das Konfliktpotential unter den Erben groß zu sein scheint, sollte von Beginn an ein unabhängiger, vereidigter und öffentlich bestellter Sachverständiger hinzugezogen werden. Dieser erstellt dann ein Gutachten, das auch vor Gericht Bestand hat und nicht von einem der Erben angezweifelt werden kann. Wenn Sie von einer friedlichen Einigung ausgehen und alle Parteien zusammenarbeiten, ist es dennoch sinnvoll, eine professionelle Bewertung in Auftrag zu geben. Diese kann zum Beispiel durch einen qualifizierten Immobilienmakler vorgenommen werden. Praktisch ist, dass hierbei zwei Fliegen mit einer Klappe geschlagen werden können: Ein vertrauensvoller, fachkundiger Makler kann im Anschluss an die Bewertung auch beim komplizierten Verkaufsprozess helfen. Somit erhalten Sie eine Rundum-Versorgung aus einer Hand und einen festen Ansprechpartner.

2. Soll die geerbte Immobilie vermietet oder verkauft G95

3. werden?
   Bei geerbten Immobilien stellt sich dieselbe Frage wie bei jedem Wohneigentum: Verkaufen, vermieten oder selbst bewohnen? Die Entscheidung hängt ganz von Ihren persönlichen Wünschen ab, das Für und Wider gilt es sorgfältig abzuwägen. Im Falle einer Erbengemeinschaft empfiehlt es sich (wenn keiner der Erben die Eigennutzung möchte) das Haus zu verkaufen. Aber auch für Alleinerben ist der Verkauf interessant. So eröffnen sich nach dem Verkauf der Immobilie weitere Möglichkeiten. Der erzielte Erlös kann beispielsweise für die Tilgung des eigenen Immobiliendarlehens oder für die Modernisierung des eigenen Hauses eingesetzt werden. Auch mit Blick auf Rücklagen und Altersvorsorge ist ein Verkauf der Erbimmobilie attraktiv. Andere kaufen sich ein Wohnmobil und gehen auf Reisen. Auch die zweite Option, die Erbimmobilie zu vermieten, klingt verlockend. Relativ sichere Mieteinnahmen sorgen für ein monatliches Zusatzeinkommen. Aber Vorsicht: Um das Objekt vermieten zu können, muss ein gewisser Standard erfüllt sein. Dieser muss unter Umständen erst hergestellt werden. Planen Sie für diese Entscheidung also realistische Investitionen mit ein. Es ist nicht so einfach die richtigen Mieter zu finden. Auch hierbei ist die Unterstützung eines Immobilienmaklers für die Vermietung Ihrer geerbten Wohnung oder Ihres Erb-Hauses zu empfehlen. Ein solcher Immobilienexperte hilft Ihnen ebenfalls bei der grundsätzlichen Entscheidung, ob eine Vermietung Sinn macht oder doch besser der Verkauf in Frage kommt.

Der Herausgeber dieses Buches hat zu diesem Thema den Ratgeber „Richtig vermieten – beruhigt schlafen“, geschrieben.
(www.immobilienfachverlag.de)

4. Schon lange vermietet – ist die Miete noch zeitgemäß?
Wer eine Immobilie erbt, die schon längere Zeit vermietet ist, erschrickt oft beim Blick auf die tatsächlichen Kaltmieten. Gerade bei langfristigen Mietverhältnissen sind diese meist weit unter dem marktüblichen Niveau, sodass keine lukrative Miete erzielt werden kann. Eine Änderung der Kaltmiete ist nur im Einvernehmen mit dem Mieter oder erst bei einer Neuvermietung möglich. Hinzu kommt, dass die Miete in einer bestimmten Zeit nur in begrenztem Maße erhöht werden darf. Das bedeutet, dass es selbst bei einer Neuvermietung passieren kann, dass die neue Kaltmiete immer noch nicht der Wunschmiete entspricht. Hierbei ist es recht ambitioniert, das Thema der Mietanpassung in Eigenregie angehen zu wollen. Hingegen ist es ratsam, sich Unterstützung zu holen, um alle Möglichkeiten und rechtlichen Rahmenbedingungen zu überblicken und entsprechend ökonomisch sinnvolle Entscheidungen zu treffen. Eine Immobilie zu guten Konditionen zu vermieten, ist gerade für Privatpersonen eine große Herausforderung. Mietspiegel, Mietpreis, Formalitäten und Vorgaben: Ohne den richtigen Partner ist es schwierig, den Überblick zu behalten und eine professionelle, rechtlich einwandfreie und dazu noch lukrative Vermietung zu realisieren.

5. In welchem Zustand befindet sich die Immobilie?

Wenn die geerbte Immobilie renovierungsbedürftig ist, gilt es, die richtigen Schritte zu unternehmen und sich gut zu informieren. Alles beginnt mit einer soliden Bestandsaufnahme. Sowohl die Bausubstanz und sämtliche Installationen als auch der Sanierungsbedarf jedes einzelnen Gewerkes und Raumes müssen überprüft werden. Dabei sollten stets die richtigen Experten hinzugezogen werden. Entscheidet man sich nach dieser Analyse tatsächlich für die Renovierung der Immobilie, heißt es, Prioritäten zu setzen. Das sollte vor allem dann bedacht werden, wenn das Haus oder die Wohnung im Anschluss an die Sanierung verkauft werden soll. Welche Arbeiten zuerst ausgeführt werden sollen, hängt von vielen Parametern ab. Der Eigentümer muss sich dabei um die entsprechenden Kostenvoranschläge, die passenden Dienstleister (wie Handwerker oder Architekten), sowie passende Förderprogramme und Finanzierungsgrundlagen kümmern. Dazu müssen in vielen Fällen Einwilligungen und Genehmigungen bei den einschlägigen Behörden und Ämtern eingeholt werden. All das nimmt Zeit, Geld und Nerven in Anspruch. Wenn Sie konkret wissen möchten, welche Renovierungsmaßnahmen in Ihrem Objekt die höchste Rentabilität haben, bietet es sich an, einmal einen Beratungstermin mit einem Sachverständigen oder qualifizierten Immobilienmakler zu vereinbaren. Beide wissen, in welchem Zustand eine Immobilie sein sollte, damit sie sich gut verkaufen lässt und können abwägen, ob die Investition in die Renovierung sich lohnt, um sie mit einem höheren Kaufpreis zumindest auszugleichen.

6. <u>Was tun, wenn das Objekt zu weit weg ist?</u>

Gerade im Erbfall kommt es oftmals zu der Konstellation, dass das neue Wohneigentum nicht an einem Ort steht, der sich in der eigenen Reichweite befindet. Nun ist die Abwicklung eines Immobilienverkaufs per se schon eine komplizierte Angelegenheit. Kommt jetzt noch die räumliche Distanz hinzu, kann das Ganze zur Herkulesaufgabe werden. Von der Bestandsaufnahme des Objektzustandes bis hin zu eventuellen Besichtigungsterminen mit potenziellen Käufern – die tatsächliche Anwesenheit vor Ort ist in der Abwicklung eines solchen Geschäfts zwingend erforderlich, aber aufgrund der Entfernung nur schwer möglich. Hinzu kommen auch noch zahlreiche örtliche Termine bei Behörden und Ämtern. Selbst bei einer Vermietung ist die Koordination der eigenen Aufgaben nur schwer aus der Distanz zu stemmen. In jedem Fall heißt es hier, sich Unterstützung vor Ort zu suchen und die Verantwortung nicht auf allzu viele Köpfe zu verteilen. Idealerweise beauftragen Sie einen örtlichen Immobilienexperten Ihres Vertrauens mit der Objektbewertung, -betreuung und der Verkaufsabwicklung.

7. <u>Was müssen Sie beim Verkauf beachten und welche Unterlagen benötigen Sie?</u>

Einfach mal schnell ein Haus zu verkaufen ist natürlich nicht möglich. Dazu braucht es schon etwas Zeit, Know-how und vor allem die richtigen Unterlagen. Gute Immobilienmakler stellen Ihnen gerne eine Checkliste zur Verfügung. Doch auch damit ist es noch nicht getan. Gerade Privatpersonen, die vielleicht sogar unverhofft durch eine Erbschaft in den Besitz einer Immobilie gekommen sind, laufen Gefahr, beim Verkauf entscheidende Fehler zu machen. So wird beispielsweise der Wert der Immobilie fast immer falsch eingeschätzt, wenn kein Experte hinzugezogen wird. Selbstverständlich möchten Sie beim Verkauf Ihres Hauses oder Ihrer Wohnung den bestmöglichen Preis erzielen und keinesfalls unter Wert an den Markt gehen. Diese Angst der Verkäufer, ein unbeabsichtigtes „Schnäppchen“ zu inserieren, führt allerdings häufig dazu, dass Immobilien mit völlig überzogenen Preisen präsentiert werden. Das schreckt potenzielle Käufer ab und wirkt hochgradig unseriös. Ein realistischer und angemessener Preis kann hingegen zum wichtigen Verkaufstrigger werden. Allerdings ist die richtige Bewertung einer Immobilie nicht trivial. Besser ist es auch hier, Sie holen sich dafür professionelle Unterstützung und lassen Ihr Wohneigentum von einem entsprechenden Experten bewerten. Nicht nur bei der Bewertung, sondern eben auch beim Verkauf der Immobilie, sollten Profis einbezogen werden. Als Verkäufer müssen Sie für alle Fälle bestens vorbereitet sein. Zum Beispiel wenn es um die Besichtigungstermine geht. Informieren Sie sich am besten bereits im Vorfeld über mögliche Fragen zum Haus oder zur Wohnung, sodass Sie immer die richtigen Antworten parat haben. In diesem Zuge gehört es auch zur Vorbereitung, alle wichtigen Unterlagen und Dokumente zur Immobilie rechtzeitig anzufordern.

8. Die Kunst, den Angebotspreis zu ermitteln

Wenn Sie Ihre Immobile verkaufen möchten, spielt das Festlegen des Angebotspreises eine wichtige Rolle. Dabei gilt es zu beachten, dass es sich bei diesem Preis nicht um den tatsächlichen Immobilienwert handelt. Dieser kann sowohl darüber als auch darunter liegen. Der Angebotspreis entspricht dem Preis, zu dem eine Immobilie am Markt angeboten wird. Dieser Parameter hat einen erheblichen Einfluss auf die Vermarktungsdauer. Um den richtigen Angebotspreis festzulegen, ist es wichtig, den Verkaufswert Ihrer Immobilie im Rahmen einer Marktwertermittlung festzustellen. Dabei sollte der Angebotspreis nicht zu weit über dem Verkaufswert angesetzt werden, da sonst kaum Kaufinteresse geweckt wird. Außerdem würden Sie sich in eine schlechte Verhandlungslage bringen, weil Sie durch eine lange Vermarktungsdauer (und damit meistens einhergehende Preissenkungen) kaum noch einen realistischen Verkaufspreis durchsetzen können.

9. Welche Preisgrenzen gibt es zu beachten?
   Egal für welches Verfahren Sie sich entscheiden, Sie sollten beim Festlegen des Preises gewisse Regeln beachten, um ein möglichst großes Käuferinteresse zu wecken. Beispielsweise ist es ratsam den angebotenen Preis in verschiedenen Portalen im Internet oder in Anzeigenbereichen von Zeitungen, anstatt auf 505.000 EUR lieber auf 499.000 EUR zu setzen. Kaufinteressenten setzen sich bei Ihrer Suche oftmals Preisgrenzen. Da vor allem im Internet diese Preisgrenzen als Suchkriterium genutzt werden können, wird Ihre Immobilie den potenziellen Käufern gar nicht erst angeboten, wenn Sie den höheren Angebotspreis wählen und damit eine Preisgrenze überschreiten.

10. Wählen Sie das richtige Vermarktungsverfahren
    Beim Vermarktungsverfahren kann zwischen zwei Möglichkeiten unterschieden werden. Die erste besteht darin, den angebotenen Preis etwas über dem eigentlichen

Wert der Immobilie anzusetzen. Üblicherweise bewegt sich der Aufschlag im Rahmen von etwa fünf bis acht Prozent. Bei großem Käuferinteresse kann man auf diese Weise mit etwas Glück den angebotenen Preis durchsetzen und so einen Verkaufspreis über dem eigentlichen Wert der Immobilie erzielen. Die zweite Vermarktungsstrategie nutzt die Möglichkeit, den Angebotspreis unter dem eigentlichen Verkaufswert anzusetzen. Dabei sollte die Immobilie dann jedoch in einem Bieterverfahren zum Verkauf angeboten werden. In diesem werden die potenziellen Käufer zu höheren Angeboten aufgefordert. Beide Möglichkeiten sind denkbar und werden gerne praktiziert.

11. Unterschätzen Sie den finanziellen Aufwand nicht

Haben Sie die Vermarkungskosten, die Kosten für den Energieausweis und für andere Unterlagen sowie die Kosten für ein (möglicherweise notwendiges) Wertgutachten im Blick? Machen Sie sich im Vorfeld realistische Gedanken über den Zeit- und Geldaufwand Ihres Vorhabens, sodass Sie im Verkaufsprozess nicht überrascht werden. Auch in dieser Phase kann die Zusammenarbeit mit einem professionellen Immobilienmakler für spürbare Entlastung sorgen.

12. Auch Privatverkäufer müssen die Werte der Energie-Einsparverordnung (EnEV2014) veröffentlichen

Kennen Sie Ihre Verpflichtungen nach der EnEV2014? Energieausweise enthalten besondere Angaben zur Energieeffizienz der Immobilie, zu den verwendeten Heizstoffen (zum Beispiel Gas, Öl oder Strom) sowie zu den Energiekennwerten des Gebäudes. Neue Ausweise für Wohngebäude beinhalten, analog zur Energieklassifizierung bei Elektrogeräten, eine Energieeffizienzklasse von A+ bis H. Auch als Privatverkäufer haben Sie die Pflicht, die Werte in einem Inserat zu veröffentlichen und jedem Interessenten (egal ob Kauf- oder Mietinteressent) den Energieausweis bei der Besichtigung auszuhändigen.

13. Denken Sie auch an die Erbschaftssteuer
    Zu bedenken ist, dass eine geerbte Immobilie (oder der Anteil daran) erbschaftssteuerpflichtig ist. Der verwandtschaftliche Grad zum Verstorbenen hat Einfluss auf die Höhe des Freibetrages und die Höhe der zu zahlenden Steuer. Lesen Sie hierzu auch Kapitel „Die Immobilie im Erbfall und im Scheidungsfall“ von Jürgen Pfund.

Fazit

Ererbte Immobilien stellen eine Herausforderung dar. Dies tun sie schon allein deshalb, weil man sich meist wenig mit ihnen beschäftigt hat. Befolgen Sie am besten meine hier aufgeführten Ratschläge, dann sind Sie bereits auf einem guten Weg. Dabei wünsche ich Ihnen viel Erfolg!

Ihr
Sven Weida

Immobilienprofis zeichnen sich durch eine gute Ausbildung aus

Von Markus Langenbach
PROFI-MAKLER-AKADEMIE, Aschaffenburg

Inhalt

- Es gibt eine gesetzliche Weiterbildungspflicht
- Das wird sich in Zukunft ändern
- Der maximale Preis – der Wunsch eines jeden Verkäufers
- Ein gut ausgebildeter Makler kann eine Immobilie professionell einwerten
- Woran erkennt man einen Profimakler?
- Welche Aus- und Weiterbildungen muss ein Makler vorweisen können?
- Welche Maklerprovision ist gerechtfertigt?

Über viele Jahrzehnte hat sich der schlechte Ruf der Maklerbranche aufgebaut und in die Köpfe der Verbraucher eingebrannt. Am besten kann man wohl die öffentliche Meinung über Immobilienmakler wie folgt wiedergeben: „Makler müssen wenig arbeiten, haben kein Fachwissen und verdienen viel zu viel Geld“. Ist diese Aussage begründet? In mancher Hinsicht vielleicht. Man sollte sie allerdings etwas differenzierter betrachten.

Es gibt eine gesetzliche Weiterbildungspflicht

Bis zum 01.08.2018 war es das Kernproblem der Branche, dass es für Immobilienmakler und Wohnimmobilienverwalter keine gesetzlich vorgeschriebene Verpflichtung zu Aus- und Weiterbildungsmaßnahmen gab. Jahrzehntelang war es so möglich, ohne fachliches Wissen in die Immobilienbranche einzusteigen. Damit war natürlich Tür und Tor für unprofessionelles Arbeiten geöffnet. Andererseits haben sich unbestrittener Weise viele Immobilienmakler freiwillig, eigenständig und selbstverantwortlich um ihre Höherqualifizierung gekümmert und können auf hohem Niveau seriöse Dienstleistungen abliefern. Der Ruf der Branche war dennoch beschädigt. Diese Situation hat dazu geführt, dass sich Immobilieneigentümer in der Vergangenheit und heute immer noch häufig dafür entscheiden, ihre Immobilien eigenständig zu verkaufen. Sie haben die Hoffnung, den maximalen Kaufpreis zu erzielen, dabei auf keinerlei Probleme zu stoßen und sich das Zahlen einer Maklerprovision zu ersparen.

Das wird sich in der Zukunft ändern

Viele zufriedene Kunden haben auch schon in der Vergangenheit die Vorteile der Zusammenarbeit mit einem qualifizierten Makler schätzen gelernt. Aufgrund der gesetzlichen Fortbildungspflicht werden Makler ohne regelmäßige Teilnahme an Aus- und Weiterbildungsmaßnahmen nicht nur die gesetzlichen Bedingungen nicht erfüllen, sondern es wird ihnen auch immer schwerer fallen, gegenüber gut ausgebildeten Maklern zu bestehen – und das ist im Interesse der Verbraucher auch gut so! In Zukunft werden Immobilienverkäufer vermehrt darauf achten, sich die Qualifikationsnachweise eines Maklers auch vorlegen zu lassen. Die Informationspflicht, die ebenfalls eingeführt worden ist, ermöglicht es dem Kunden, dies vom Makler zu verlangen.

Der maximale Preis – der Wunsch eines jeden Verkäufers

Bei einem vom Verkäufer erteilten Vermittlungsauftrag zählt am Ende nur der erfolgreiche Verkauf zum maximalen Preis, der zum Zeitpunkt des Angebots am regionalen Immobilienmarkt zu erzielen ist. Die Frage, wie man diesen Preis ermittelt, ist nicht so ohne Weiteres zu beantworten und bedarf einer analytischen Vorgehensweise. Erfahrungswerte aus bereits verkauften Immobilien können dabei natürlich nützlich sein. Zu gerne wird übersehen, dass zur Erzielung eines maximalen Verkaufspreises eine Finanzierungszusage des Käufers benötigt wird. Seit der Einführung von Basel III haben Banken erhöhte Anforderungen an die Vergabe von Immobilienkrediten zu erfüllen. Das hat Auswirkungen auf die Höhe des gewährten Darlehens, die Bonität und die Liquidität des Darlehensnehmers. Ebenso entscheidend ist die Höhe des vom Darlehensnehmer eingesetzten Eigenkapitals. Sie werden sich fragen, warum dies Einfluss auf den maximalen Verkaufspreis hat. Nun: Der gewünschte Verkaufspreis deckt sich häufig nicht mit den Beleihungsrichtlinien einer Bank. Diese sind aber entscheidend! Denn ohne Finanzierung, kein Verkauf! Diesen Zusammenhang sehen viele Verkäufer nicht. Dabei ist das Wissen um den Zusammenhang von Verkaufspreis und Darlehenshöhe elementar dafür, wie schnell eine Immobilie zu einem maximalen Preis vermittelt werden kann. Dieser Grundsatz gilt für mehr als 90 Prozent der Immobilienverkäufe. Im Hochpreissegment hat dieser Zusammenhang aufgrund der in der Regel sehr guten Bonität der Immobilienkäufer nur eine geringe Relevanz.

Ein gut ausgebildeter Makler kann eine Immobilie professionell einwerten

Ein qualifizierter Immobilienmakler vermittelt Immobilienverkäufern diesen Sachverhalt und wird im Vorfeld eine professionelle Immobilienbewertung erstellen. Solch eine Bewertung ermittelt neben dem Marktpreis auch, welches Eigenkapital ein Käufer zur Verfügung stellen müsste, damit der Wunschpreis des Verkäufers erzielt werden kann. Außer dem rechnerisch ermittelten Immobilienwert ist eine detaillierte Marktanalyse wichtig. Aussagen zur aktuellen Marktsituation kann ein Makler aufgrund von statistischen Daten treffen. Dabei werden Marktanalysetools eingesetzt, auf die allerdings Privatverkäufer keinen Zugriff haben. Zudem kann der Makler auf eigene Erfahrungswerte zurückgreifen. Die Verkaufspreisfindung wird er sowohl dem Verkäufer als auch dem Interessenten nachvollziehbar erklären können. Auch wenn die Wunschpreisvorstellung höher ist, werden gute Makler bei dem Ergebnis ihrer Wertermittlung bleiben und dies vertreten. Diese Vorgehensweise ist eine unabdingbare Grundlage vor dem eigentlichen Beginn der Vermarktung eines Objektes. In der Praxis werden hier allerdings häufig die größten Fehler gemacht. Dafür einen Immobilienexperten an der Hand zu haben, zahlt sich in mehrfacher Hinsicht aus. Langwierige Preisverhandlungen entfallen, da die fundierte Immobilienbewertung nicht nur dem Verkäufer die Realität seiner Wunschvorstellung aufzeigt, sondern auch Kaufinteressenten deutlich schneller von der Wertigkeit der Immobilie überzeugt. Nach einer einmal erzielten Einigkeit zwischen dem Verkäufer und dem Käufer gilt es, so schnell wie möglich eine Finanzierungszusage zu erhalten. Mit den bereits zuvor erstellten Dokumenten sowie der ermittelten

Bewertung können Banken deutlich schneller Entscheidungen treffen, womit langwierige Prozesse vermieden werden.

Woran erkennt man einen Profimakler?

Der erfolgreiche Verkauf einer Immobilie in einem Zeitfenster von 3 bis 6 Monaten zu einem maximal möglichen Preis stellt hohe Anforderungen an die Leistungen eines Immobilienmaklers. Die Herausforderungen sind vielfältig. Bis es zum Abschluss eines Kaufvertrags kommt, muss ein Makler einem Kaufinteressenten alle erforderlichen Informationen zügig aushändigen können, damit dieser seine Entscheidung treffen kann. Das bedarf einer zeitaufwendigen Vorbereitung. (Welche Unterlagen erforderlich sind, können Sie dem Anhang dieses Buches entnehmen.) Gleichzeitig sind die Interessen des Verkäufers zu wahren. In einer Konfliktsituation haben diese immer Vorrang vor dem Provisionsinteresse des Maklers zu haben. Damit ein Makler seine Aufgaben erledigen und Pflichten gegenüber seinem Auftraggeber erfüllen kann, muss er gut ausgebildet und ausreichend qualifiziert sein. Würde er nämlich seine Pflichten verletzen, könnte er sich Schadensersatzansprüchen ausgesetzt sehen. Zudem riskiert er seine Maklerprovision. Ein Profimakler kennt diese Zusammenhänge und stellt durch seine fachliche Kompetenz sicher, dass solche Situationen erst gar nicht eintreten.

Apropos Schadenersatzansprüche: Privatverkäufer sind sich oft gar nicht bewusst, dass sie selbst ein hohes Risiko eingehen, wenn sie während des Immobilienverkaufs gegenüber Kaufinteressenten (nicht wissentlich) falsche Aussagen treffen. Die Gewährleistung dieser Pflichten sind unabdingbar für einen professionellen Immobilienverkauf. Dabei werden qualifizierte Makler Fragen kompetent beantworten können.

Die Verkaufs- und Marketingstrategie des Maklers, die alle Optionen zur Maximierung des Verkaufspreises beinhaltet, wird dem Verkäufer ebenso erläutert. Erfahrene Makler kennen den regionalen Immobilienmarkt und können individuelle Strategien ausarbeiten, die am Ende zu einem erfolgreichen Abschluss führen.

Welche Aus- und Weiterbildungen muss ein Makler vorweisen können?

Seit dem 01.08.2018 sind Immobilienmakler gesetzlich dazu verpflichtet jeweils die in den letzten drei Kalenderjahren absolvierten Weiterbildungsmaßnahmen nachzuweisen. Man kann sich als Kunde (gleich ob als Verkäufer oder als Kaufinteressent) die Nachweise vorlegen lassen. Ein Profimakler wird sie ohne Aufforderung vorlegen. Diese geforderten Weiterbildungsmaßnahmen stellen sicher, dass sich ein Makler in vielen Fachgebieten immer wieder auf den neuesten Stand bringt. Welche Anforderungen ein Makler erfüllen sollte, können Sie dem im Anhang abgedruckten Leistungsverzeichnis entnehmen. Die fachliche Qualifikation ist natürlich nur eine von vielen wichtigen Komponenten für einen erfolgreichen Immobilienverkauf. Sie stellt aber sicher, dass ein Makler auf Herausforderungen bestens vorbereitet und für Unwägbarkeiten gerüstet ist. Der Profi ist dabei z.B. mit einem Arzt zu vergleichen, der viele Standard OPs erfolgreich meistert, aber auch ganz genau weiß, wie er im speziellen Fall zu reagieren hat. Neben der gesetzlichen Fortbildungspflicht bestehen noch viele weitere Möglichkeiten der fachlichen Qualifikation. Hier ein Auszug dessen, was z.B. auf der Visitenkarte genannt sein kann:

- Immobilienmakler/in (IHK)
- Immobilienmakler/in (DIA)
- Diplom-Immobilienwirt/in (DIA)
- Geprüfter Immobilienfachwirt/in (DIA)
- PMA® Geprüfter Immobilienbewerter für Wohnimmobilien
- Fachmakler der Immobilienwirtschaft BVFI®

Sehr viele Makler können bereits diese Qualifikationen vorweisen und erfüllen schon seit Jahren diese Anforderungen.

Welche Maklerprovision ist gerechtfertigt?

Diese Frage nach der Honorierung der erbrachten Leistung stellt sich bei jeder Dienstleistung, die man in Anspruch nehmen möchte, so auch bei der des Maklers. Trotz der vielen gesetzlichen Veränderungen ist die Vergütung des Immobilienmaklers nach wie vor rein erfolgsbasiert. Nur dann, wenn der notarielle Kaufvertrag zwischen dem Verkäufer und dem Käufer zustande kommt, kann ein Immobilienmakler seine Leistung in Form einer Provision in Rechnung stellen. Das Risiko, dass es für eine Immobilie zum Zeitpunkt des Angebots keinen adäquaten Käufer gibt, trägt der Makler, unabhängig davon, wieviel Zeit- und Marketinginvestitionen er getätigt hat. Der überwiegende Teil der Immobilienmakler berechnet einen prozentualen Wert des Verkaufspreises als Makler-Provision. In den meisten Bundesländern beträgt diese 3 Prozent zzgl. MwSt. für den Verkäufer und ebenso 3 Prozent zzgl. MwSt. für den Käufer. Bei der Vermittlung einer Immobilie von z.B. 200.000 EUR beträgt somit der Rechnungsbetrag für Verkäufer und Käufer jeweils 6.000 EUR zzgl. MwSt., also insgesamt 7.140 EUR. Ist diese Provision gerechtfertigt? Aus Sicht der Zahlungspflichtigen wohl eher nicht, aus Sicht eines selbstständigen Maklers auf jeden Fall. Zur Erläuterung schauen Sie sich am besten im Anhang des Buches an, welche Leistungen ein qualifizierter Makler erbringen und welche Grundvoraussetzungen er dafür erfüllen muss. Die Praxis hat gezeigt, dass Kunden, wenn Sie professionell betreut werden und die Immobilientransaktion problemlos und erfolgreich abgewickelt worden ist, die umfangreiche Dienstleistung des Maklers und die Verhältnismäßigkeit der Provision positiv einschätzen.

Fazit

Am Ende zählt der erfolgreiche Verkauf. Als Verkäufer wird man immer vor der Entscheidung stehen, ob man sein Glück selbst versucht, oder mit einem Immobilienexperten zusammenarbeitet. In der Regel kann man davon ausgehen, dass der Makler, der nicht weniger als die übliche Provision ansetzt, auch der Makler ist, der seinen vollen zeitlichen und finanziellen Einsatz für einen erfolgreichen Immobilienverkauf einsetzt.

Ich wünsche Ihnen, dass Sie mit einem Makler zusammenarbeiten, der nachweislich an Fort- und Weiterbildungsmaßnahmen teilnimmt und sowohl für Sie als Verkäufer als auch für den Kaufinteressenten eine optimale Leistung erbringt.

Ihr
Markus Langenbach

Auf welche Weise der Preis Einfluss auf die Vermarktungsdauer hat

von René Reuschenbach
WAV-Immobilien, Bornheim

Inhalt

- Die falsche Einschätzung der Vermarktungsdauer
- Der irreführende Vergleich mit angebotenen Immobilien auf Internetplattformen
- Ein zu hoher Preis schreckt potenzielle Käufer ab
- Harte und weiche Faktoren der Wertermittlung
- Die Ermittlung des realen Marktwertes

Ist der Wert der Immobilie geschätzt und der Preis erst einmal festgelegt, erwartet man voller Vorfreude die ersten Interessenten. Schließlich soll die Immobilie, hat man sich einmal entschieden sie zu verkaufen, so schnell wie möglich abgegeben werden. Dann erst kann man sich so richtig um die neuen Ziele und das neue Heim kümmern. Auch deshalb ist ein angemessener Preis von Vorteil! Denn je länger die Immobilie zum Verkauf steht, desto geringer ist die Chance, dass sie verkauft wird. Zu hohe Preise führen dazu, dass die Käufer abgeschreckt werden und das hat wiederum zur Folge, dass die Immobilie über Monate (wenn nicht sogar über Jahre hinweg) angeboten werden muss. Am besten Sie befragen sich einmal selbst dazu: Was ist Ihr erster Gedanke, wenn Sie auf der Suche nach einem geeigneten Heim sind und Sie auf eine Immobilie stoßen, die seit vielen Monaten erfolglos zum Kauf angeboten wird? Richtig: Sie suchen den

Haken an der ganzen Geschichte. Denn intuitiv fragt man sich, wieso noch niemand zugeschlagen hat. Dieser Umstand kann also ebenso viel Misstrauen erwecken wie ein zu hoher Preis.

Die falsche Einschätzung der Vermarktungsdauer

Oftmals besteht der große Fehler beim Immobilienverkauf auch darin, die Dauer bis zum unterschriebenen Kaufvertrag falsch einzuschätzen. Das wiederum kann fatale Folgen haben. Eine Immobilie verkauft sich leider meist nicht einfach innerhalb von zwei Wochen. Nun hat man aber doch voller Eifer schon eine neue Wohnung gefunden oder bereits die Finca auf Mallorca ausgesucht. Der Umzugstermin rückt näher, aber was fehlt ist der Erlös aus dem Verkauf der eigenen Immobilie. Jetzt kann schnell Zeitdruck entstehen, wenn zum gegebenen Termin kein Käufer gefunden ist. Das wiederum bringt Sie in eine schlechte Situation, denn unter Druck bleibt nur noch wenig Spielraum für Verhandlungen. In Folge dessen besteht ein erhöhtes Risiko, dass Sie auf Angebote eingehen müssen, die weit unter dem Wert Ihrer Immobilie liegen. Wenn Sie sich dafür entscheiden, Ihre Immobilie zu verkaufen, sollten Sie sich vorab darüber im Klaren sein, dass es eine gewisse Zeit dauert, bis der Verkauf in allen Einzelheiten von statten gegangen ist. Sie sollten sich die Frage stellen, was es für Sie bedeutet, wenn Sie nach dem geplanten Zeitraum noch immer keinen Käufer gefunden haben. Sie müssen wissen, wie flexibel Sie beim Kaufpreis sind und bis wann der Übergabetermin spätestens stattfinden sollte. Und vor allem sollten Sie einen Zeitraum von 3 bis 12 Monaten einplanen, der für einen durchschnittlichen Verkauf einer Immobilie angenommen wird. Haben Sie all diese Punkte nicht berücksichtigt und die Immobilie verkauft sich nicht so schnell wie Sie sich das vorgestellt haben, müssen Sie mit der Zeit immer flexibler werden, was die Preisspanne angeht. Vermeiden Sie also besser von vorne herein Zeitdruck, damit Sie am Ende nicht in finanzielle Schwierigkeiten geraten oder immense Verluste erleiden. Ist der Entschluss, die eigene Immobilie verkaufen zu wollen, erst einmal gefasst, will man natürlich so schnell wie möglich damit beginnen, die eigene Zukunft zu gestalten und die Wünsche und Ziele umzusetzen. Dafür benötigt man selbstverständlich ein geeignetes Budget.

Schnell ist klar: Der Verkaufserlös der aktuellen Immobilie soll den Start in das neue Leben finanzieren. Schließlich stecken viel Arbeit und Herzblut im eigenen Haus. Jahrelang hat man das Zuhause so schön wie möglich gestaltet, renoviert und eingerichtet – das muss doch etwas wert sein! Ist es auch! Die Frage ist jedoch: Wie viel? Genau hier liegt einer der größten Fehler, die man beim Verkauf einer Immobilie machen kann.

Der irreführende Vergleich mit angebotenen Immobilien auf Internetplattformen

Als Verkäufer will man selbstverständlich den höchstmöglichen Preis für die eigene Immobilie erzielen. Oftmals ist der erste Schritt, das Internet oder die Zeitung zu öffnen und einen Blick auf die bereits inserierten Immobilien aus der Umgebung zu werfen. Hierdurch ergibt sich bereits die erste eigene Preisvorstellung. Hinzu kommen nicht selten zahlreiche Ratschläge von Freunden und Bekannten, Maklern oder anderen Verkäufern. Zählt man dann noch die finanziellen Verpflichtungen hinzu – denn das gewünschte Ferienhaus in Spanien oder die Neubauwohnung im Zentrum haben schließlich auch ihren Preis – hat man schnell eine nicht unerhebliche Summe zusammen. Da man davon ausgeht, dass der Käufer wahrscheinlich verhandeln will, schlägt man noch einmal eine ordentliche Summe obendrauf. Wenn der Preis heruntergehandelt wird, schmerzt es dann vielleicht nicht ganz so sehr.

Ein zu hoher Preis schreckt potenzielle Käufer ab

Übersehen wird allzu gerne, dass es sich bei den Preisen im Internet um Angebotspreise und damit Wunschpreise handelt. Tatsächlich ist es aber so, dass zwischen dieser Preisvorstellung aus dem Angebot und dem letztlich realisierten Verkaufspreis auch schon einmal 20 Prozent liegen können!

Was selten beachtet wird, ist die Tatsache, dass ein zu hoher Preis potenzielle Käufer erst einmal abschreckt. Denn die Käufer wissen genau, ob die vorgegebene Summe annähernd gerechtfertigt ist oder nicht. Meist haben potenzielle Käufer ein Budget für den Kauf einer Immobilie festgelegt. In dieses ist die Summe, die der Verkäufer auf die Immobilie aufgeschlagen hat, um mit dem Käufer verhandeln zu können, nicht mit eingerechnet. Das Ergebnis ist leider vorhersehbar: Es gibt kaum oder keine Interessenten, die Immobilie steht lange zum Verkauf und schlussendlich werden Monate vergeudet, ohne ein nennenswertes Ergebnis zu erzielen. Am Ende bleibt nur noch die Option den Preis herabzusetzen. Natürlich soll das nicht bedeuten, dass man sein Eigenheim unter Wert verkaufen sollte. Denn auch eine zu niedrige Preisangabe schreckt einen Käufer ab, weil er sich unweigerlich die Frage stellt: Wieso ist dieses Haus im Gegensatz zu anderen Angeboten so günstig? Zu niedrige Preise wecken also ebenfalls Misstrauen. Mögliche Käufer befürchten, dass mit der Immobilie etwas nicht stimmen könnte, dass vielleicht in der Beschreibung etwas nicht erwähnt ist.

Aber wie legt man nun den genau richtigen Immobilienpreis fest? Zunächst sollte man sich die Frage stellen, wie man selbst als Kaufinteressent auf einen zu hohen oder zu niedrigen Preis reagieren würde. Dann gilt es, sich das nötige Fachwissen anzueignen, also verschiedene Arten der Wertermittlung zu kennen. Man sollte beispielsweise vorab wissen, was ein Sachwert, was ein Ertragswert oder ein Vergleichswert ist. Auch der Verkehrswert und der Marktwert sollten keine Fremdwörter sein. Zudem sollte man wissen, woher man die für die Wertermittlung wichtigen Eckdaten bekommt und wie man diese Informationen dann schließlich konkret umsetzen kann.

Harte und weiche Faktoren der Wertermittlung

Auch gilt es zu beachten, welche Faktoren eine Immobilie wertvoller machen und welche nicht. So spielt es kaum eine Rolle, ob die Räume mit einer schönen Tapete ausgestattet sind oder der Teppichboden vor Jahren für viel Geld gekauft wurde. Viel wichtiger ist der Zustand des Daches oder das Alter von Fenster und Türen. Käufer wissen genau, worauf sie achten müssen. Die Optik spielt dabei oftmals nur eine geringe Rolle. Denn vor einem Kauf wird der Käufer kalkulieren, dass eventuelle Reparaturen am Haus notwendig sind. Ist bereits eine moderne Heizung installiert oder muss der alte Kessel im Keller bald ausgetauscht werden? Dies sind hoch relevante Faktoren, denn die Kosten dafür belaufen sich schließlich auf mehrere tausend Euro. Auch die Lage der Immobilie hat Einfluss auf das Kaufinteresse und den Wert. Sind Kindergärten in der Nähe? Und wie weit hat man es bis zur nächsten Einkaufsmöglichkeit? Gibt es eine gute Verkehrsanbindung? Wenn man sich vorab informiert und von Anfang an einen realistischen Preis festsetzt, ist die Chance, zeitnah einen geeigneten Käufer zu finden, deutlich höher.

Die Ermittlung des realen Marktwertes

Besser geht es so: Bevor man etwas überstürzt, sollte man sich ausreichend Zeit nehmen, die eigene Immobilie zu bewerten und den Marktpreis zu ermitteln oder (besser noch) ermitteln zu lassen und sich damit einen Überblick über die aktuelle Marktsituation zu verschaffen. Den richtigen Preis einzuschätzen, ist für den Laien nicht immer einfach, denn Immobilien lassen sich meist nicht so einfach mit anderen vergleichen. Die Festsetzung des Verkaufspreises spielt eine wichtige Rolle bei der Suche nach geeigneten Käufern. Der Spielraum für Korrekturen ist dabei eng. Entgegen der weitläufigen Meinung, dass zahlreiche Interessenten nach dem erstmaligen Veröffentlichen des Angebotes anrufen werden, ist der Kreis der Interessenten tatsächlich eher klein. Hinzu kommt, dass diese auch nicht einfach aus dem Bauch heraus kaufen werden. Wer Interesse an einer Immobilie hat, beobachtet meist über Wochen den Markt und kann sich dabei einen ausführlichen Überblick über die Angebote und Preise machen. Als Verkäufer sollten Sie deshalb beachten, dass Sie höchst wahrscheinlich gut informierten Interessenten gegenüberstehen.

Zuweilen glauben Immobilieneigentümer, ein Gutachter könnte den realistischen Marktpreis feststellen. Das ist oft trügerisch, denn ein Gutachter nimmt seine Werttabellen als Vorlage für seine Ermittlung – verkaufen muss er die Immobilie letztlich nicht. So liegen nicht selten hohe Wertunterschiede zwischen dem, was der Gutachter als Immobilienwert ermittelt und dem tatsächlichen Marktwert des Hauses. Auch zu glauben, der Banker würde den Marktpreis sicherlich korrekt ermitteln können, ist leider ein Irrglaube. Banker bestimmen den Wert nämlich nach bestimmten, bankinternen Ermittlungsrichtlinien. Diese gehen von der Beleihung mit einer Grundschuld bzw. Hypothek oder einer möglichen Wiederverwertbarkeit im Falle von Zahlungsstörungen aus. Deshalb hat dieser Wert mit dem Marktwert eines freiwilligen Verkaufs einer Immobilie nur wenig zu tun.

Aus den genannten Gründen ist es ratsam (und das geschieht auch häufig) einen Immobilienmakler mit einzubeziehen. Denn er ist mit den Marktgegebenheiten, die in die Ermittlung des Marktwertes einfließen, seit Jahren vertraut und versteht sein Geschäft. Ihm ist ebenfalls daran gelegen, Ihre Immobilien zu einem marktkonformen Preis anzubieten – und zwar aus zwei Gründen: 1. Er wird für seine Leistung nur dann honoriert, wenn er Ihr Objekt erfolgreich vermitteln kann, und 2. hat auch er ein Interesse daran, den höchst möglichen Preis zu erzielen, denn dann verdient er mehr. Vor diesem Hintergrund ist die Aussage verständlich, dass ein Makler meist mehr nutzt, als er kostet. Wer sich also selbst nicht zutraut, den optimalen Preis für sein Eigenheim zu kalkulieren, der sollte nicht zögern, einen Immobilienmakler in Anspruch zu nehmen.

Fazit

Ich wünsche Ihnen ein gutes Händchen bei der Ermittlung des Marktwertes Ihrer Immobilie und beim Finden desjenigen, der Ihnen ehrlich hilft, diesen Wert zu ermitteln. Wie ich Ihnen hier aufgezeigt habe, nützt es nämlich nichts, wenn

Ihnen jemand einen hohen Wert vorgaukelt und Sie daraufhin Verpflichtungen eingehen, die Sie nachher nicht erfüllen können.

Ihr
René Reuschenbach

Vom Fehler, keine Immobilie zu kaufen

von Jürgen Engelberth
Vorstand BVFI – Bundesverband für die Immobilienwirtschaft, Frankfurt am Main, Windeck

Inhalt

- Jeder kann Immobilieneigentümer werden
- Mein Tipp: Nie ohne Makler!
- Warum ist eine Unternehmensanalyse so wichtig?
- Kundenwünsche ändern sich im Laufe der Überlegungen
- Immobilienfinanzierung – gewusst wie
- Immobilienmakler ermöglichen oft erst den Immobilienerwerb
- Politische Fehlentwicklungen
- Das Eigenkapitalersatzdarlehen steigert die Eigentumsquote
- Der Owners Club

Der größte Fehler, den man beim Immobilienkauf machen kann, ist - keine Immobilie zu kaufen. Darauf will ich in diesem Artikel eingehen.

Sie werden sich vielleicht fragen, wie ich als Vorstand eines Berufsverbandes, sozusagen als Theoretiker, Kenntnisse in diesem Bereich erlangen konnte.

Bereits mit 25 Jahren habe ich meine ersten Erfahrungen als Immobilienmakler gesammelt. Ursprünglich hatte ich zwar eine Ausbildung als Finanz- und Versicherungsmakler abgeschlossen. Jedoch zog es mich schnell in den äußerst attraktiven Markt der Immobilien und des Immobilien-Investments. Später kam sogar eine eigene Bauträgergesellschaft hinzu, in der ich die Geschäftsleitung übernahm und teilweise die Oberbauleitung für einige Bauprojekte innehatte. In dieser Zeit ist es mir gelungen, pro Jahr ca. 40 Wohneinheiten an neue Eigentümer zu verkaufen. Dabei hatte ich die unterschiedlichsten und überraschendsten Erlebnisse – natürlich waren die nicht immer nur positiv.

Jeder kann Immobilieneigentümer werden

Trotz unterschiedlichster Erfahrungen kann ich Ihnen letztlich bestätigen: der größte Fehler beim Immobilienkauf ist tatsächlich – ein Nichtkauf. Mittlerweile bin ich davon überzeugt, dass fast jeder Bürger in Deutschland nicht nur Immobilien kaufen kann, sondern sogar Immobilien kaufen muss, wenn er nicht von Altersarmut bedroht sein will. Dabei spreche ich nicht von einer Immobilie als reine Altersvorsorge oder als Ersatz für eine Rentenversicherung. Dies würde einer Immobilie nicht gerecht werden, denn eine Immobilie ist einfach viel mehr und sichert den Vermögenserhalt über Generationen hinweg. Eine Immobilie ist die Basis für den Aufbau eines Generationenvermögens. Um es genau zu sagen: Jeder, der eine Immobilie besitzt oder eine Immobilie betreibt, egal ob selbst genutzt oder als Investment, betreibt damit sein eigenes, wenn vielleicht auch kleines, Family-Office. Ihm gelingt damit ein erfolgreicher Vermögensaufbau, wie es mit einem anderen Investment kaum möglich wäre. Immobilien sind in ihrer unendlichen Vielfalt aber auch nicht ganz einfach zu handhaben – weder beim Erwerb noch in der Unterhaltung oder im dauerhaften Betrieb. Daher ist es sehr wichtig, sich als Interessent ausgiebig über das eigene Vorhaben zu informieren und auch fachlichen Rat vom Spezialisten einzuholen.

Mein Tipp: Nie ohne Makler!

Einer der wichtigsten Spezialisten ist dabei sicherlich der Immobilienmakler. Er kennt den Markt und kann zudem Bausubstanzen bewerten sowie Chancen und Risiken der Immobilie professionell einschätzen. Allerdings sollte man bei der Auswahl eines Immobilienmaklers eine genaue Marktanalyse durchführen. Diese beginnt in der Regel mit einer Recherche im Internet: Hat der anbietende Makler eine professionelle Homepage? Diese ist so etwas wie eine Visitenkarte des Maklerunternehmens und sagt schon viel über Qualität und Leistungen aus. Am besten Sie schauen sich ebenfalls die Immobilienportale und Angebote des Maklers genau an: Hat das Unternehmen positive Bewertungen auf Google, Immobilienscout24, Immowelt und in anderen Bewertungsportalen? Verfügt der Makler über ein Ladenlokal oder ein professionelles Büro? Oder handelt es sich doch eher um einen „Wohnzimmer-Makler“ (also jemanden, der nur ab und zu von zu Hause aus, Aufträge bearbeitet)?

Warum ist eine Unternehmensanalyse so wichtig?

Dies ist leider der aktuellen Situation geschuldet. Die führenden Berufsverbände der Immobilienwirtschaft (wie zum Beispiel der BVFI) fordern bereits seit vielen Jahren eine regulierte Ausbildung und Berufszulassung für den Beruf des Immobilienmaklers. Bisher gibt es eine solche nicht, was zur Folge hat, dass es auch Makler gibt, die nicht die für ihren Beruf nötigen Fachkenntnisse besitzen, um qualifiziert beraten zu können. Bei einem Immobilienkauf, der für viele Menschen die höchste Investition ihres Lebens ist, ist es jedoch wichtig, einen professionellen und seriösen Partner an seiner Seite zu haben. Gleiches gilt, wenn eine Immobilie verkauft werden soll.

Hinzu kommt, dass das Bild des Maklers in der Öffentlichkeit leider kein gutes ist: TV-Soaps wie „Mieten-Wohnen-Kaufen" haben das verzerrte Bild geprägt, Immobilienmakler wären lediglich „Türaufschließer" mit überhöhten Honoraren. Die Realität des Berufes sieht aber ganz anders aus. Denn allein die Tatsache, dass fast alle professionellen Immobilien-Investoren auf die Unterstützung von Fachmaklern zurückgreifen, spricht für deren Kompetenz. Für unerfahrene Interessenten ist die fachliche und qualifizierte Unterstützung beim Wohnungskauf noch viel wichtiger. Dazu möchte ich Ihnen gerne einige Beispiele aus meiner langjährigen beruflichen Erfahrung schildern.

Kundenwünsche ändern sich im Laufe der Überlegungen

Hierzu eine kleine Geschichte, die ich persönlich erfahren habe: Vor einigen Jahren kam ein junges Ehepaar mit dem Vorhaben zu bauen in mein Büro: „Herr Engelberth, Sie wurden uns von Freunden empfohlen, sodass wir uns dazu entschlossen haben, mit Ihnen zu bauen. Wir möchten mit einem befreundeten Paar in Hückeswagen (eine Stadt im Norden des Oberbergischen Kreises nahe Köln) ein Zweifamilienhaus bauen. Wir selbst wollen das Erdgeschoss erwerben und bewohnen, unsere Freunde das Obergeschoss." Ich war erstaunt über den konkreten Wunsch und fragte nach, ob es nicht besser wäre, stattdessen ein Doppelhaus zu bauen, in dem die Parteien nebeneinander wohnen könnten. Die Kaufinteressenten waren jedoch unbeirrbar in ihren Vorstellungen und hatten auch bereits ein Grundstück reserviert. Also begann unser Büro, für das mögliche Bauvorhaben ein Typenhaus zu entwickeln, um es den Beteiligten vorzuschlagen. Etwa vierzehn Tage später kam es dann zum nächsten Termin und zu einer gravierenden Änderung: „Herr Engelberth, es hat sich leider eine Veränderung in unserer Planung ergeben. Mit unseren Freunden ist es zu Streitigkeiten gekommen, sodass wir nicht mehr gemeinsam bauen wollen. Das Projekt ist damit leider gestorben, da wir das allein nicht realisieren können." Ich fragte sie daraufhin, ob sie es sich vorstellen könnten, auf dem gleichen Baugrundstück auch ein Doppelhaus zu bauen, welches sie erwerben, wenn wir als Bauträger die zweite Doppelhaushälfte übernehmen würden. Damit waren Sie sofort einverstanden und begeistert über die neue Möglichkeit, die sich für sie ergab. Ich zeigte ihnen einige mögliche Grundrisse, die für ihr Grundstück realisierbar waren. Schnell waren die Optionen geklärt. Beiläufig erwähnte ich, dass wir zurzeit eine Baumaßnahme von Reihenhäusern in der Nachbarstadt Wipperfürth durchführen, welche über einen ähnlichen Grundriss verfügen. Die Kunden reagierten zunächst mit Erschrecken auf meine Worte. Sie wollten doch kein Reihenhaus erwerben und schon gar nicht nach Wipperfürth ziehen. Das wäre völlig ausgeschlossen. Nur meine Versicherung, dass ich ihnen dies nicht verkaufen, sondern nur ein Gefühl für die Grundrisse vermitteln wollte, entlockte ihnen die Zustimmung für eine Besichtigung.

Und genauso wechselhaft, wie die bisherige Kundenbeziehung begonnen hatte, verlief dann auch die Objektbesichtigung. Fast zwei Stunden verbrachten wir im Bauvorhaben, das vom Bautenstand her gerade mal ein geschlossener

Rohbau war. Treppe rauf, Treppe runter, ins Wohnzimmer, in die Küche, ins Bad und wieder zurück. Das Haus gefiel ihnen immer besser. Bereits nach einer halben Stunde kam die Frage nach dem Reservierungsstand.

Sie können sich wahrscheinlich denken, wie meine Geschichte endet: Nach zwei Besichtigungen haben die Interessenten das Haus reserviert. Vierzehn Tage später erfolgte die notarielle Beurkundung. Es waren also Kunden, die am Ende anstatt eines Zweifamilienhauses ein Reihenhaus gekauft haben, die anstatt in ihrer Heimatstadt in einer Stadt gebaut haben (die zuvor völlig außerhalb ihrer Vorstellungskraft lag), die nicht gemeinsam mit Freunden gebaut haben, sondern stattdessen mit sieben weiteren Baupartnern.

Wie konnte es zu diesen mehrfachen 360 Grad Wendungen kommen? Dafür gibt es zwei Gründe: Erstens erstellte ich eine tiefgehende und genaue Bedarfsanalyse für ihr Bauvorhaben und für die gewünschte Wohnsituation. Zweitens haben wir als Immobilienunternehmen diese (und auch andere Interessenten) erst in die Lage versetzt, sich vorstellen zu können, tatsächlich zu bauen. Man mag vielleicht denken, dass dies eine einzelne Erfahrung von mir gewesen sei. Ich kann Ihnen jedoch versichern, dass die Situation bei etwa 90 Prozent aller meiner Verkäufe ähnlich war. Unsere Angebote wurden in Internetportalen und in Tageszeitungen beworben, worauf wir die entsprechenden Kundenanfragen erhielten. Über 90 Prozent der Kunden, die am Ende bei uns eine Immobilie gekauft haben, haben nach eingehenden Beratungen, Analysen und dem Aufzeigen von Alternativen ganz andere Objekte erworben als die, für die sie sich zunächst interessierten.

Dies passiert bei qualifizierten Maklerunternehmen häufig, weil sie über ein breites Immobilienangebot und eine hohe Beratungskompetenz verfügen. Erst dadurch ist es möglich, ein passgenaues Objekt für die Interessenten zu finden. Wir haben zu einem großen Teil auch Immobilien für sogenannte „Schwellenhaushalte“ konzipiert. Dies sind Haushalte, in denen die finanziellen Mittel gering sind, die Familien aber trotzdem gerne bauen möchten. Damit komme ich zum nächsten Kapitel, nämlich der Finanzierung des Vorhabens.

Immobilienfinanzierung – gewusst wie

Häufig hatte ich Kunden, die meine Immobilien zwar kaufen wollten, aber Finanzierungsberatungen durch mich zunächst ablehnten, um stattdessen mit ihrer Hausbank zu finanzieren. Trotzdem habe ich die Objekte, für die von mir selbst durchgeführte Finanzierungsanfrage, für vierzehn Tage reserviert.

Immer wieder musste ich die Erfahrung machen, dass mir diese Kunden nach einiger Zeit mitteilten, die Finanzierung sei seitens der Hausbank abgelehnt worden, weshalb sie das Haus leider nicht kaufen könnten. Der Bänker hätte ihnen mitgeteilt, es sei noch zu früh und sie mögen doch noch ein oder zwei Jahre weiteres Eigenkapital ansparen. Wenn man dazu parallel eine Inflations-Analyse für den Kunden durchführt, zeigt das den Irrwitz dieses Vorschlages. Denn durch Inflation und Preissteigerungen würde das neu angesparte Eigenkapital teilweise wieder aufgezehrt werden.

Ein guter Fachmakler kann immer noch weitere Alternativen bieten und den Kunden bei der Finanzierung unterstützen. Er hat hervorragende Kontakte zu verschiedenen Bankabteilungen und den Entscheidern dahinter. Er weiß welche Anforderungen Finanzierungsinstitute wirklich stellen, damit eine Finanzierung genehmigt wird. Man sollte eine Finanzierungsanfrage also erst dann einreichen, wenn diese für die Bank und deren Entscheider plausibel aufgebaut ist. Mit diesem Wissen und mit diesen Kenntnissen, ist es mir gelungen, fast jede bei der Hausbank abgelehnte Finanzierung bei einem anderen Institut erfolgreich zu platzieren. Ganz egal, ob es sich um Immobilien für die Eigennutzung oder für die Vermietung handelte.

Immobilienmakler ermöglichen oft erst den Immobilienerwerb

Ein Immobilienmakler schafft Möglichkeiten für einen qualifizierten Immobilienkauf, die ein Privatmann (meist ein Laie in Immobiliengeschäften) kaum realisieren kann. Oftmals ermöglicht der Makler das Immobiliengeschäft sogar überhaupt erst. Schon allein deshalb sollte man nie auf die Beratungskompetenz eines Fachmaklers verzichten. Ihre Hausbank kann diese Beratungskompetenz nicht immer leisten, denn sie hat die Aufgabe, ihre eigenen Geschäftspläne zu erfüllen. Das Interesse gilt primär ihrer eigenen Geschäftstätigkeit.

Ich erinnere mich an den Fall, als ich eine neue Verbindung zu einer großen deutschen Bank aufbauen wollte. Erschreckender Weise war der Baufinanzierungsspezialist im Kundengespräch nicht einmal in der Lage, den Sachwert einer Immobilie zu berechnen. Also stellte ich ihm meine Berechnung zur Verfügung. Als er dann noch versuchte dem Kunden drei hintereinander geschaltete Bausparverträge zu verkaufen (weil das so in seinem Geschäftsplan stand), habe ich die Gespräche für den Kunden abgebrochen und die Finanzierung über ein anderes Institut realisiert. Natürlich muss nicht jeder Makler diese Finanzierungskompetenz selbst besitzen. Aber professionelle Makler haben immer auch exzellente Finanzierungspartner zur Hand, die diese wichtige Aufgabe übernehmen können.

Was mich im Rückblick auf all meine Verkäufe sehr glücklich macht ist, dass mir kein einziger Fall bekannt ist, bei dem der Kunde die Finanzierung nicht geschafft hätte oder er von Insolvenz bedroht gewesen wäre. Ganz im Gegenteil! Zu vielen meiner Kunden habe ich noch heute einen wirklich guten Kontakt.

Politische Fehlentwicklungen

Seit vielen Jahren gibt es seitens des Gesetzgebers keine Impulse für die Immobilienwirtschaft. Es gibt nichts Innovatives, es werden lediglich die Gegebenheiten verwaltet. Das trifft die Immobilienbranche sehr hart, denn es wurden weder neue Anreize noch steuerliche Förderungen geschaffen. Im Gegenteil: fast alle Fördermittel wurden abgeschafft. Die Ergebnisse sind dementsprechend gravierend.

<u>Es gibt immer weniger Wohnungen</u>

Der Lebenszyklus einer Wohnimmobilie wird auf etwa 100 Jahre geschätzt. Dies führt dazu, dass wir in Deutschland jedes Jahr ca. 400.000 Wohnungen allein durch Umnutzungen und Abriss verlieren. In den letzten 10 Jahren wurden jährlich nur 150.000 bis 180.000 neue Wohneinheiten gebaut. Im Ergebnis schrumpft der Bestand also jedes Jahr um etwa 200.000 Wohnungen. Und da in einer freien Marktwirtschaft Angebot und Nachfrage den Preis regeln, führt diese permanente Marktverknappung natürlich auch zu ständigen Preisanstiegen. In den 90er Jahren und um den Jahrtausendwechsel gingen die Statistiker davon aus, dass die Einwohnerzahl in Deutschland von etwa 80 Millionen auf langfristig 60 Millionen sinken würde. Tatsächlich ist sie aber mittlerweile auf über 83 Millionen Einwohner angewachsen, was zu einer weiteren Marktverknappung führt. Auch in Zukunft wird Deutschland mit seiner starken Anziehungskraft dauerhaft ein Zuwanderungsland bleiben und so werden wir wohl schon bald auf 85 oder gar 90 Millionen Einwohner anwachsen. Dies ist nur mit immensen Anstrengungen zu meistern und wird sozial verträglich nur dann möglich sein, wenn wir in Zukunft die Anzahl der Neubauten mindestens verdoppeln.

Wie prekär die Situation heute schon ist, zeigt eine aktuelle Statistik aus dem Juli 2019. Hier wird deutlich, dass bereits jetzt 620.000 Menschen in Deutschland ohne Wohnung leben müssen. Sie leben entweder in Heimen, Auffangstationen oder eben auf der Straße. Um diese Zustände nachhaltig zu ändern, werden der BVFI – Bundesverband für die Immobilienwirtschaft – und der Owners Club immer wieder gemeinsam in Berlin tätig.

Die Eigentumsquote ist viel zu gering

Die Eigentumsquote in Deutschland liegt derzeit bei etwa 50 Prozent. Das bedeutet, dass nur etwa die Hälfte der Bewohner in den eigenen vier Wänden leben. Dies für sich allein betrachtet mag sich ganz in Ordnung anhören. Wenn wir dies aber in einen europäischen Vergleich bringen, so stehen wir auf dem vorletzten Platz. In anderen Ländern sieht das völlig anders aus. So verfügt Rumänien über eine Eigentumsquote von 96 Prozent, Polen über 84 Prozent, Norwegen 81 Prozent, Spanien 77 Prozent oder Italien über 72 Prozent.

Nicht vorhandener sozialer Wohnungsbau

Hinzu kommt, dass der soziale Wohnungsbau in Deutschland fast komplett zum Erliegen gekommen ist. Eine weitere Entwicklung, die Sorgen auslöst, ist der Verkauf von kompletten Wohnungsbeständen von Bund, Städten und Gemeinden an private Unternehmen. Das führt natürlich auch zu Mietsteigerungen.

Bauen ist zu teuer geworden – Preistreiber ist der Staat

Der Wohnungsbau selbst wurde in den letzten Jahrzehnten in Deutschland auf staatlicher Seite künstlich verteuert. Die Grunderwerbssteuer wurde dabei teilweise mehr als verdoppelt. Auch ständige Neufassungen von Energieeinsparverordnungen und sonstigen Bauverordnungen haben viele Neubauvorhaben unverhältnismäßig (und teilweise energiepolitisch unsinnig) verteuert.

Ein persönliches Beispiel aus dem Bereich der Bauverordnungen zeigt, wie unsinnig die Vorschriften teilweise sind: Ich erinnere mich an ein eigenes Bauvorhaben, ein Mehrfamilienhaus, dessen Einheiten ausschließlich an Kunden verkauft wurden, welche alle jeweils über 50 Jahre alt waren. Trotzdem wurden wir vom Bauamt gezwungen für 35.000 EUR einen Kinderspielplatz zu bauen, den keiner der Anwohner haben wollte. Wozu auch? Es gab ja gar keine Kinder, die dort hätten spielen können. Die Bauordnung sah das jedoch vor. Ein anderes Beispiel ist, dass in Baden-Württemberg jetzt zu jedem Mehrfamilienhaus überdachte Fahrradstellplätze gebaut werden müssen. Allein schon der Umstand, dass es 16 unterschiedliche Bau-Gesetzgebungen gibt (für jedes Bundesland eine eigene) verteuert jedes Bauvorhaben unnötigerweise. Generell wird preiswerter Wohnungsbau oft deshalb nicht realisiert, weil Bauträger natürlich zuerst den Bedarf an hochpreisigen Wohnungen bedienen. Hier liegen naturgemäß die höchsten Margen. Im Niedrigpreissegment gibt es darüber hinaus viel zu wenige Menschen, die sich Eigentum überhaupt leisten können.

Zu geringe Ausweisung von Neubauflächen

Jahrzehntelang wurde immer weniger neues Bauland ausgewiesen. Dies wirkt sich schwerwiegend auf die Neubautätigkeit aus! Zwischen 1990 und 1999 wurden jährlich zwischen 400.000 und 700.000 Wohnungen fertiggestellt. Ab dem Jahr 2000 sind die Fertigstellungen dann auf unter 200.000 pro Jahr zurück gegangen. Aktuell sind auch die 350.000 neuen Wohnungen noch viel zu wenig. Bei einem Verlust von jährlich 400.000 Wohnungen bedeutet dies also eine jährlich real sinkende Anzahl von Wohneinheiten bei permanent steigenden Nachfragen.

Fehlende Förderung bei der Eigentumsbeschaffung

In der Vergangenheit gab es in der Entwicklung von Wohnungsbau-Förderungen immer nur einen Weg: sie wurden gekürzt oder sind ganz weggefallen. Zunächst wurde der § 7b und danach der § 10e (Steuer- und Wohnbauförderung) des Einkommenssteuergesetzes abgeschafft. Dann wurde auch das alte Baukindergeld ersatzlos gestrichen und der soziale Wohnungsbau fast gänzlich eingestellt. Ebenso wurden die Steuervorteile für Immobilien-Investitionen beschnitten. Das neue Baukindergeld ist leider auch kein Weg zu mehr Wohnungsbau, da es damit nicht gelingt, tatsächlich mehr Wohnraum zu schaffen. Diese Förderung ist in meinen Augen sogar eine komplette Verschwendung von Steuergeldern, da sie nicht gezielt an bedürftige Menschen, sondern nach dem

„Gießkannenprinzip", verteilt werden. Die, die es sich nicht leisten können, werden auch mit dem Baukindergeld nicht in die Lage versetzt, Wohneigentum zu bilden und damit Vermögen aufzubauen. Für die anderen ist es lediglich ein zusätzliches Geschenk oder ein besseres Weihnachtsgeld.

Das Eigenkapital-Ersatzdarlehen steigert die Eigentumsquote

Viel sinnvoller wäre es, wenn der Staat zum Beispiel allen Bau- und Kaufwilligen ein Eigenkapital-Ersatzdarlehen zur Verfügung stellen würde. Ganz egal, ob es sich dabei um eine Immobilien-Investition oder um eine Eigennutzung der Immobilie handelt. Die Vorteile dieser Idee möchte ich Ihnen zunächst einmal aus Sicht des Staates darlegen:

Die Mittel für das Eigenkapital-Ersatzdarlehen wären nicht einfach eine verlorene Subvention des Staates, sondern würden als Darlehen ausgereicht werden und durch die Tilgung wieder komplett an den Staat zurückfließen. Die Ausschüttung der Mittel dürfte kein Problem darstellen, denn die europäische Zentralbank überschwemmt momentan ohnehin den Markt mit zinsgünstigen Darlehen (bis hin zu Darlehen mit Negativzinsen).

Auch die Vorteile für den Käufer können sich sehen lassen. Das größte Problem eines Immobilienkäufers besteht nämlich fast immer im fehlenden Eigenkapital, welches die Banken bei der Finanzierung verlangen. Neue europäische Verordnungen, wie beispielsweise Basel I bis Basel V, haben die Kreditvergabe für Banken erschwert. Ebenso dient die Wohnimmobilienkreditrichtlinie nicht wirklich dem Verbraucherschutz, sondern hat die Problematik nur noch verschärft. Banken finanzieren heutzutage meist 80 Prozent des Beleihungswertes der Immobilie. Dieser kann auch durchaus deutlich unterhalb des Kaufpreises liegen, da der Beleihungswert durch die Bank nach eigenen Kriterien selbst ermittelt wird. Zusätzlich zum Kaufpreis kommen aber noch die Kaufnebenkosten hinzu, die ein Käufer bezahlen und finanzieren muss. Diese belaufen sich auf ca. 10 - 15 Prozent des Kaufpreises. Somit muss ein Käufer durchschnittlich 30 Prozent Eigenkapital aufbringen. Beim Kauf einer Immobilie von 300.000 EUR inklusive Nebenkosten müssten also nahezu 100.000 EUR an Eigenkapital zur Verfügung stehen. Das schaffen die Wenigsten, wodurch sich die Anzahl an möglichen und willigen Bauherren reduziert – und das, obwohl die monatliche Belastung für die Finanzierung meist niedriger ist als die Miete, die man aufbringen muss. Diese Problematik könnte durch Eigenkapitalersatzdarlehen erheblich entschärft werden. Bei den historisch niedrigen Zinsen könnten hunderttausende neue Wohnungen gebaut und damit hunderttausende Menschen zu Eigentümern werden. Gleichzeitig würde man dem Problem einer drohenden Altersarmut durch Eigentumsbeschaffung proaktiv entgegengetreten.

<u>Sogar der Staat würde zu den Gewinnern gehören</u>

Hier einmal ein Beispiel, wie sich die Finanzierbarkeit für den Staat darstellen könnte:

Situation 1: Ein Kunde baut nicht, da er zu wenig Eigenkapital hat. Der Staat gibt keine Förderung, das Bruttosozialprodukt bleibt Null. Zusätzlich verbleibt ein erhöhtes Risiko der Altersarmut, welche eine enorme finanzielle Belastung für den Staat durch die dann erforderliche Sozialhilfe in sich birgt.

Situation 2: Der Kunde erhält vom Staat ein Eigenkapitalersatzdarlehen in Höhe von beispielsweise 80.000 EUR. Durch eine solche Unterstützung wird er in die Lage versetzt, eine Immobilie zu erwerben und Eigentum zu schaffen. Infolge dessen kauft er ein Grundstück für 50.000 EUR und baut darauf ein freistehendes Niedrigenergiehaus für 250.000 EUR. Der Staat erhält sofort (je nach Bundesland) ca. 20.000 EUR Grunderwerbssteuer sowie über 47.000 EUR Umsatzsteuer zurück. Damit wäre das Eigenkapitalersatzdarlehen für den Staat fast aufwandsneutral. Das Bruttosozialprodukt wird gesteigert, es wird in energieeffiziente Neubausubstanz investiert, Arbeitsplätze werden gefördert und soziale Risiken verhindert. An dem Beispiel sieht man: Insgesamt lohnt es sich, über die Förderung des Eigenkapitalersatzdarlehens nachzudenken.

Der Owners Club

Um hier in Zukunft noch viel mehr tun zu können und noch viel mehr Menschen zu einem Eigenheim oder zu einem Immobilien-Investment zu verhelfen, habe ich den ersten deutschen Immobilclub, den „Owners Club", gegründet.

Für jeden Autofahrer ist es selbstverständlich in einem Automobilclub Mitglied zu sein. Bei Immobilien, bei denen es in der Regel um wesentlich höhere Investitionen geht, gab es ein vergleichbares Angebot bisher nicht. Das will ich mit dem Owners Club ändern, insbesondere deshalb, weil es erhebliche strukturelle Missstände gibt, gegen die man vorgehen muss. Denn wie schon gesagt: Der größte Fehler beim Immobilienkauf ist es, keine Immobilie zu kaufen.

Im Owners Club können sich Interessenten rund um alle Immobilien-Themen kostenfrei informieren und beraten lassen. Dies ist nicht nur online möglich, sondern auch in zahlreichen Geschäftsstellen und Immobilienshops vor Ort.

Neben der Beratung und Dienstleistung geht es auch darum, gemeinsam mit dem BVFI auf die erheblichen Fehlentwicklungen in der Immobilienwirtschaft, die ich oben geschildert habe, aufmerksam zu machen und Einfluss zu nehmen.

Fazit

Sie sehen, es wäre ein Fehler, keine Immobilie zu kaufen. Damit Ihr Vorhaben gelingt, sollten Sie sich von einem professionellen und qualifizierten Immobilienmakler beraten lassen. In diesem Buch erhalten Sie wertvolle Hilfen, wie sie einen solchen finden. Ich wünsche Ihnen dabei viel Erfolg!

Ihr
Jürgen Engelberth

Stolpersteine beim Verkauf einer Immobilie erkennen, verstehen und vermeiden

von Wolfgang Bertol
B.I.M. Bertol Immobilien Management e.K.,
München/Gauting

Inhalt

- Privatverkauf: Die sechs großen Schwachstellen
- Irrtümer und Wahrheiten über Makler
- Die sechs fatalen Denkfehler

Eine Immobilie zu verkaufen ist heutzutage (angeblich) ganz einfach: Schnell sind mit dem Handy Fotos gemacht, ein paar Zeilen Fließtext geschrieben und alles online gestellt. Irgendjemand wird die Immobilie in den Internet-Warenkorb legen. Dann drei, zwei, eins – ist sie verkauft. Das ist doch einfach und kann mittlerweile jeder! Doch Fakt ist: Um eine Immobilie zum Höchstpreis zu verkaufen, braucht es mehr. Es erfordert vielfältige Spezial- und tiefe Marktkenntnisse. Das wird auch weiter so bleiben, denn jede Immobilie ist ein hochemotionales, einzigartiges Gut. Es ist hochemotional, weil mit der Immobilie wichtigste Bedürfnisse verbunden sind, wie zum Beispiel Unabhängigkeit, Sicherheit, Entfaltungsfreiheit. Einzigartig ist sie, weil jeder eine Immobilie anders sieht, fühlt, riecht, schlichtweg anders empfindet. Mit meinem Textbeitrag möchte ich Privatverkäufer und auch Maklerkollegen dazu ermutigen, noch ein Stück mehr in die Tiefe zu gehen, um mögliche Stolpersteine beim Verkauf einer Immobilie rechtzeitig zu erkennen, zu verstehen und zu vermieden.

Privatverkauf: Die sechs großen Schwachstellen

Wie oft hört man: „Hätte ich das vorher gewusst, hätte ich es anders gemacht!" Gerade bei einem so komplexen Thema wie dem Verkauf einer Immobilie sind Fehler schnell passiert.

Schwachstelle 1: Mangelnde Planung und Vorbereitung

Häufig machen sich Immobilieneigentümer (und leider auch manche Makler) nur wenige Gedanken über den gesamten Verkaufsprozess und platzieren die Immobilie am Markt – einfach so, Hauptsache schnell. Aber: Es steht viel Geld auf dem Spiel. Wie so oft im Leben bilden eine sorgfältige Vorbereitung und Planung die Grundlage des späteren Erfolgs. Das klingt eigentlich ganz einfach. Die Tücke lauert aber im Detail und in der Qualität der Umsetzung. Beispielsweise genügt ein kleiner Fehler und der mühsam gewonnene Interessent ist weg, alles war umsonst und man beginnt wieder von vorne. Beschäftigen Sie sich zu Beginn also unbedingt mit der Beantwortung folgender Fragestellungen, zu denen es eine ganze Menge an weiteren detaillierten Unterfragen gibt:

Das Timing

- Bis wann soll der Verkauf abgeschlossen sein?
- Wie gestalte ich die gesamte Transaktion überhaupt?
- Mache ich das Neue erst fest und trenne mich dann vom Alten? Oder mache ich es umgekehrt?
- Wie finanziere ich das alles?
- Bekomme ich überhaupt eine ausreichende Zwischenfinanzierung?
- Was ist, wenn ich meinen Wunschpreis nicht erzielen kann?

- Wie ist mein Plan B?

Der Wert der Immobilie und ihr Preis

- Wie ermittle ich den Wert meiner Immobilie?
- Wie valide sind meine Berechnungen?
- In welchem Marktumfeld ist meine Immobilie positioniert?
- Wie unterscheidet sich meine Immobilie von anderen Angeboten?
- Welche Preishistorie haben vergleichbare Angebote?
- Mit welchem Angebotspreis starte ich?
- Was rechtfertigt meine Preisforderung?
- Mit welcher Preisstrategie gehe ich in den Markt?

Die Verkaufsunterlagen

- Welche Unterlagen benötige ich überhaupt?
- Welche Unterlagen fehlen und wo kann ich sie beschaffen?
- Wie muss ich diese Unterlagen aufbereiten?
- Wie beschaffe ich kostengünstig einen Energieausweis?

Das Marketing

- Wie gestalte ich den Marketingprozess optimal?
- Welches Werbebudget steht mir zur Verfügung?
- Wie komme ich zu wirklich guten, verkaufsfördernden Fotos?
- Welche Werbemedien sollen genutzt werden?
- Welche Informationen gebe ich in der Werbung preis?

Die Interessenten

- Welche Informationen erzähle ich erst am Telefon?
- Was mache ich, wenn sich 50 Interessenten gleichzeitig melden?
- Wie stelle ich meine Erreichbarkeit für Interessenten sicher?
- Welche Informationen gebe ich erst bei der Besichtigung?
- Wie kann ich feststellen, dass es der Kaufinteressent ernst mit mir meint?

Die Kaufpreiszahlung und der Kaufvertrag

- Woher weiß ich, dass der Käufer auch wirklich bezahlen kann?
- Kann ich den Käufer bei seiner Finanzierung unterstützen? Welche Vorteile habe ich davon?
- Habe ich ausreichendes juristisches Know-how?
- Zu welchem Notar werde ich gehen? Was muss dieser alles beachten?
- Wann soll/ muss der Kaufpreis auf meinem Konto eingegangen sein?
- Wie stelle ich die Immobilie lastenfrei?

Der Zeitablauf

- Bis wann soll/ muss/ kann ich in der Immobilie bleiben?
- Wann soll die Immobilie übergeben werden?
- Wie übergebe ich eine Immobilie?

Das sind natürlich nur beispielhafte Fragestellungen, die sich bei einem Immobilienverkauf auftun. Die Auflistung ist nicht abschließend.

Schwachstelle 2: Die emotionale Nähe zur Immobilie

Unbestritten: Kein anderer kennt die Immobilie so gut wie der Eigentümer selbst. Man hat sie immer gut gepflegt und gehegt, vielleicht auch sogar selbst geplant und gebaut. Im Laufe der Zeit wurde viel Zeit, Geld und Herzblut investiert, um alles ganz nach seinem persönlichen Geschmack zu gestalten und alles laufend instand zu halten. Womöglich wurde sogar aufwändig saniert. Jeder Eigentümer hat eine starke emotionale Bindung zu seiner Immobilie. Vor allem, wenn er vielleicht seit 10, 20 oder sogar noch mehr Jahren in dieser gelebt und viele schöne Erinnerungen an sehr glückliche Zeiten hat. Diese emotionale Nähe führt jedoch zu einer großen Herausforderung, wenn es um den Verkauf geht. Aufgrund der unterschiedlichen Interessen von Käufer und Verkäufer ergibt sich ein grundlegendes Problem: Der Kaufinteressent sucht einen Platz für seine Zukunft. Aber was zeigt ihm der Verkäufer? Die gesammelte Vergangenheit von sich, also von einem anderen Menschen, einer anderen Familie, ausgedrückt durch Fotos, Möbel und Wertgegenstände. Auch dass viele Verkäufer geneigt sind, Geschichten über ihre Zeit in dem Haus zu erzählen, ist der ganzen Sache nicht zuträglich. Denn der Interessent sucht Lösungen für seine Zukunft. Er hat mit Sicherheit einen anderen Geschmack und andere Vorstellungen. Ästhetik, Zeitgeist, Mode und Stil haben sich über die Jahre oder gar Jahrzehnte massiv verändert. Und damit haben sich auch die Anforderungen an eine Immobilie geändert. Oft ist das für Privatverkäufer schwer zu akzeptieren. Sie fühlen sich bei manchen

Kommentaren verletzt oder zumindest auf den Schlips getreten. Beispiele für solche Kommentare wären: „Das Bad geht ja gar nicht.“, „Die Vorhänge fliegen als erstes raus.“, „Das ist hier ja wie in einer Dunkelkammer.“, „Die Wand da muss raus.“, „Bei dieser Küche kriegt man Augenkrebs.“ usw. Manche Interessenten merken an dieser Stelle gar nicht, dass sie jemanden tief verletzen. Oft hört man als Makler dann folgenden Satz von einem Verkäufer: „Auch wenn der mir das bezahlt, was ich möchte oder vielleicht sogar noch viel mehr – an den verkaufe ich nicht!“ Vielen Verkäufern geht es an die Psyche, solche Aussagen zu hören und dann auch noch zu akzeptieren, dass Ansichten und Geschmack nun einmal ganz verschieden sind – vor allem über Generationen hinweg betrachtet.

Mein Experten-Tipp: Schaffen Sie emotionale Distanz! Auch wenn es Ihnen schwerfällt! Bei Besichtigungen wird Sie ein sehr guter Makler zum Beispiel sogar bitten, sich vollkommen dezent im Hintergrund zu halten oder – noch besser – gar nicht anwesend zu sein. Die Rolle des Eigentümers ist sehr wichtig, kommt aber erst später zum Tragen, wenn z.B. alle Einwände bekannt sind und es zu einem zweiten oder dritten Termin kommt. Es ist im ersten Termin überhaupt nicht von Belang, was ein Verkäufer alles mit der Immobilie erlebt hat, sondern es geht nur darum festzustellen, ob die Immobilie für den Kaufinteressenten überhaupt in Frage kommen könnte und wenn ja, welche Einwände er hat. Wer die Einwände seines Interessenten kennt und versteht, kann daran arbeiten Lösungen zu finden und sie zu widerlegen. Jeder Einwand ist eigentlich ein Kaufsignal: „Ich würde ja gerne kaufen, wenn ...“. Man steht damit bereits im Dialog, in einer Verhandlung. Am schlimmsten ist es, wenn man nach einer Besichtigung einfach so auseinander geht: „Hat uns gut gefallen, wir melden uns. Auf Wiedersehen." Diese Interessenten melden sich nie wieder und als Verkäufer versteht man nicht, warum. Das Warum zu verstehen, ist aber wichtig. Hat man selbst Fehler gemacht? An welchem Punkt ist man gescheitert? War man weit weg von einer Kaufentscheidung? Oder hat nur etwas ganz Kleines und Unbedeutendes gefehlt? Wenn ja, was? Penible Nacharbeit und das Einholen des Feedbacks bringt jeden Verkäufer immer ein Stückchen näher an den erfolgreichen Verkaufsabschluss zum Höchstpreis.

Es gibt noch einen Weg, emotionale Distanz zu schaffen: Leben Sie als Privatverkäufer Ihr Leben weiter, machen Sie das, was Ihnen wichtig ist und geben Sie den Verkauf in die Hände eines guten Experten. Entspannen Sie sich und lassen Sie Ihre Immobilie sprichwörtlich „los". Es lohnt sich!

Schwachstelle 3: Unrealistische Preiseinschätzung

Jede Immobilie ist ein Unikat. Damit wird es aber auch sehr schwer, ihren Wert exakt zu bestimmen. Kann dabei ein Gutachter helfen? Das ist leider nur bedingt möglich, da den ausgewiesenen Wert kein Käufer akzeptieren muss. Das wichtigste Element des Gutachtens ist die Zahl, also der Wert, zu dem der Gutachter am Ende gekommen ist. Jedoch gibt es in dem standardisierten Verfahren eines Gutachtens auch genügend Raum für Interpretationen und Annahmen. So mag diese Zahl für das Finanzamt, eine Erbengemeinschaft etc. zwar bedeutsam sein und auch ein Indiz dafür sein, welcher Erlös möglicherweise realisierbar ist. Der tatsächlich erzielbare Preis richtet sich aber alleine nach Angebot und Nachfrage am Markt. Diese kann je nach Lage (vor allem je nach Mikro-Lage), Immobilientyp, Zustand, Ausstattung und Verkaufszeitpunkt sehr unterschiedlich sein. Den richtigen Angebotspreis festzulegen ist einer der wichtigsten Punkte in der Vorbereitung des Immobilienverkaufs. Liegt der Preis zu niedrig, verschenken Sie Geld. Liegt Ihre Vorstellung zu hoch, drücken Sie der Immobilie im Verlauf der Zeit den Stempel der Unverkäuflichkeit auf. Also Vorsicht vor dieser Strategie: „Wir setzen den Preis mal sehr hoch an, runter gehen können wir ja immer noch." Dieser Ansatz führt nachweislich zu einem deutlich niedrigeren Kaufpreis im Vergleich zu einem realistisch angesetzten, von der Käuferseite immer noch als fair akzeptierten, Verkaufspreis. Bedenken Sie, dass der Käufer Ihren Preis auch akzeptieren muss. Zudem steht hinter dem Käufer auch noch eine Bank mit eigenen Interessen. Die ausführliche Marktanalyse ist also unerlässlich! Orientieren Sie sich an anderen vergleichbaren Angeboten! Holen Sie Daten über bereits verkaufte und annähernd vergleichbare Objekte ein! Vergleichen Sie aber bitte immer Äpfel mit Äpfeln und Birnen mit Birnen. Dieses Argument ist also kein gutes: „Mein Nachbar hat letzthin für 1,0 Mio. EUR verkauft. Mein Haus ist viel schöner und muss daher 20 Prozent mehr bringen."

Mein Experten-Tipp: Seien Sie ehrlich zu sich selbst und versetzen Sie sich in die Situation des Käufers! Stellen Sie sich die Frage: „Wäre ich wirklich bereit, den geforderten Preis zu bezahlen?" Wenn Sie im Zweifel sind, wie viel Geld Sie für Ihr Haus verlangen können, wenden Sie sich an einen Fachmann. Dieser kennt den Markt und weiß, was machbar ist. Er weiß aber auch, was nicht mehr geht.

Schwachstelle 4: Unprofessionelle Unterlagen

Möchte man als Verkäufer nicht den absoluten Höchstpreis erzielen? Die logische Folge davon ist: Wenn der Höchstpreis erzielt werden soll, dann muss die gesamte Objektpräsentation auf entsprechend höchstem Niveau sein: die schriftliche Präsentation, die aufbereiteten Unterlagen sowie die Werbung. Bereiten Sie sich also akribisch und im Detail vor. Bereiten Sie die Unterlagen auch im PDF-Format vor und bündeln Sie diese. So müssen Sie keine Papier- und Druckkosten verschwenden und sparen dabei auch noch das Porto. Sie glauben gar nicht, wie viele Unterlagen beim Verkauf erforderlich sind. Das gehört mit zu den aufwändigsten Vorbereitungen. Sie erst nach und nach zusammen zu stellen, hinterlässt beim Interessenten keinen guten Eindruck. Ein Immobilienexperte ist da hingegen eine große Unterstützung.

Mein Experten-Tipp: Vermeiden Sie „zusammenkopierte" Unterlagen und viele einzelne Dateien! Bündeln Sie alles übersichtlich in verschiedenen Dateien im PDF-Format!

Schwachstelle 5: Erreichbarkeit und Zeitaufwand

Ein Interessent sieht sich mit Sicherheit auch andere Immobilien an, denn niemand kauft die erste Immobilie, die er besichtigt. Jeder Kaufinteressent benötigt einige Besichtigungen, um noch besser herauszufinden, was ihm gefällt und was nicht oder bei was er vielleicht bereit sein könnte, Kompromisse einzugehen. Auch das Gefühl für eine Lage muss sich ein Interessent erst erarbeiten. In dicht besiedelten Metropolregionen konkurrieren nicht nur die Immobilien in einem Stadtteil oder Ort miteinander sondern auch über die Stadtteile und Orte hinweg. In unserer heutigen, schnelllebigen Zeit wendet sich ein Interessent oft schnell ab, wenn er Sie nicht persönlich erreichen kann oder nur auf den Anrufbeantworter sprechen könnte. Deshalb ist die Nacharbeit, also das Nachfassen, immer sehr wichtig.

Mein Experten-Tipp: Stellen Sie sicher, dass Sie für Interessenten immer erreichbar sind! Planen Sie viel Zeit für ausführliche Vorgespräche! Versuchen Sie, den Interessenten zu qualifizieren und finden Sie heraus, an welcher Stelle im Kaufzyklus sich der Interessent befindet! Vermeiden Sie „Besichtigungstouristen", die nur mal ein schönes Objekt am Sonntagnachmittag anschauen wollen, es aber niemals kaufen werden!

Schwachstelle 6: Unrealistische Einschätzung der Verkaufsdauer

Viele schätzen die nötige Zeit für den Verkauf falsch ein, da sie davon ausgehen, dass ihre Immobilie die schönste und beste ist und im Handumdrehen zu einem noch nie in der ganzen Umgebung erzielten Maximalpreis verkauft wird. Diese Einschätzung kann fatale Folgen haben! Wer glaubt, den Verkauf seines Hauses in genau vier Wochen abwickeln zu können, kommt unter Druck, wenn der angepeilte Umzugstermin näher rückt und noch kein Käufer gefunden ist. Dabei schwächt dieser Druck natürlich die Verhandlungsposition des Verkäufers. Aber auch ein zu langer Verkaufszeitraum drückt den Preis! Eine Immobilie, die ein halbes Jahr oder sogar länger angeboten wird, verliert an Attraktivität und weckt bei Interessenten eher den Eindruck des Ladenhüters mit vielen Macken. Wer kauft schon ein Haus, das offensichtlich keiner haben will! Beachten Sie, dass sich im Kaufsegment Interessenten über längere Zeit hinweg am

Markt bewegen, diesen beobachten und studieren und die eine oder andere interessante Immobilie besichtigen.

Mein Experten-Tipp: Eine Immobilie zum fairen Höchstpreis wird im Durchschnitt zwischen 6 und 12 Wochen angeboten werden müssen, bis der richtige Käufer gefunden ist. Bei einem Verkauf auf den ersten Termin, ist ihr Angebot mit Sicherheit viel zu günstig. Können Sie keine Nachfrage generieren, wird es unmöglich, die Immobilie zu verkaufen. Es liegt oft aber nicht am Preis. Auch die richtige Werbung spielt eine entscheidende Rolle. Die hohe Wertigkeit einer Immobilie muss sich auch immer in einem hochwertigen Marketing wiederspiegeln. Abschließend sollten Sie sich also fragen: „Schaffe ich alles selbst oder benötige ich Unterstützung von einem Experten?“

Auszugsweise nenne ich Ihnen einmal ein paar Punkte, die Ihnen bei Ihrer Entscheidung helfen können:

- Kenne ich den tatsächlichen Marktwert meiner Immobilie?
- Kann ich professionell aufbereitete Verkaufsunterlagen (wie Texte, animierte Grundrisse, virtuelle 360°-3D-Besichtigungstouren) selbst erstellen?
- Bin ich in der Lage, professionelle Fotos zu machen?
- Professionelles Marketing kostet viel Geld. Bin ich bereit, dieses Geld auszugeben und weiß ich, wie ich das richtige Marketing betreibe? (Nur einmal im Internet zu veröffentlichen bringt keinen Erfolg!)
- Bin ich in der Lage 50 oder mehr Interessenten gleichzeitig zu betreuen?

- Habe ich genügend Zeit und Nerven, diese vielen Interessenten zu kontaktieren, zu qualifizieren, Termine auszumachen, ihnen meine Immobilie zu zeigen und jeden einzeln nachzuarbeiten?
- Verfüge ich über ein professionelles Verhandlungsgeschick?
- Kann ich den Käufer bei seiner Finanzierung substanziell unterstützen?

Maklerprofis von Dilettanten unterscheiden

Allein in München soll es ca. 5.500 Makler geben, deutschlandweit sollen es ca. 70.000 sein. Nur ca. 20.000 davon sind in Verbänden organisiert. Damit entgeht den anderen Maklern wertvolle Unterstützung durch die Verbände, die wiederum Ihnen als Kunde zugutekommen.

Wer in Deutschland als Makler arbeiten möchte, benötigt keinerlei Ausbildung, sondern nur eine behördliche Erlaubnis. Um die Voraussetzungen zur Erteilung der Genehmigung nach dem § 34c der Gewerbeordnung zu erfüllen, sind die einzigen Zulassungsbedingungen, dass nichts im Schuldnerregister eingetragen ist und man eine Gebühr beim Ordnungsamt bezahlt. Mehr benötigt man leider nicht – keine Ausbildung, keine Qualifikation, gar nichts.

Über Makler haben viele Menschen Vorurteile wie „Sie erscheinen nur ein einziges Mal.“, „Makler sind arrogant.“, „Makler verdienen einen Haufen Geld mit Nichtstun.“, „Was sie können, kann doch jeder!“ Kein Wunder, dass diese Branche ihren Ruf deutlich verbessern könnte. Doch viele sehen nur die Spitze eines Eisbergs. Denn hinter einem Maklerunternehmen stecken all die Bereiche, die es auch in einem anderen Unternehmen gibt: Gebäude/ Büro, Büroausstattung, Buchhaltung, Controlling, Personal, Aus- und Weiterbildung, Fuhrpark, Informationstechnologie/ Infrastruktur, Software, Marketing, Vertrieb, Steuern und vieles mehr.

Bei Makler-Betrieben gibt es die unterschiedlichsten Formen: Es gibt Einzelkämpfer, Franchise-Betriebe, Bank- und Versicherungsbetriebe und komplett unabhängige Betriebe. Nur der bankenunabhängige Betrieb ist frei und nur sich selbst und seinen Kunden gegenüber verantwortlich. Bank- und Versicherungsbetriebe haben noch ganz andere Interessen, die oft zu großen Zielkonflikten und Abhängigkeiten führen, wie z.B. zu einer solchen: „Den günstigen Zins für eine Zwischenfinanzierung können wir Ihnen nur gewähren, wenn Sie ..."

An dieser Stelle ein Tipp: Es gibt noch andere Anbieter von Finanzierungen. Ein guter Makler ist gut vernetzt, hat hilfreiche Kontakte und kann Sie an einen bewährten unabhängigen Finanzierungsexperten verweisen. Wer möchte nicht mit einem kompetenten, hoch professionellen Partner arbeiten? Ein sehr guter Immobilienmakler investiert viel Geld und viel Zeit in den Verkauf Ihrer Immobilie. Dazu benötigt er Ihr Vertrauen und Ihre Exklusivität. Es gibt aber auch etliche Makler, die anbieten, die Vermarktung „kostenlos für den Eigentümer" zu übernehmen. Was halten Sie von einem Dienstleister, der sich um ein Verkaufsmandat bei Ihnen bewirbt, um kostenlos für Sie zu arbeiten? Welche Leistung können Sie da erwarten? Warum muss sich ein Makler überhaupt als „kostenlos" anpreisen? Die professionelle Vermarktung einer Immobilie ist kostenintensiv. Hier droht Gefahr für den Verkäufer: Ein Makler, der auf einen Teil seines Entgelts verzichtet, muss an einer anderen Stelle sparen, z.B. an den Kosten für das teure Marketing. Ein erfolgreicher Makler wird auf Exklusivität bestehen und sich nicht auf einen allgemeinen Auftrag einlassen, denn dann kann er nicht viel für Sie tun.

Noch viel wichtiger: Es geht um viel Geld. Was nutzt Ihnen ein „kostenloser“ Makler, wenn er die Immobilie nur zu einem geringeren Preis verkaufen kann? Hierzu ein Beispiel: Sie erzielen durch einen mäßigen Makler 50.000 EUR weniger. Dabei hätten Sie aus den 50.000 EUR Mehrerlös maximal 3.570 EUR an den Makler abgeben müssen und hätten unterm Strich einen Gewinn von 46.430 EUR. Denken Sie stets daran: Der Immobilienverkauf ist wahrscheinlich das größte Geschäft Ihres Lebens!

Irrtümer und Wahrheiten über Makler

Über Makler gibt es viele Klischees. Gerne gebe ich als Immobilienexperte, der bereits viele Jahre seinen Beruf ausübt, einen Blick hinter die Kulissen.

Irrtum 1

„Wenn ich viele Makler engagiere, erhalte ich eine höhere Gegenleistung, Reichweite und Schlagkraft. So verkaufe ich meine Immobilie schneller.“ Die Wahrheit ist: Viele Köche verderben den Brei. Das gilt im sensiblen Immobilienmarkt ganz besonders. Zur Illustration einmal folgendes Beispiel: Sie brauchen einen maßgefertigten Schrank und sagen zu fünf Schreinern: „Bauen Sie mir einen schönen Schrank für maximal 5.000 EUR. Wer den schönsten gebaut hat, bei dem werde ich kaufen.“ Natürlich werden sich die Schreiner nicht sehr viel Mühe geben, weil sie von vornherein wissen, dass sie bei Ihnen kein sicheres Geschäft machen werden. Und bedenken Sie zudem die Seite der Interessenten: Diese sprechen meist mit mehreren Maklern über Ihre Immobilie. Damit werden sie ggfs. bei jedem Makler provisionspflichtig. Das kann dann natürlich teuer werden und damit fallen diese Interessenten für Sie komplett aus, auch wenn sie die Immobilie kaufen möchten.

<u>Irrtum 2</u>
„Makler sind Schmarotzer, die an meiner Immobilie ein Schweinegeld für ihr Nichtstun verdienen." Die Wahrheit ist: Zugegeben, der allgemeine Ruf der Maklerbranche ist deutlich verbesserungswürdig. Es mag auch Makler geben, die diese Tätigkeit nebenbei machen und ein oder zwei Objekte im Jahr vermitteln. Eine hohe Professionalität kann in diesem Fall nicht vorausgesetzt werden. Leider haben in den letzten Jahren einige schwarze Schafe einen ganzen Berufsstand in Verruf gebracht. Auch Fernsehserien wie „Mieten – Kaufen – Wohnen" sind nicht förderlich, den Alltag eines Maklers auch nur annähernd richtig darzustellen. Denn gezeigt wird nur das, was für das Fernsehpublikum interessant ist zu sehen. Wie beispielsweise ein Makler auf das Bauamt geht, die Grundstücksakte nach wichtigen Informationen durchleuchtet oder ein 30-seitiges Farb-Exposee erstellt, das alles ist für die Fernsehmacher natürlich nicht so spannend.

Zugegeben: Gute Makler verdienen auch gutes Geld. Dahinter stehen aber auch gute Leistungen und der Erfolg. Wie jedes Unternehmen hat auch ein Maklerbetrieb Kosten zu tragen. Vom Makler werden erhebliche Beträge in Vorleistung erbracht, zum Beispiel: Kosten für Personal, Materialien, Büromiete, Büroausstattung, Kfz, Aus- und Weiterbildung, Strom, Telefon, Internet, IT-Infrastruktur, Software-

Lizenzgebühren und Versicherungen wie Betriebshaftpflicht oder die Sozialversicherung und schließlich Steuern. Hinzu kommen die immens hohen Kosten für Werbung in den wichtigsten Internetportalen oder in der Zeitung, Kosten für Marketing (zum Beispiel für den Fotografen, die Fotonachbearbeitung, die Erstellung von animierten, verkaufsfördernden Grundrissen, womöglich für 360°-3D-Rundgänge, virtuelles Homestaging usw.)

Ein weiteres Kernproblem von vielen Maklern und auch von den meisten Privatverkäufern ist die mangelnde Kenntnis der Psychologie des Internets und wie man es für seine Belange richtig nutzt. Es geht um Emotionen. Es geht darum, auf allen Stufen des Vermarktungs- und Angebotsprozesses Präferenzen für die angebotene Immobilie zu erzeugen, also viele kleine „ja‘s" einzusammeln. Die vielen kleinen ja‘s führen dann zum großen JA, dem Kaufvertrag. Aufgrund von nicht vorhandenen werbestrategischen und verkaufspsychologischen Kenntnissen werden Angebote leider häufig so lausig in den Markt gegeben, dass Kaufinteressierte eher abgeschreckt werden und das Angebot im Sekundenbruchteil aussortiert wird, obwohl es eigentlich passen würde. Viele machen es sich an dieser entscheidenden Stelle viel zu einfach und lassen große Potenziale liegen.

Meine Empfehlung: Machen Sie sich viele Gedanken und vor allem einen Plan, mit welcher Kommunikationsstrategie Sie Ihre Immobilie anbieten werden. Werbung muss wirken. Vor allem sehr gute Fotos können entscheidend dafür sein, dass sich ein Interessent ein Internet-Exposé ansieht und sich dann beim Anbieter meldet.

Irrtum 3

„Ich zahle einem Makler keine Provision. Wozu auch? Es gibt ja welche, die arbeiten umsonst.“ Die Wahrheit ist: Überall dort, wo ein Kauf stattfindet, werden Provisionen bezahlt. Meistens sehen Sie diese nicht. Nehmen wir nur als Beispiel eine Bäckerei. Hier werden auch Provisionen bezahlt – wie in jeder Wertschöpfungskette, nämlich immer dann, wenn ein Verkauf getätigt wird: Das beginnt beim Verkauf des Düngers an den Bauern, geht über den Verkäufer des Mehls und der anderen Zutaten an die Bäckerei und endet bei der Bäckereiverkäuferin, die Ihnen die Semmeln in die Tüte legt. Es gibt auch Makler, die nichts kosten! Aber was sollte man von so einem Betrieb halten? Er ist nicht in der Lage, Ihnen seine Leistungen zu präsentieren, weil er nur über den Preis verkaufen kann? Darin liegt dann die Gefahr: Er kann Ihre Immobilie nur zu einem geringen Preis verkaufen. Haben Sie außerdem an die rechtliche Stellung eines solchen Maklers gedacht? Sie würden ihm zwar ein Verkaufsmandat geben, aber keinen Maklervertrag mit ihm schließen, der die Aufgaben und Pflichten des Maklers und die Provisionszahlung an ihn regelt. Das führt dazu, dass der Makler nur vom Käufer bezahlt wird. Damit ist eines klar: Der Makler steht auf der Seite des Käufers.

Meine Empfehlung: Geben Sie besser ein bisschen Geld ab. Denn, wenn der Makler von Verkäufer und Käufer Provision erhält, ist er zu strikter Neutralität verpflichtet und dient beiden Seiten.

Anmerkung: In Deutschland gibt es bislang keine einheitliche Ausgestaltung der Maklerprovision. Die Höhe und wer sie bezahlt, schwanken von Region zu Region stark. Es gelten (derzeit noch) ganz unterschiedliche Provisionssätze bei der Vermittlung von Wohnimmobilien. Nicht umsonst möchte die aktuelle Bundesregierung eine Vereinheitlichung der Maklerprovision in Deutschland gesetzlich verankern und die Provision auf Verkäufer und Käufer gerecht verteilen.

Irrtum 4

„Der Makler, der den höchsten Verkaufspreis verspricht, ist der richtige Partner für mich."

Die Wahrheit ist: Manche Makler lügen Sie schlichtweg an, nur um den Auftrag zu bekommen. Denn sie wissen, dass unbedarfte Verkäufer dazu tendieren, demjenigen den Verkaufsauftrag zu geben, der den höchsten Preis verspricht. Was dann passiert, ist leider ein Klassiker: Nach einigen Wochen vergebener Liebesmüh wird der Verkäufer nervös und der Makler bittet um eine deutliche Preisanpassung nach unten. Oft lautet die Begründung des Maklers, dass der Markt gegen ihn sei und man nichts dagegen machen könne. Das Kalkül dabei ist klar: Dem Makler, der als erster den Auftrag ergattert, bleibt der Auftrag erhalten, denn der Verkäufer ist in der Regel loyal. Zwei Strategien gibt es dagegen: Legen Sie erstens für sich einen realistischen Preiskorridor fest! Orientieren Sie sich zweitens bei der Auswahl des Maklers an Empfehlungen, wie z.B. Google oder Immobilienscout24.de.

Irrtum 5

„Aber der Makler hat mir doch gesagt, dass er für x EUR meine Immobilie kauft." Die Wahrheit ist: Manche Menschen unterliegen leider dem Irrtum, dass der Makler selbst der Käufer ist. Doch nicht der Immobilienmakler selbst kauft, sondern (wenn überhaupt) einer seiner Kunden. Viele Eigentümer verstehen die Rolle des Maklers im Verkaufsprozess nicht richtig. Das ist verständlich, denn hinter einem Immobilienverkauf steckt sehr viel Arbeit, die oft von außen nicht sichtbar ist.

Die sechs fatalen Denkfehler

Der Immobilienmarkt ist ein großer, zersplitterter und (manchmal auch für Profis) undurchsichtiger Markt, auf dem Unikate gehandelt werden. Es gibt jedoch ein paar Fakten:

- Viele Eigentümer verkaufen eine Immobilie zum ersten Mal in ihrem Leben.
- Ein Verkäufer hat nichts zu verschenken und möchte seine Immobilie zum höchsten Preis verkaufen.
- Ein Käufer möchte die Immobilie zu einem möglichst geringen Preis kaufen.

Doch woran kann sich ein Verkäufer orientieren? Wie kann man denn Ansichten, Meinungen und Kommentare aus dem eigenen Umfeld richtig einschätzen? Fatale Irrtümer sind schnell möglich. Es ist heutzutage üblich, den Urlaub penibel vorzubereiten oder den Kauf einer Digitalkamera bis ins Kleinste zu studieren. Aber beim Verkauf seiner eigenen Immobilie gehen viele Eigentümer teilweise blind in einen von Profis dominierten Markt. Und dies, obwohl es sich meist um das materiell Wertvollste handelt, was man besitzt: Haus, Wohnung oder Grundstück. In der Praxis erleben wir auf Eigentümerseite viele Klischees, wobei sich folgende Denkfehler herauskristallisiert haben:

Denkfehler 1: Ausländische Interessenten

Ausländische Investoren kaufen alles auf. Sie bezahlen allerhöchste Preise und sind bereit, diese auch für schlechte Lagen oder durchschnittliche Angebote zu bezahlen. Fakt ist: Es gibt sicher ausländische (aber genauso einheimische!) Interessierte, die sehr viel Geld für eine Immobilie ausgeben. Dieses Geld geben sie aber nur für absolute Bestlagen aus, denn sie wissen: Das Einzige, was zählt, ist: Lage, Lage, Lage.

Richtig ist sicher, dass Geschäftsleute aus dem Ausland gewerbliche Immobilien in sehr guter Geschäftslage erwerben, weil sie sich eine gute und stabile Rendite oder weitere Wertsteigerungen versprechen. Richtig ist aber auch, dass, je höher das Budget eines Käufers ist, dieser auch in der Lage ist, auf eigene Kosten unabhängige Berater zu engagieren, die ihn unterstützen. Wer sollte also glauben, dass es jemanden gibt, der bereit ist, sein Geld zum Fenster hinauszuwerfen? Im Gegenteil! Jeder Käufer erwartet für sein Geld einen entsprechenden Gegenwert.

Denkfehler 2: Die Nachbarn

Ein Nachbar hat sein Haus zu einem sehr guten Preis verkauft. Diesen Preis will ich mindestens auch für meine Immobilie erzielen.

Fakt ist: In den allermeisten Fällen wird Ihnen aus welchen Gründen auch immer (z.B. aus Angeberei, zur eigenen Profilierung o. ä.) etwas vorgemacht. Schenken Sie dem genannten Verkaufspreis erst dann wirklich Glauben, wenn Sie selbst den unterschriebenen Notarvertrag gesehen haben. Viele Menschen möchten Sie beeindrucken.

Bitte beachten Sie zudem auch, dass bereits einige Meter Entfernung den Wert einer Immobilie sehr oft verändern. Hier sind Themen wie diese zu berücksichtigen: Sonnenausrichtung, Lärmemissionen, Lage im Gebäude, Art und Beschaffenheit der Nachbargebäude, Grenzbebauung, Baujahr und Ausstattung, Terrassen, Garagen und Stellplätze, Sichtachsen, Renovierungsstand, Umbaumöglichkeiten, Bäume, Hunde und Nachbarn aber auch Dienstbarkeiten, Baurechte und vieles mehr.

Denkfehler 3: Die eigene Immobilie kann man am besten selbst verkaufen

Ich kann meine Immobilie am besten selbst verkaufen, da kein anderer meine Immobilie so gut kennt wie ich selbst. Fakt ist: Unbestritten kennen Sie selbst Ihre Immobilie am besten. Nur geht es bei einem Verkauf nicht darum, wie gut jemand eine Immobilie kennt. Es geht vielmehr um richtige Positionierung am Markt, schlagkräftiges Marketing und hervorragende Vertriebskompetenz. In der Praxis erlebt man oft folgende Situation: Der Eigentümer hat sich entschieden, privat zu verkaufen, da er sich einen Vorteil davon verspricht, wenn er sein Angebot provisionsfrei auf dem Markt platziert. Dann dauert es mehrere Wochen und Monate und es findet sich kein Käufer. Schließlich gibt er auf und überlässt den Verkauf einem Makler. Wenn er sich einen sehr guten Makler ausgesucht hat, wird dieser das Objekt innerhalb kurzer Zeit verkaufen. Warum ist das so? Weil der Interessent in erster Linie keinen Verkauf ohne Provisionszahlung sucht! Was er sucht, ist eine Immobilie, die zu ihm passt und die für ihn ideal ist. Diese Immobilie hat einen bestimmten Preis. Er besteht aus zwei Teilen: Erstens dem Kaufpreis für die Immobilie und zweitens den Kaufnebenkosten. Diese sind die Grunderwerbssteuer, Notar- und Grundbuchamtsgebühren und die Maklerprovision. Wer den Preis und die Kosten nicht bezahlen kann, fällt als Käufer raus.

In jeder Branche beschäftigen erfolgreiche Firmen Verkaufsspezialisten, auch wenn z.B. jeder Produktentwickler und Techniker das Innenleben des zu verkaufenden Produkts am besten kennt. Warum haben diese Firmen wohl Verkauf und Technik getrennt? Weil es im Verkauf auf ganz andere Fähigkeiten ankommt! Nicht die Features sind wichtig hervorzuheben, sondern den Nutzen des Produkts gewinnbringend zu adressieren. Ein guter Verkäufer ist in der Lage herauszufinden, an welcher Stelle des Kauf-Zyklus sich der jeweilige Interessent befindet und welche individuellen Bedürfnisse er hat. Daraus kann er das tatsächliche Kaufmotiv ableiten. All das gilt auch für den Immobilienbereich. Der Verkauf einer Immobilie ist als Projekt zu sehen und zu behandeln. Auf jeder der vielen Projektstufen ist höchste Präzision und feinstes Know-how erforderlich. Vor allem hinsichtlich professioneller Markteinwertung, Vermarktung, Verkauf, Finanzierung und Vertrag.

Denkfehler 4: Die Finanzierung

Interessenten, die sich für den Kauf einer Immobilie interessieren, haben zuvor ihre Finanzierung geklärt. Denn sonst würden sie erst gar nicht suchen.

Fakt: Viele Interessenten suchen mehr oder weniger ernsthaft. Sie lassen sich hier Angebote zusenden und nehmen dort Besichtigungstermine wahr. Manche tun dies sogar einfach, weil sie einmal ein richtig schönes Haus von innen ansehen möchten. Im Schnitt haben von 5 Interessenten 4 ihre Finanzierung nicht geklärt, 2 scheitern bei der Bank. Aus

Scham wird das dem Verkäufer nicht sofort mitgeteilt, er wird also hingehalten. Noch schlimmer kommt es, sollte der Notarvertrag gar ohne ausreichende Finanzierung unterschrieben worden sein. Wenn der Käufer nicht bezahlen kann, kann eine Rückabwicklung lange dauern, ohne dass die Immobilie zwischenzeitlich an jemand anderen verkauft werden kann. Zudem kommt: Die Rückabwicklung ist auch wiederum mit Kosten verbunden. Besonders ärgerlich für den Verkäufer ist, dass Käufer und Verkäufer dabei gesamtschuldnerisch haften.

Denkfehler 5: Was Interessenten alles sehen

Alle Interessenten erkennen die Vorzüge meines Objekts auf den ersten Blick.

Fakt ist: In 99 Prozent aller Fälle sieht der Käufer einer Immobilie das Objekt aus einem anderen Blickwinkel als der Verkäufer. Emotionale Bindungen und erlebte Ereignisse des Verkäufers sind dem Käufer schlichtweg egal. Jeder Käufer stellt seine eigenen Interessen in den Vordergrund und entscheidet danach. Lassen Sie dem Käufer also ein wenig Freiraum, sich in der Immobilie zu sehen.

Denkfehler 6: Der Bodenwert

Auf der Gemeinde erfahre ich den Bodenrichtwert für mein Grundstück. Zusätzlich addiere ich den Wert meines Bestandshauses. Damit kann ich selbst eine simple Wertberechnung nach dem Sachwertverfahren durchführen.

Fakt ist: Der Bodenwert kann auf nur wenigen Metern erheblich variieren. Zusätzlich ist das vorhandene Baurecht zu beachten. Die Aufgabe eines Gutachters ist es, den Bodenwert anzupassen. Mikrolage und Baurecht können ein

Grundstück erheblich auf- oder abwerten. Ein Bestandsbau kann sogar schädlich sein, da ggfs. der Abriss bezahlt werden muss. Das ist aber Theorie. Die Praxis, also der Markt, das Zusammenspiel von Angebot und Nachfrage, ist entscheidender als Bodenwert und Baurecht. Es gilt, den am Markt maximal durchsetzbaren Preis zu ermitteln.

Fazit

Wenn Sie beim Lesen meines Textes nun neue Einblicke in die tiefen Verästelungen eines Immobilienverkaufs erhalten haben, freue ich mich darüber sehr. Für den Verkauf Ihrer Immobilie wünsche ich Ihnen, dass sie ihn gewinnbringend und vor allem erfolgreich gestalten können.

Ihr
Wolfgang Bertol

Vom Vorgehen bei Besichtigungen und Erfahrungen mit seltsamen Kaufinteressenten

von Sebastian Fesser
fesser:immobilien GmbH & Co. KG, Hannover

Inhalt

- Besichtigungstourismus – der neue Volkssport?
- Warum der Nachbar der denkbar schlechteste Käufer ist
- Einzel- oder Massenbesichtigung?
- Von „Klugscheißern" und „Krümelsuchern"
- „Helikopter-Gene" sind weiterverbreitet, als Sie glauben
- Das ist ja „alles Mist"
- Die „ganz Cleveren"
- Kinder bei einer Besichtigung
- Die richtige Besichtigung der Immobilie
- Closing – Sammeln Sie Ja's"

Sind da draußen nur Irre? Das mag man sich als Immobilienmakler wirklich manchmal fragen! Erlauben Sie mir, zunächst auf diese provokante Frage einzugehen.

Ich habe dieses Kapitel durchaus kontrovers und zum Teil deutlich überspitzt geschrieben und möchte damit natürlich niemandem zu nahetreten. Mir ist klar, dass es sich bei der Mehrzahl der Kaufinteressenten um nette und anständige Leute handelt. Aber leider gibt es einige Kaufinteressenten, die alles andere als nett und umgänglich sind. Mit einem Augenzwinkern möchte ich Ihnen nachfolgend einige dieser durchaus seltsam anmutenden Typen vorstellen. Manchmal sind meine Schilderungen vielleicht etwas übertrieben, trotzdem habe ich all diese Menschen mit ihren Marotten in meiner langjährigen Tätigkeit so oder ähnlich erlebt. Und in jeder Besichtigung treffen Sie als Verkäufer auf mindestens einen dieser Menschen.

Nun kommt er: Der große Tag. Die Anzeige ist geschaltet und die gefühlten 150.000 Anfragen zeigen jetzt schon: Eigentlich ist das Haus viel zu billig inseriert. Schließlich wurden die Termine gelegt und nun kann der Run losgehen. Doch halt: Wie legt man eigentlich Termine? Was muss man beachten? Zuerst einmal ist es eminent wichtig, die Interessenten bereits am Telefon vor zu qualifizieren. Einfache Fragen nach dem Motto „Wie lange suchen Sie denn schon?" oder „Haben Sie schon eine Finanzierungszusage?" sieben bereits die ersten „Immobilien-Touristen" aus. Sie kennen Immobilien-Touristen nicht? So unglaublich es klingen mag, solche Menschen gibt es wirklich!

Besichtigungstourismus – der neue Volkssport?

Immobilien-Touristen sind, einfach ausgedrückt, Menschen, die sich in fremden Wohnungen umgucken, Eigentümern und auch Maklern die Zeit stehlen und nicht ansatzweise ein wirkliches Kaufinteresse haben. Menschen, die es spannend finden, sich in fremden Schlafzimmern umzusehen und fremde Dinge anzufassen. Ich nenne sie „Zeit-Vampire". Diese Typen von Menschen sind besonders gern zu „Unzeiten", also beispielsweise sonntags am frühen Nachmittag anzutreffen. Kaffee und Kuchen gab es schon (wobei besonders freche Immobilien-Touristen sich auch gern selbst bei Ihnen zu einer Tasse Kaffee einladen) und die Zeit zwischen Kaffeetrinken und Abendessen ist ja noch lang. Im Fernsehen läuft nichts Gescheites, also kann man sich ja mal bei fremden Leuten umsehen, wie die so wohnen und wie die so eingerichtet sind. Immobilien-Touristen sind eigentlich Spanner, denen Ihre Privatsphäre, lieber Verkäufer, völlig egal ist!

Warum der Nachbar der denkbar schlechteste Käufer ist

Immer, wenn ich von Verkäufern die Worte höre „Ich habe vielleicht schon einen Käufer. Mein Nachbar ist interessiert.", bekomme ich einen leicht erhöhten Blutdruck. Warum das so ist, kann man in wenigen Worten zusammenfassen: Nachbarn wollen alles geschenkt haben, machen die schlechtesten Angebote und kaufen am Ende sowieso meist nicht. Doch warum ist das so? Ob Sie aufgrund einer Scheidung, einer Erbschaft oder warum auch immer verkaufen möchten, ihre Nachbarn werden es in den meisten Fällen als erstes erfahren. Dann sollten Sie zunächst eruieren, warum die Nachbarn kaufen wollen, was also das Motiv dahinter ist. Zur besseren Anschaulichkeit gehen wir einmal von folgendem Beispiel aus: Sie als Verkäufer haben einen Nachbarn namens Klaus nebst Frau Marlies und Sohn Jochen sowie Schwiegertochter Sylvia. Die meisten Nachbarn (so wie auch Klaus) möchten, dass ihre Kinder in der direkten Nachbarschaft wohnen. Das hingegen ist Jochen und Sylvia allerdings gar nicht so recht, nennt Sylvia ihre Schwiegermutter Marlies doch gern insgeheim „Schwiegermonster". Klaus und Marlies wollen das natürlich nicht wahrhaben und ignorieren das gekonnt. Klaus hat also für Jochen und Sylvia bereits einen Termin bei Ihnen zur Besichtigung vereinbart, obwohl Jochen das eigentlich gar nicht wollte. Nun marschiert die ganze

Familie fröhlich durch Ihr Haus, Klaus mit dem Zollstock vorne weg. Neben dem Problem, dass Jochen und Sylvia eigentlich gar nicht einziehen wollen, gibt es noch das Problem der Preisfindung. Denn Klaus hatte für sein Haus damals einmal 200.000 Mark bezahlt: Deutsche Mark, nicht Euro – damals, irgendwann in den 80ern. Diesen Preis bildet er auf das ähnlich ausgestattete Haus von Ihnen ab. Denn er habe zumindest von der Lage und meist auch von der Ausstattung her ja eigentlich dasselbe Objekt. (Eigentlich sei sein Haus ja besser als das Ihrige, denn bei ihm wurde 1986 das Bad mal neu gefliest und das sei ja quasi fast neu.) Also wird als Angebot (in einem jovialen „Kumpel-Ton") ein erster, sehr niedriger Kaufpreis genannt. Denn auch Klaus wird mindestens einmal im Gespräch sagen „Das muss aber gemacht werden." oder „Das sind mindestens (fügen Sie hier eine völlig überhöhte Zahl ein) Euro, die hier noch investiert werden müssen." Wenn Sie bei der Preisfindung zuvor Ihre Hausaufgaben vernünftig gemacht haben, werden Sie durchaus pikiert sein. Aber wie reagieren Sie dann? Werfen Sie Klaus und seine „Meute" wutentbrannt raus? Oder machen Sie den Fehler und nehmen das Angebot an? Dann haben Sie leider bereits jetzt schon bares Geld verschenkt. Wahrscheinlich würden Sie Klaus also erklären, dass Sie sich melden werden, aber zunächst noch eine Nacht darüber schlafen wollen, denn mehr als 80 Prozent der Menschen fehlt in solchen Situationen einfach der Mut, deutlich zu sagen: „Klaus, Dein Angebot ist Mist!" Doch das wäre eigentlich angemessen. Da das aber aus Gründen der Höflichkeit (man kennt sich ja seit Jahren) nicht gesagt wurde, geht die Geschichte dann so weiter: Klaus fragt immer öfter aufdringlich nach dem Stand der Dinge und Sie müssen sich erklären.

Oft ist es auch so, dass Nachbarn einfach keinen Anstand kennen. Einer meiner Kunden hat mir folgenden Fall erzählt: Der Vater seiner Frau war gestorben. Die Töchter eilten deshalb natürlich sofort nach Hause, saßen im Wohnzimmer zusammen und warteten auf den Bestatter. Dann klingelte es. Doch statt des Bestatters stand Nachbar Klaus vor der Tür und fragte „Hey, hab gehört, dass euer Vater verstorben ist. Beileid von mir. Ist das Haus jetzt zu verkaufen?“. Ja, das ist wirklich so passiert, nur mag man Nachbar Klaus dort jetzt nicht mehr so gern. Er schaute auch etwas enttäuscht, als es den Schwestern nicht gelang Contenance zu wahren und sie ihm wortlos die Türe vor der Nase zuschlugen.

Doch zurück zu unserem ersten Beispiel: Stellen Sie sich vor, Sie haben nun tatsächlich an Klaus bzw. Jochen verkauft. Was passiert, wenn am Haus irgendetwas nicht stimmig ist oder wenn beispielsweise die Heizung nur ein paar Wochen nach dem Verkauf an Jochen und Sylvia kaputtgeht? Dann wird Klaus nicht mehr so nett sein. Denn seiner Auffassung nach haben Sie ihn dann betrogen. Das wird sicherlich seine in Stein gemeißelte Meinung sein. In der Nachbarschaft wird das schnell thematisiert und Sie laufen Gefahr, Ihren gesamten Freundeskreis aus der alten Wohngegend zu verlieren bzw. laufen zumindest Gefahr, dass es ein unangenehmes „Gerede“ gibt. Ich habe in meiner langjährigen Laufbahn als Immobilienmakler vieles mitbekommen. Dadurch weiß ich: Wenn ein Nachbar kaufen will, ist höchste Vorsicht geboten. Denn in diesem Moment wird die „Freundschaft“ (die meist sowieso nur lose besteht) nur als Mittel eingesetzt, um den Preis zu drücken. Die Ellenbogen werden rausgeholt und der Preis des Hauses kleingerechnet. Sie werden denken, dass ich hier übertrieben habe? Leider nicht. Immer wieder sehe ich bei Nachbarschaftsverkäufen diese Problematik

Daher mein Tipp: Lassen Sie sich nicht auf Diskussionen mit Nachbarn ein! Behandeln Sie sie wie jeden anderen Interessenten! Vergleichen Sie in Ruhe die Angebote und lassen Sie sich nicht moralisch unter Druck setzen! Um Problemen mit Nachbarschaftsverkäufen vorzubeugen, ist es sinnvoll auf einen neutralen Vermittler zu setzen, der mit Klaus eben nicht „per Du“ ist.

Einzel- oder Massenbesichtigung?

Nun haben Sie ja bereits dieses spannende Buch in Händen und haben im Vorfeld die Kaufinteressenten ordentlich vorqualifiziert. Doch wie legt man nun Termine? Macht man lieber eine Einzelbesichtigung, die sehr aufwändig ist und lange dauert, oder macht man stattdessen lieber eine praktische Massenbesichtigung, bei der man einfach alle Leute zur selben Zeit einlädt? Die Einzelbesichtigung bietet sowohl Ihnen als Verkäufer als auch dem Käufer Vor- und Nachteile. Als Verkäufer kann man sich individueller um den jeweiligen Kaufinteressenten kümmern und Informationen von ihm im persönlichen Gespräch erhalten, die man sonst nicht bekommen würde. So kann man den Kaufinteressenten besser aussuchen und herausfinden, ob man diesem die Immobilie überhaupt verkaufen möchte, denn oft hängen viele Emotionen an dem Haus oder der Wohnung.

Für den Kaufinteressenten selbst ist diese Art der Besichtigung auch angenehmer, da er dann eher mit dem Verkäufer über persönliche Belange reden kann. Eine Besichtigung dauert seine Zeit. Bei einer Einzelbesichtigung setze ich für ein Einfamilienhaus in der Regel eine Besichtigungszeit von mindestens einer Stunde an. Diese Zeit muss man einfach investieren, damit der potenzielle Käufer sich öffnet und auch seine Fragen entsprechend beantwortet werden. Sie müssen immer bedenken, dass für den Käufer (und meist auch für Sie als Verkäufer) eine der größten, wenn nicht sogar die größte, finanzielle Transaktion des Lebens bevorsteht. Eine Massenbesichtigung hingegen setzt die potenziellen Käufer unter Druck. Die Kaufinteressenten sehen viele andere Menschen, betrachten sie als Konkurrenten, die auch DAS Haus kaufen wollen, das Objekt der eigenen Begierde. Schnell gehen dort die Preise höher, als das angesetzte Gebot war. Doch Vorsicht! Meist ist das Schall und Rauch! Oft kommt es vor, dass Menschen völlig unrealistische Angebote bei einer Massenbesichtigung abgeben (meist ohne überhaupt ihre eigene Finanzierbarkeit überprüft zu haben), an die sie sich am nächsten Tag gar nicht mehr so richtig erinnern können oder wollen. Die Verbindlichkeit fehlt, es kommt eher ein „eBay-Gefühl", ein Bieterwahn auf, doch schnell folgt hier dann die Kaufreue. Da in Deutschland ein Immobilienkauf aber der notariellen Beurkundung nach § 311b BGB unterliegt, hat der Bieter nicht einmal eine Repressalie bei Nichteinhaltung seines mündlichen Angebots zu befürchten. Die große Problematik bei Massenbesichtigungen ist, dass im schlimmsten Fall „marodierende Horden", mindestens jedoch Ihnen völlig unbekannte Menschen durch Ihr Haus wandern, ohne wirklich richtig beaufsichtigt zu sein, alles anfassen, an allem Möglichen herumzerren, gegen Wände, Fenster und alle möglichen anderen Bauteile klopfen und diese ggf. sogar mehr oder weniger vorsichtig abmontieren. Ich habe schon oft beobachten können, dass Kaufinteressenten versuchen, Tapeten stückchenweise abzureißen, um sich die Wand dahinter genauer anzusehen. Sie denken, ich übertreibe? Mitnichten: Ich habe schon einige Massenbesichtigungen erlebt und was ich da beobachten konnte, würde ich nicht glauben, wenn ich nicht selbst dabei gewesen wäre.

Nun haben Sie sich aber entschieden, die Besichtigungen für Ihren geplanten Immobilienverkauf im Rahmen von Einzelbesichtigungen durchzuführen. An einem Samstag, damit ein Großteil der Touristen ausgesiebt wird. Doch wie sollten Sie als Verkäufer das Haus nun vorbereiten? Was sollten Sie tun, um direkt einen Kaufinstinkt beim Kaufinteressenten zu wecken?

Vorbereitung der Besichtigung

Wichtig ist erst einmal, dass Ihr Prunkstück aufgeräumt ist. Und damit meine ich, dass alles, was das Auge ablenkt, weggeräumt sein sollte. Dazu gehört alles, was rumliegt, zum Beispiel die Rumpel-Ecke, der Abwasch von morgens, die Betten müssen gemacht sein, und so weiter und so fort... Das allein reicht jedoch nicht. Vergleichen Sie die Situation der Besichtigung und Präsentation der Immobilie am besten mit einem Autokauf. Selbstverständlich würden Sie ein Auto, welches Sie verkaufen möchten, im Vorfeld in die Waschanlage fahren und aussaugen. Doch selbst wenn der Wagen von außen glänzt und innen staubfrei ist, so gibt es doch die „Krümelsucher", die sich wundern, dass der 8 Jahre alte Gebrauchtwagen doch wirklich genutzt wurde und Gebrauchsspuren aufweist. Genauso ist es bei Ihrem Anwesen (und das ist meist älter als 8 Jahre). Doch schon mit kleinen Dingen können Sie einen Kaufanreiz beim Kaufinteressenten auslösen oder gar verstärken. Der Mensch mag Wärme und Helligkeit. Machen Sie daher Licht an! Und zwar überall!

Nutzen Sie jede, aber auch wirklich jede Lampe. Die vielleicht nicht ganz so hübsche, von Tante Ilse geerbte, Stehlampe genauso, wie die kleine Schreibtischlampe oder auch das Licht an der Dunstabzugshaube. Der Mensch nimmt das Haus damit positiver wahr. Er erkennt unterbewusst die „Sicherheit der steinzeitlichen Höhle". Er fühlt sich geborgen, er fühlt sich geschützt und damit fühlt er sich unterbewusst sehr wohl. Auslöser dafür ist der Hypothalamus und das limbische System im Stammhirn – also eine instinktive und unterbewusste Reaktion des Gehirns, die der Verkäufer für sich nutzen kann. Aber die potenziellen Käufer möchten nicht nur eine warme, sichere Höhle haben. Sie nehmen auch mit anderen Sinnen als nur mit dem Auge wahr: Vergessen Sie also Nase und Ohren nicht! Gerade leerstehende Häuser, beispielsweise bei einem Erbfall, haben einen besonderen, für viele Kaufinteressenten teils unangenehmen Eigengeruch. Ich kompensiere diesen Geruch durch den Einsatz einer Ozon-Maschine. Die Ozon-Behandlung ist recht kostenintensiv und auch nicht ganz einfach durchführbar. Deswegen kann man den Discount-Trick mit den Wunderbäumen im Hinterkopf behalten. An fast jeder Tankstelle gibt es sie für wenige Euro. Ich empfehle Ihnen, für jeden Raum mindestens einen Wunderbaum zu verwenden. Nehmen Sie am besten die Sorte „Sportfrische", denn diese Sorte kompensiert den Geruch am besten. Schon haben Sie eine ganz andere Ausgangsbasis. Verstecken Sie die Wunderbäume einfach ca. eine halbe Stunde (besser noch länger) vor Beginn der Besichtigung an schlecht einsehbaren, aber gut belüfteten Stellen. Wenn Ihr Haus normal bewohnt ist und auch normal riecht, brühen Sie direkt vor der Besichtigung Kaffee auf. Das kostet wenig und bringt viel. Und wenn Sie gerade Lust auf einen Apfelkuchen haben, dann backen Sie einen. Der Apfelkuchen ist ein Geruchs-Turbo! Im Sommer können Sie zudem kurz vor der Besichtigung den Rasen frisch mähen. Das ist auch ein toller Geruch und der Garten sieht gleich gepflegt aus. Machen Sie zudem leise (!) Hintergrundmusik an. Nehmen Sie dazu am besten etwas Ruhiges, z.B. Chillout-Music oder Klassik. Das wirkt harmonisch. Vergessen Sie bitte auch nicht, Tiere wegzusperren. Viele Leute haben Angst oder Allergien (besonders bei Hunden und Katzen) und zuweilen riechen diese Tiere auch, was nicht jedem gefällt. Selbst wenn Sie das bei Ihren Tieren gar nicht mehr wahrnehmen, so kann dieser Geruch doch überall verteilt sein und schnell zu einem KO-Kriterium werden. Der Apfelkuchen ist gebacken, der Kaffee gekocht, die Besichtigung kann endlich starten.

Wie ich eingangs bereits beschrieben habe, sind auch die weiteren Absätze überspitzt dargestellt. Ich möchte Ihnen aber trotzdem von so manch merkwürdigen Interessenten berichten, damit Sie besser vorbereitet sind.

Von „Klugscheißern“ und „Krümelsuchern“

Bei den Besichtigungen werden Sie vielleicht auf eine bestimmte Art Mensch treffen: Die „Klugscheißer“ und „Krümelsucher“. (Leider gibt es dafür wirklich kein passenderes, weicheres Wort.) Erkennen kann man sie z.B. am Klemmbrett, das sie unterm Arm haben. Darauf ist dann meist eine Excel-Tabelle ausgedruckt. Vorsichtig: Je besser die Excel-Tabelle, desto schwieriger und komplizierter ist der Kaufinteressent. Was erwarten diese Kaufinteressenten? Sie erwarten nur etwas ganz Simples: DAS BESTE. Es muss alles perfekt sein. Kleinste Fehler in der Immobilie werden drastisch im Kaufpreis abgestraft. Kleine Risse im Rigips erfordern mindestens eine Kernsanierung. Der einzuschaltende Gutachter würde sogar den Abriss empfehlen. Das seien mindestens 1,6 Milliarden EUR zusätzliche Kosten, wenn nicht mehr... Die Badezimmer (egal wie alt) werden regelrecht runtergeprügelt. Die einhellige Meinung der Kaufinteressenten lautet: „Das muss alles neu! Das sind mindestens [Anmerkung des Autors: Sie erinnern sich?] 25.000 EUR, wenn nicht noch mehr." (Unter uns: Für 8.000 EUR bekommen Sie ein Super-Badezimmer in Standard-Ausstattung. Das weiß der Kaufinteressent auch, der sagt´s Ihnen nur nicht). Egal welchen Bodenbelag Sie haben, ob Fliesen („Viel zu kalt!"), Laminat („Viel zu viel Chemie" oder „Die Farbe gefällt nicht!" oder „Sieht billig aus!" – suchen Sie sich für sich einfach den passenden Vorwand aus), Teppich („Wer hat denn heute noch Teppich?!"), PVC („Wie in einer Behörde!") oder was auch immer: Böden sind IMMER falsch! Machen Sie sich nichts draus, Sie hätten, egal für was Sie sich damals entschieden haben, es immer falsch gemacht. Leider kostet so ein neuer Boden ja mindestens (Sie ahnten es sicherlich bereits, dass dieses Wort jetzt kommt) ganz viele Tausend EUR. Diese Leute gehen sinngemäß mit der Lupe durch die Räume und können gar nicht fassen, dass Sie wirklich den Frevel besessen haben, in dem Haus zu wohnen, ach was sag ich, zu atmen und Sie dann fragen: „Was, hier drin haben Sie gelebt ...??"! Genau diese Menschen sind es auch, die den Energieausweis sehen wollen, was ihnen gesetzlich natürlich zusteht, um mit Ihnen wegen aller möglichen nötig und unnötigen energetischen Dämm-Möglichkeiten zu lamentieren. Dabei würden sie nicht davor zurückschrecken mehr als 40.000 EUR auszugeben, um jährliche Einsparungen von 500 EUR zu realisieren.

(Ein kurzer Exkurs zum Thema Dämmung: Eine Dämmung muss sich immer erst amortisieren. Durch die Wände können max. 17 Prozent des gesamten Energieverbrauchs eingespart werden. Das Einsparpotential lässt sich also relativ genau berechnen. In den meisten Fällen wird sich diese Investition nicht lohnen. Außerdem steigert eine Fassadendämmung die Gefahr von Schimmelpilzbildung.

„Helikopter-Gene“ sind weiter verbreitet als Sie glauben

Weiterhin kommen bei diesen Leuten gern auch die „Helikopter-Gene“ ans Tageslicht. „Sind die Leitungen auch dreiadrig und haben einen FI-Schalter? Nicht, dass mein Kind sonst stirbt, wenn‘s mit einem Fön in die Wanne geht!“. Auch hier ein kurzer Exkurs: In Acrylbadewannen funktionieren FI-Schalter nicht. Also ist das mit dem Fön immer eine ziemlich dumme Idee. Kleinste Angriffspunkte werden also gnadenlos ausgenutzt, um zuzuschlagen und Sie, den Gegner, in die Knie zu zwingen. Nachdem Sie nun gefühlte 100.000 Seiten an Unterlagen und Nachweisen übersandt haben (so Sie diese denn überhaupt haben), der Gutachter, den die Kaufinteressenten beauftragt haben, gnadenlos alles inspiziert hat und Sie dann noch gefühlte 12.000 Nachweise, unter anderem für das verbaute Dämm-Material beigebracht haben, überlegen es sich diese Leute meist nochmal anders und kaufen Ihre Immobilie dann doch nicht. Dass Sie mit einer Stunde Besichtigung hier bei weitem nicht hinkommen, dürfte auf der Hand liegen.

Das ist ja „alles Mist!“

Ein weiterer Typ, der bei Besichtigungen anzutreffen ist, ist der „Alles-schlecht-Reder“: Man hat bereits beim Öffnen der Tür das Gefühl, dass man einfach alles falsch macht. Auch hier wird gemäkelt und lamentiert, was alles so schlecht an dem Haus oder der Wohnung ist. Oft muss man sich wundern und fragt sich „Warum schauen Sie es sich dann überhaupt an?“. Ein Tipp von mir als Experte: Wenn Sie Ihre Nerven schonen wollen, werfen Sie diese Leute einfach freundlich raus, etwa mit dem Hinweis „Ich glaube, das Objekt ist nichts für Sie. Ich wünsche Ihnen von Herzen noch ganz viel Glück bei der weiteren Suche.“ (Passen Sie aber auf, dass es nicht so sarkastisch klingt wie jetzt bei mir.). Diese Leute würden, wenn sie überhaupt ein Angebot abgäben, eine so unterirdische Offerte machen, dass es fast an eine Beleidigung grenzt.

Die „ganz Cleveren“

Die Spezies der „ganz Cleveren“ geht noch etwas subtiler vor. Ich beschreibe Ihnen hier einmal den Worstcase. In Abstufungen wird bei nahezu jedem Objektverkauf mindestens einmal so jemand auf Sie zukommen: Zuerst wird (und das teilweise sehr massiv) über den Kaufpreis verhandelt. Nicht etwa, weil dieser wirklich bezahlt werden soll, sondern weil man sehen will, wie beweglich Sie in Ihrer Preisbildung sind. Da Sie ja einen Spielraum eingeplant hatten, gehen Sie wahrscheinlich mit dem Kaufpreis ein Stückchen runter. Danach erfolgt die zweite Besichtigung, diesmal mit einem Handwerker zusammen. Dabei werden völlig überzogene Reparatur- und Sanierungskosten angesetzt. So werden beispielsweise in der Regel das Bad und die Fenster, meist auch die Heizung und Heizkörper negativ bewertet, für einfachste Mängel werden Vollsanierungen angesetzt und der Preis wird bis zum Anschlag richtiggehend „runtergeprügelt“. Abfällige Bemerkungen sind hier an der Tagesordnung und es wird versucht Misstrauen zu säen. („Also ich an Ihrer

Stelle würde das nicht kaufen! Was Sie da noch reinstecken müssen! Das ist ein Fass ohne Boden! Aber für diesen Preis? Niemals!"). Verunsichert gehen Sie meist noch einmal mit dem Preis runter, um den Käufer nicht zu verlieren. Das Spielchen „Good boy – bad boy" ist ja schon älter Dann erfolgt der nächste Termin mit einem selbsternannten „Experten", der als Gutachter auftritt, und das Spielchen von oben geht weiter. Dem Kaufinteressenten wird meist offen vom Kauf abgeraten und Sie kommen ihm wieder preislich entgegen, um den Deal nicht zu gefährden. Schließlich sind Sie ja augenscheinlich schon knapp vor einem Abschluss. (Ein ähnliches Vorgehen nutzt im Übrigen auch der freundliche Prinz aus Nigeria, der immer ganz viel Geld via E-Mail verschenken möchte). Nachdem Sie sich nun auf einen Preis geeinigt haben, reicht der Kaufinteressent alles bei seiner Bank ein. Leider bekommt er aber deutlich weniger Kredit als die Summe, die Sie mit ihm als Kaufpreis vereinbart hatten. Und dann sind da ja noch die horrenden Nebenkosten für Notar und die Grunderwerbsteuer. Den Banker können Sie aufgrund des Bankgeheimnisses ja nicht befragen, also muss hier noch einmal nachjustiert werden und schweren Herzens und mit absolutem Frust schlagen Sie trotzdem ein. Immerhin wurden schon viel Zeit und viel Aufwand investiert und Ihr Gegenüber ist ja immer noch ein guter Mensch. Er hat den Preis Ihres Hauses ja nicht schlecht gemacht, das waren ja „nur" seine Handwerker und der Gutachter.

Nachdem der Kaufpreis nun gefunden ist, fällt dem Käufer beispielsweise weiter ein, dass er eigentlich angenommen hatte, dass die Sauna, das Brennholz, die 10.000 Liter Heizöl und die Einbauküche mit im Kaufpreis enthalten seien. Andernfalls wäre das Objekt für ihn leider nun nicht mehr interessant. Beim Notartermin mäkelt der Käufer noch einmal am Preis und versucht erneut 5.000 EUR „einzusparen“, dann verlangt er die Schlüssel vor Zahlung „um schon einmal mit der Renovierung anfangen zu können“. Damit erreicht der Käufer einen Zinsvorteil von rund 2 Monaten, und das, obwohl Sie eigentlich gar nicht mehr nachgeben wollten!

Bei der Renovierung werden dann wohlmöglich weitere „eklatante Mängel“ entdeckt, woraufhin Sie einen Brief des Anwalts der Käuferseite erhalten, der eine arglistige Täuschung behauptet. Es wird die Rückabwicklung des Kaufvertrages nebst Schadenersatzforderungen Ihnen gegenüber angedroht, weshalb Sie sich dann im Vergleichswege auf eine erneute Reduzierung des Kaufpreises einlassen. Insgesamt kosten Sie diese ganzen Spielchen zwischen 30.000 EUR und 50.000 EUR, ungeachtet Ihres Frustes wegen des anstrengenden Käufers, der „Experten“ und des ganzen Ärgers drumherum. Geld, was für einen Kauf einer anderen Immobilie oder als Ruhepolster geplant war, kann nicht realisiert werden bzw. ist verloren. Mit der Faust in der Tasche merken Sie, dass Sie mittlerweile psychisch down sind, denn weniges im Leben ist schmerzhafter als das Gefühl, übervorteilt worden zu sein.

Hier habe ich Ihnen einmal einige sehr spezielle Arten von Kaufinteressenten geschildert, mit denen Sie sich bei einem Immobilienverkauf möglicherweise herumärgern müssen. Natürlich gibt es auch nette, anständige und sehr liebe Kaufinteressenten. Sie wissen nur vorher nicht, wer zu Ihrer Besichtigung kommt...

Kinder bei einer Besichtigung – „Gottesgleich“ oder „Teufelswerk“?

Auch mit dieser Überschrift überspitze ich natürlich mal wieder etwas. Sehen Sie mir es bitte nach, denn selbstredend liebe ich Kinder! Gehen wir einmal davon aus, dass Sie Glück haben und genau diese netten und freundlichen Menschen nun am Samstag vor Ihrer Türe stehen und klingeln. Wie gehen Sie jetzt aber damit um, wenn sie auch ihre Kinder mitbringen? Die Kinder sollen ja mitentscheiden, denn schließlich sollen sie sich im neuen Zuhause auch wohlfühlen. Kinder können ganz unterschiedlich sein: manchmal „gottesgleich“, manchmal kleine „Teufelchen“, manchmal aber auch beides gleichzeitig. Das kann sich, je nach Alter, bekanntermaßen ruckzuck ändern. Gerade kleinere Kinder neigen dazu, am Ende einer Besichtigung zu quengeln und den Termin vorzeitig dadurch zu beenden. Einfacher ist es, wenn Sie die Möglichkeit haben die Kinder zu beschäftigen. Wenn Sie beispielsweise einen Garten und die Kids ein entsprechendes Alter haben, fragen Sie, ob sie ein bisschen draußen spielen wollen. Dann haben Sie mehr Zeit und Ruhe für die Besichtigung und das Gespräch. Ein Verkaufsgespräch zu führen ist schlicht einfacher, wenn man nicht unterbrochen wird.

Die richtige Besichtigung der Immobilie

Da Sie bereits überall das Licht eingeschaltet haben, die Kinder versorgt sind und der Kaffee lecker riecht, ist es nun Zeit mit der Besichtigung zu beginnen. Aber wo soll man bloß beginnen? Hier gehen die Meinungen auseinander. Ich persönlich fange immer im ansprechendsten Raum an, denn dieser vermittelt den Kaufinteressenten den ersten (und damit bleibenden) Eindruck. Andere Kollegen fangen auch mal im Keller an. Ein vollgestellter Nutzkeller ist meiner Meinung nach jedoch äußerst suboptimal als erster Eindruck. Bedenken Sie: Für den ersten Eindruck gibt es keine zweite Chance!

Legen Sie sich vorher also am besten eine Besichtigungsroute zurecht, die logisch ist. Springen Sie nicht quer durch Ihren Grundriss. SIE kennen die Immobilie, der Kaufinteressent ist zum ersten Mal bei Ihnen und wird gerade von Informationen und Eindrücken überrollt. Für ihn muss das ein logischer Aufbau und Ablauf sein. Starten Sie deswegen immer an der Haustür und bilden Sie dann einen logischen Rundgang, der immer wieder über den Flur führt. „Das ist das Wohnzimmer, das ist die Küche, das ist das Bad, ...“. Meist sind die Kaufinteressenten clever genug, um die Funktion der Räume selbst zu erkennen. Erzählen Sie deshalb lieber ein bisschen was über die Ausrichtung der einzelnen Zimmer (z.B. „Hier im Wohnzimmer haben wir eine süd-westliche ausgerichtete Terrasse. Da haben Sie den ganzen Tag Sonne.“). Da viele Kaufinteressenten wenig Fantasie haben, zeigen Sie am besten zusätzliche Möglichkeiten auf. Beispielsweise kann jedes Kinderzimmer auch immer ein Gäste- oder Arbeitszimmer sein. Wenn Sie mit den Leuten ein bisschen plauschen, können Sie viele Informationen bekommen. Nur sollten Sie darauf achten, dass das Ganze nicht wie ein Verhör klingt. Wenn Sie mit den Interessenten vernünftig ins Gespräch kommen, können Sie die gewonnenen Informationen gezielt zum Verkauf der Immobilie einsetzen. Die Themen Kinderanzahl, Beruf, Zukunftsplanungen etc. sind wahre Goldgruben für einen geschulten Verkäufer, denn diese Informationsabfrage lässt sich leicht in ein Gespräch einbauen.

Achten Sie in jedem Fall darauf, dass Sie nicht ins „Plappern“ kommen. Niemanden interessiert es, ob im Badezimmer vor 25 Jahren einmal ein Wasserschaden war, oder ob Tante Helga damals in diesem Bett, das im Gästezimmer steht, gestorben ist, oder ob Sie mal falsch gelüftet haben und deswegen mal oberflächlichen Schimmel hatten, der aber seit 1992 schon nicht mehr aufgetaucht ist. Damit wecken und schüren Sie Ängste. Die Kaufinteressenten gehen dann nur mit den Worten „Wasserschaden“, „Todeshaus“ und „Schimmelproblematik“ im Kopf aus der Immobilie und melden sich wahrscheinlich nie wieder. Erzählen Sie den einen oder anderen Schwank aus dem Leben, erzählen Sie aber bitte nicht Ihre gesamte Lebensgeschichte in jedem Zimmer. Das interessiert die Leute nämlich nicht. Denken Sie immer daran: Je wohler der Kaufinteressent sich fühlt, desto positiver empfindet er die Immobilie und die Möglichkeit eines erfolgreichen Verkaufs wächst.

Closing – sammeln Sie „Ja´s!“

Das Wichtigste an einer Besichtigung ist das Gespräch am Ende. Hier können Sie den Abschluss manifestieren. Und das führen Sie am besten entweder im Garten oder im schönsten Raum durch. Meist ist dieser das Wohnzimmer. Aber bloß nicht im Keller oder in der Garage, das wirkt unschön und bedrückend. Fassen Sie im Gespräch die Eindrücke noch einmal zusammen und stellen Sie die Pluspunkte des Hauses noch einmal heraus. Stellen Sie offene Fragen (z.B. „Was hat Ihnen denn besonders gut gefallen?“), sammeln sie „Ja´s!“. Und auch das ist wichtig: Haben Sie alle Unterlagen griffbereit! Wenn der Kaufinteressent zur Bank oder zu seinem Finanzierer gehen möchte und seine Finanzierung prüfen lassen möchte, benötigt er dutzende von Unterlagen. Wenn die nicht alle da sind, gibt's natürlich auch kein Geld und damit auch keinen erfolgreichen Abschluss.

Was Sie bei einem Haus- bzw. Wohnungsverkauf an Unterlagen benötigen und wo Sie diese finden oder erhalten können, ist recht schnell anhand der Unterlagen erklärt, die in diesem Buch als Anhang beigefügt sind.

Sie sehen, so eine Besichtigung vorzubereiten und durchzuführen ist doch etwas anderes, als einfach mal locker den Schlüssel umzudrehen. Wenn Sie nun denken „Oh Gott, sind da draußen nur noch Irre?", dann kann ich mit einem deutlichen „manchmal schon!" antworten. Sie können natürlich auch einfach den Makler Ihres Vertrauens anrufen. Der hat in diesen Dingen genug Erfahrung und Menschenkenntnis, um stressige Situationen an sich abperlen zu lassen. Meine bezaubernde Frau sagt zu mir immer „Schatzi, manchmal bist Du wie Teflon!" – und ganz ehrlich: Ich mags!

Ich wünsche Ihnen viel Erfolg bei der Besichtigung Ihrer zur verkaufenden Immobilie.

Liebe Grüße aus Hannover,
Ihr Sebastian Fesser

Die vier Typen von Interessenten und wie Emotionen den Verkauf behindern können

von Oliver-D. Helfrich
Vorstand BVFI – Bundesverband für die Immobilienwirtschaft, Frankfurt/Main

Inhalt

- Die vier Typen von Interessenten
- Wie Emotionen den Verkauf behindern können

„Ein Haus bauen zu wollen, soll in der Natur der Menschen liegen, das Zahlen einer Miete hingegen eher nicht!", so der Werbespot einer Bausparkasse. Ein altes Sprichwort sagt: „Ein Mann solle in seinem Leben ein Haus bauen, einen Baum pflanzen und einen Sohn zeugen." So ist es nicht verwunderlich, dass gerade die eigengenutzte Immobilie das liebste Gut der Deutschen ist. Und wenn etwas ein liebstes Gut ist, dann sind auch immer Emotionen im Spiel.

Bevor wir uns dem Thema „Emotionen beim Verkauf" widmen, möchte ich Ihnen vier Typen von Interessenten vorstellen, denen man bei Besichtigungen begegnen kann. Dies soll Ihnen als Verkäufer helfen, den Prozess der Besichtigungen besser zu verstehen. Außerdem wird dabei deutlich, auf welche Weise Emotionen (auf der Seite des Verkäufers sowie auf der des Käufers) in einen Verkaufs- oder Kaufprozess hineinspielen. Seit Jahrzehnten führen Immobilienmakler Besichtigungen bei Mietobjekten und bei Kaufobjekten durch. Immer wieder machen die unterschiedlichsten Makler bei ihren Besichtigungen die gleichen Erfahrungen. Aus eben diesen kann ein Verhaltensmuster abgeleitet werden. Das betrifft das Auftreten der unterschiedlichen Interessenten-Typen, deren Grad der Erfahrung mit Immobilien sowie deren Beweggründe, warum sie zu einer Besichtigung kommen. So sind zum Beispiel einige der Interessenten erst seit kurzem auf der Suche nach dem richtigen Objekt, andere seit 2-3 Monaten und nochmal andere schon seit ein bis zwei Jahren. Mit dem Thema der Finanzierung haben sich bereits einige der Interessenten auseinandergesetzt, während andere bei diesem Thema noch ganz uninformiert sind. Auch das Auftreten der Interessenten ist recht unterschiedlich. Die einen sind eher schüchtern, andere wiederum sehr selbstbewusst und wissen, was sie wollen. Sie kennen die Lage und das Umfeld genau. Wieder andere haben überhaupt keinen Plan und wissen nicht, wo sie ansetzen sollen. Aus diesen über Jahre hinweg gesammelten Informationen konnten letztendlich vier Interessenten-Typen herausgefiltert werden, auf die Sie bei Besichtigungen immer wieder treffen werden. Im Folgenden werden wir uns diese näher anschauen. Dabei werden Sie feststellen, dass alle in gleicher Häufigkeit vorkommen.

Die vier Interessenten-Typen:
Die vier Typen sind:

- der Neuling
- der Schaulustige
- der Unschlüssige
- der Erfahrene

Jeder dieser Interessentypen bringt einen anderen Immobiliensachverstand, andere Besichtigungsansätze sowie eine andere Motivation mit, die ihn dazu bewegt, eine Immobilie zu besichtigen. Jeder Interessenten-Typ tritt bei einer Vielzahl an durchgeführten Besichtigungen gleich häufig auf. Also immer mit einer Wahrscheinlichkeit von 25 Prozent, wobei Abweichungen natürlich möglich sind. Das variiert je nach Anzahl der durchgeführten Besichtigungen. Doch worin genau unterscheiden sich diese vier Interessenten-Typen nun?

1. Der Neuling
   Der Neuling, man könnte ihn den „Anfänger" nennen, ist gerade am Beginn seiner Objektsuche. Das heißt, Ihr Objekt gehört möglicherweise zu den ersten Immobilien, die er sich ansieht. Der Neuling zeichnet sich dadurch aus, dass er ungenaue Vorstellungen von dem hat, was er überhaupt kaufen will. Er beginnt schließlich gerade erst damit, den Markt zu sondieren und möchte herausfinden, welche Immobilien es gibt und welche ihm zusagen. Er versucht seine Bedürfnisse auszuloten. Auch ist er noch unschlüssig, wann er sich denn überhaupt entscheiden will. Es gibt für ihn hat ja keinen Druck, etwas kaufen zu müssen. Er befindet sich also noch in der Findungsphase seiner eigenen Bedürfnisse und Kriterien. Auch ist dem Neuling sein Finanzierungsrahmen meist noch völlig unbekannt. Häufig ist ihm nicht einmal bewusst, wieviel er sich überhaupt leisten kann und wie hoch die monatliche Finanzierungsbelastung sein darf. Er hat noch keine Ahnung von dem Verhältnis von Kaufpreis zur Finanzierung. Seine Motivation für eine Besichtigung ist eher die, dass Freunde oder Bekannte aus seinem Umfeld gerade Immobilien gekauft haben und er dem ja nicht nachstehen möchte. Oder er beginnt mit der Suche,

weil ihn jemand davon überzeugt hat, dass das Mieten ja teurer sei als das Kaufen einer Immobilie. Auffällig ist, dass der Neuling bei Besichtigungen anfangs etwas zurückhaltender ist, doch viele allgemeine Fragen stellt, um sich dem Thema Immobilie ganz langsam zu nähern.

Fakt ist deshalb: Er wird heute nicht kaufen und morgen auch nicht, denn schließlich will er sich ja erst einmal ein Bild machen und Erfahrungen sammeln. Für Sie ist eine Besichtigung mit ihm reine Zeitverschwendung. Aber immerhin können 1/4 der Interessenten so charakterisiert werden.

2. <u>Der Schaulustige</u>
„Schatz, was machen wir denn am Wochenende? Das Wetter soll schön werden!“ „Wir könnten uns mal wieder ein paar Immobilien angucken. Vielleicht finden wir ein paar neue Anregungen für unsere Einrichtung.“ So in etwa könnte ein Gespräch bei Schaulustigen ablaufen, denn sie vertreiben sich gerne ihre Zeit mit Immobilienbesichtigungen. Leider ist das auch immer Ihre Zeit! Früher gingen diese Menschen in die Musterhausparks und verbrachten dort ihre Zeit. Doch den Betreibern war dies mit der Zeit ein Dorn im Auge, denn schließlich wollen die Aussteller ihre Häuser verkaufen und nicht ihre Zeit mit Menschen verschwenden, die einfach aus Langeweile da sind. Da in den letzten Jahren Eintrittsgelder eingeführt wurden, verloren die Schaulustigen ihr Interesse an den Besuchen der Musterhausparks. Stattdessen besichtigen sie jetzt bevorzugt Immobilien, die zum Verkauf angeboten werden, denn kein Immobilienverkäufer käme auf die Idee, ein Eintrittsgeld für die Besichtigung zu

nehmen. Der Schaulustige weiß meist genau, dass ihm gerne neben einem schönen Platz auch ein Getränk und vielleicht sogar Gebäck angeboten wird, wenn er so tut, als hätte er ernsthaftes Interesse. Ein großes Lob für Ihre Immobilie ist Ihnen vom Schaulustigen sicher. Am Ende werden Sie überzeugt sein, den richtigen Käufer gefunden zu haben.

Doch eine Kaufabsichtserklärung wird er Ihnen nicht geben. Das einzige was Sie zum Schluss hören werden, wird der Satz sein: „Es war schön, Sie kennengelernt zu haben. Wir melden uns wieder bei Ihnen!". Darauf können Sie jedoch lange warten. Der Schaulustige wird weder heute noch morgen bei Ihnen kaufen, denn er will ja schließlich überhaupt nicht kaufen. Auch von dieser Interessentengruppe werden Sie mit hoher Wahrscheinlichkeit einen Anteil von ungefähr ¼ unter Ihren Besichtigenden haben. Sie werden also weitere Besichtigungstermine als reine Zeitverschwendung verbuchen können. Und wir reden hier auf jeden Fall von wertvollen Stunden Ihrer Lebenszeit, die Sie bestimmt angenehmer hätten einsetzen können.

3. <u>Der Unschlüssige</u>
   Der Unschlüssige ist, wie der Name schon sagt, sehr unentschlossen. Kein Objekt hat bislang seinen Ansprüchen genügen können. An jedem Objekt gab es etwas auszusetzen. Dabei sucht er schon seit gut zwei Jahren, doch das richtige Objekt war irgendwie noch nicht dabei. Bei jeder Immobilie entdeckt er irgendeinen Minuspunkt, der ihn negativ stimmt und ihn zögern lässt. Unter uns gesagt: Normalerweise wäre es für ihn das Sinnvollste,

wenn er sich einfach eine Immobilie nach seinen Wünschen und Bedürfnissen planen lassen würde und diese dann auch selbst bauen lässt. Denn nur so hat er alles, was er sich wünscht, ohne auch nur auf ein Detail verzichten zu müssen. Wie Sie sich wahrscheinlich schon denken können, wird der Unschlüssige Ihre Immobilie definitiv nicht kaufen, denn auch an Ihrem Objekt wird er irgendetwas auszusetzen haben, auch wenn Ihnen der Grund nur als eine belanglose Kleinigkeit erscheint. Und als wäre es eine Überraschung: Auch diese Interessentengruppe tritt im Schnitt mit 25-prozentiger Wahrscheinlichkeit auf.

Der letzte Interessenten-Typ, den wir betrachten, ist:

4. Der Erfahrene
   Der Erfahrene beobachtet den Immobilienmarkt schon länger aktiv. Er hat eine ganz klare Vorstellung von der Immobilie, die er sucht. Er weiß, wie groß sie sein muss, wie viele Zimmer er benötigt und natürlich auch, welche Ausstattung vorhanden sein muss, damit es für ihn interessant ist, sich intensiver mit der Immobilie zu beschäftigen. Er sucht bereits seit zwei oder drei Monaten, kennt die Objekte, die am Markt angeboten werden und hat sich auch mit den unterschiedlichen Lagen vertraut gemacht. Das Umfeld, in dem er sucht, kennt er gut, weiß welche Infrastruktur geboten wird und hat bereits einen Überblick über die Marktpreise gewonnen. Dieser Typ Interessent hat während der vergangenen Wochen und Monate auch schon die ersten Gespräche bei seiner Bank des Vertrauens geführt. Er hat auf diese Weise seinen Finanzrahmen abgesteckt und weiß zudem wo seine Gren-

ze für den Kaufpreis liegt. Seine Finanzierungspapiere hat er bereits geordnet oder sie liegen seiner Bank schon vor. Das einzige was fehlt, ist das passende Objekt. Sie werden also bei der Besichtigung einen Interessenten erleben, der genau weiß, was er will. Die Chance, dass Sie Ihren Käufer gefunden haben, ist bei dem Typ des Erfahrenen recht hoch, denn er gehört zu Ihrem tatsächlichen Käuferkreis. Leider beträgt die Größe der Gruppe der Erfahrenen statistisch gesehen ebenfalls nur 25 Prozent. Ihre Immobilie muss ihm dann schließlich auch noch zusagen.

Nun kennen Sie die vier Interessenten-Typen, die Ihnen bei Ihren privaten Besichtigungen gegenüberstehen könnten. Sie wissen so auch, dass Sie sich statistisch gesehen rund 75 Prozent aller Besichtigungen sparen können. Bildlich gesprochen trampeln drei Viertel aller Interessenten, die Sie in Ihr Eigenheim lassen, unnötiger Weise durch Ihre privaten Räume. Ohne darüber nachzudenken, zeigen Sie diesen Menschen private Dinge. Jede Besichtigung weckt in Ihnen die Hoffnung, den richtigen Käufer gefunden zu haben. Jede unnötige Besichtigung lässt Sie jedoch an Ihrem Entschluss, verkaufen zu wollen, zweifeln. Zunehmend steigt in Ihnen der Frust. Fatal dabei ist: Allein der falsche Umgang mit den unterschiedlichen Interessententypen kann dazu führen, dass Sie irgendwann Ihre Immobilie zu einem weitaus günstigeren Preis verkaufen, nur um diese Demütigung nicht weiter ertragen zu müssen. Denn woher sollen Sie wissen, wann die wertvollen 25 Prozent aus der Gruppe der Erfahrenen nach einem Besichtigungstermin bei Ihnen anfragen? Und wie erkennt man überhaupt so jemanden?

Die Profis unter den Immobilienmaklern kennen diese vier Typen und wissen ganz genau, wie man sie schon im telefonischen Erstgespräch mittels geschickter Fragestellungen entlarvt. Natürlich muss man dazu speziell geschult sein sowie einer guten Portion an Erfahrung. Ein guter Immobilienmakler erspart Ihnen also unnötige Besichtigungen und somit auch Zeit, die Sie ohne den Profi sehr wahrscheinlich vergeudet hätten. Zudem bleibt Ihnen die Erfahrung des nachträglichen Frusts aus 75 Prozent der unnötigen Besichtigungen und Käuferhoffnungen erspart.

Wie Emotionen den Verkauf behindern können

Jetzt haben wir uns im ersten Teil bislang mit den unterschiedlichen Interessenten-Typen beschäftigt, sodass wir uns im zweiten Teil genauer anschauen, warum sich Verkäufer- und Käuferemotionen so stark auf den erzielbaren Verkaufspreis auswirken. Jeder Verkäufer entwickelt Emotionen zu seiner Immobilie. Beim Käufer entstehen Sie möglichweise schon bei der ersten Besichtigung oder sie entstehen dann Stück für Stück. Bei einer Besichtigung geht es ja darum, etwas Geeignetes zu finden und zu erwerben: Die eigenen vier Wände, das Eigenheim, das heimelige Nest, in dem vielleicht auch die Familie gegründet werden soll. Der Interessent geht mit offenen Augen durch das Objekt der Begierde. Jeder Raum wird betrachtet und erfühlt. Je mehr das Gefühl aufkommt, die richtige Immobilie gefunden zu haben, umso aufgeregter und ungeduldiger wird er. Sein Verhalten ändert sich. Das Spannende dabei ist: Ihr Gegenüber spürt das. Das ist beim Verkäufer kaum anders. In den meisten Fällen hängt beim Verkauf immer noch ein Stück Herz an der Immobilie. Warum? Das Eigenheim ist meist der Traum unseres Lebens, unser Herzstück. Hier steckt viel Liebe drin,

Herzblut und meist auch viel eigener Schweiß. Die Bodenbeläge, die Tapeten, die Farben der Badfließen sowie die schicke Einbauküche – alles wurde mit viel Liebe und Hingabe und vielleicht gar hitzigen Diskussionen mit dem Partner ausgesucht. Die Eichenpaneele wurden damals mit Freunden selbst an den Decken angebracht. Und erst der Garten: Wenn man alle Stunden zusammenrechnet, die man dort verbracht hat, um das Unkraut zu jäten, den englischen Rasen zu trimmen, die Bäume zu stutzen oder die Hecken in Form zu bringen. Wer will einem das denn bezahlen? In den meisten Fällen erlebt man in seinem Eigenheim auch das Heranwachsen der eigenen Kinder. Im Wohnzimmer sind sie das erste Mal gekrabbelt, drüben am Tisch haben sie sich zum ersten Mal aufgestellt, dort hinten die ersten Schritte gemacht. Doch nun ist das Haus einfach zu groß, denn die Kinder sind ausgezogen. Die ganze Arbeit bleibt nun an einem selbst hängen, und man wird ja schließlich nicht jünger. Am besten sollte man verkaufen. Besser jetzt, bevor es zu spät ist.

Damit stellt sich jetzt die Frage: Sollen wir uns einen Makler zur Hilfe nehmen? In vielen Fällen wird das erst einmal verneint. Denn schließlich sind ein paar Bilder schnell gemacht, ein bisschen Text schnell geschrieben und auch Interessierten schnell einmal die Immobilie gezeigt. So schwer kann das schon nicht sein, oder? Doch, das kann es! Die professionelle Vermarktung einer Immobilie umfasst sehr viel mehr als nur ein paar Bilder zu machen und diese mit ein paar Daten im Internet zu inserieren. Um auch einen fairen bzw. optimalen Preis zu erzielen, muss das Objekt immer wieder rational betrachtet und verschiedene Informationen dazu recherchiert werden. Doch warum? Vielleicht sollten wir uns bei dieser Gelegenheit an den Spruch erinnern: „Das eigene Kind ist immer das schönste und das perfekteste“. Und so ähnlich ist dieser Gedanke auch bei den Eigentümern einer Immobilie. Bei Privatverkäufen ist es gerade die subjektive Preisfindung, die einen Verkauf erschwert. Sie besteht oft aus dem Hörensagen, zu welchem Preis beispielsweise der Nachbar, der Geschäftskollege oder der Sportkamerad seine Immobilie gekauft oder verkauft hat. Daran wird dann der eigene Preis festgemacht. Hierzu ein Beispiel:

Jemand möchte für sein Haus einen bestimmten Preis erzielen, sagen wir 300.000 EUR. Diesen Preis hätte auch der Nachbar drei Häuser weiter erzielt und das Haus ähnelt dem eigenen sehr. Beim genaueren Nachfragen stellt sich dann jedoch heraus, dass der Nachbar ein größeres Grundstück hat, in den letzten Jahren sogar mehrere Dinge an seinem Haus saniert hat, die Einbauküche neu ist und das Haus des Nachbarn auch zusätzlich neben einem Kamin auch noch einen Pool im Garten hat. Auch werden oftmals die Eigenleistungen und sogar die Gartenarbeit der letzten Jahre in den gewünschten Kaufpreis mit eingepreist. So errechnet sich ein recht subjektiver, emotional gestalteter Verkaufspreis, den der Verkäufer erzielen will. Doch die Realität sieht häufig anders aus, denn jedes Haus, jede Immobilie ist einmalig, ist ein Unikat! Keine Immobilie gleicht einer anderen zu 100 Prozent. Selbst wenn sich die Größe des Grundstücks, die Wohnfläche und auch die grundsätzliche Bausubstanz ähneln, werden sich die Immobilien durch das Interieur unterscheiden. Denn natürlich ist auch bei der Innengestaltung jeder Geschmack anders. Sollte also unser Beispiel-Verkäufer mit seinem subjektiv emotional ermittelten Kaufpreis sein Objekt im Internet inserieren, kann es gut sein, dass er mit einem überzogenen Preis dafür sorgt, dass potenzielle Interessenten von vornherein abgeschreckt werden. Oder sie warten geduldig darauf, bis sich der Preis nach und nach senkt. Diese Vorgehensweise ist aber höchst bedenklich. Denn das Senken des ursprünglichen Kaufpreises bei der Vermarktung über das Internet (gerade dann, wenn dies in mehreren Schritten geschieht) führt meist dazu, dass auch der eigentliche Marktpreis unterschritten und das Objekt letztlich sogar weit unter Wert verkauft werden muss. Es ist also eminent wichtig, die zu verkaufende Immobilie mit einem fairen Preis am Markt anzubieten. Der Preis sorgt dafür, dass man die größte Menge an potenziellen Interessenten erreicht, die auch bereit sind, den gewünschten Preis zu bezahlen. Also gilt: Durch überhöhte Preise verliert man potenzielle Käufer!

Doch wie findet man den fairen Marktpreis? Zum einen hat man natürlich die Möglichkeit, einen Immobiliensachverständigen kommen zu lassen, der die zu verkaufende Immobilie nach den gängigen Wertermittlungsverfahren bewertet. Denkbar ist nämlich, dass der ermittelte Wert unter dem tatsächlich erzielbaren Marktwert liegt. Beispielsweise könnte aufgrund einer hohen, momentanen Nachfrage durchaus ein höherer Preis erzielbar sein. Wohl gemerkt, es kann passieren, es muss natürlich nicht. Nichtsdestotrotz bieten die gängigen Wertermittlungsverfahren ein gutes Maß an Sicherheit bei der Preisfindung. Zum anderen hat man die Möglichkeit, auf einen erfahrenen Immobilienmakler zurückzugreifen, der aufgrund seiner Marktkenntnis und seines Immobiliensachverstands in der Lage ist, die zu vermarktende Immobilie marktgerecht einzuschätzen.

Doch kommen wir zurück zum Beispiel des emotionalen Verkäufers, der seinen Wunschverkaufspreis bestimmt hat. Abgesehen davon, dass er möglicherweise einen zu hohen Verkaufspreis angesetzt hat, wird er in der Immobilienanzeige sein Objekt natürlich hoch loben. Denn schließlich ist es sein Objekt, in dem auch sein ganzes Herzblut steckt. Das kann bei Besichtigungen und Kaufpreisverhandlungen zu Irritationen bei potenziellen Käufern führen. Bei Besichtigungen kommt es nämlich häufig vor, dass potenzielle Interessenten sich gedanklich schon heimisch einrichten und dementsprechend möglicherweise auch Teile der Immobilie schon gedanklich umgestalten. So kann es gut sein, dass zwischendurch auch mal folgende Äußerungen fallen: „Das Bad reißen wir als erstes raus, denn die Fliesen gehen ja gar nicht.“, „Hier drüben machen wir einen Durchbruch, damit wir eine offene Küche haben.“, „Die Teppichböden sind ganz schön altbacken.“, „Das hier drin machen wir erst mal alles neu.“, usw. Solche Aussagen können dazu führen, dass der Noch-Eigentümer der Immobilie vor dem potenziellen Käufer zurückschreckt, weil in ihm das Gefühl aufkommt, dass dieser seinen Geschmack nicht achtet. Oft entstehen dann Gedanken wie: „An den verkaufe ich nicht, der zerstört ja mein Haus.“ Doch damit verliert der Verkäufer möglicherweise einen Käufer, der bereit gewesen wäre, den gewünschten Preis zu bezahlen. Diese Situationen, in denen ein Verkäufer auf den Verkauf seiner Immobilie an einen ihm unliebsamen Käufer verzichtet, nur weil er Angst hat, dass die neuen Eigentümer das geliebte Eigenheim zerstören, sind nicht gerade selten sind. Folglich ist jedem emotionalen Verkäufer, dessen Herz noch irgendwie an seinem Objekt hängt (und sei es nur noch ein klein bisschen) zu raten, bei der Vermarktung der Immobilie auf einen Immobilienmakler zurückzugreifen. So kann man bei den Besichtigungen entweder in den Garten gehen oder das Objekt ganz verlassen. Der Vorteil liegt klar auf der Hand: Der erfahrene Immobilienmakler ist zwar gegenüber dem Käufer sowie dem Verkäufer emotional, doch rational gegenüber der Immobilie. So ist er in der Lage emotionale Äußerungen der Verkäufer und Käufer rational aufzunehmen und dementsprechend zu werten. Dadurch wird der Preis in keiner Weise gefährdet. Das Gegenteil ist der Fall. Sollte der Verkäufer und der Interessent bei der Besichtigung zur gleichen Zeit am gleichen Ort sein und eine emotionale, möglicherweise falsch auszulegende Äußerung fällt, hat der Makler die Möglichkeit sofort darauf einzuwirken, um die Wogen zu glätten und Irritationen zu vermeiden.

Häufig gibt es auch diesen Fall: Den möglichen Käufern gefällt die Immobilie auf Anhieb und sie richten sich schon gedanklich ein. Die Freude, das optimale Objekt gefunden zu haben, steht ihnen regelrecht ins Gesicht geschrieben. Die Augen glänzen, sie sind euphorisch und kaum zu bremsen. Sie wollen herausfinden, wann der Verkäufer ausziehen will und wie schnell sie selbst einziehen können. Diese Euphorie könnte den Verkäufer auf den Gedanken bringen, einen höheren Verkaufserlös zu erzielen. So könnte er jetzt versucht sein, die Gunst der Stunde zu nutzen, um auch für Zubehör oder Inventar, was eigentlich mitverkauft werden sollte (wie zum Beispiel für die Einbauküche, den Kamin oder das Gartenhaus), noch den einen oder anderen Euro zusätzlich zu verlangen. Außerdem könnte er diesen Interessenten mitteilen, dass es auch schon andere Interessenten gibt, die bei dem geforderten Preis zugreifen würden. Natürlich wäre er bereit, den euphorisierten Interessenten den Zuschlag zu geben, wenn sie sich bereit erklären, den geforderten Kaufpreis ein klein wenig aufzustocken. In vielen Fällen hat auch diese Verhandlungstaktik schon funktioniert. Doch wie ist das möglich? Aufgrund der aufgestiegenen Freude und Euphorie wird durch die Äußerung des Verkäufers ein Verlustdruck erzeugt, der dafür sorgen kann, dass die potenziellen Interessenten bereitwillig tiefer in das Portemonnaie greifen und freiwillig mehr bezahlen. Dies tun sie nur um ihre Traumimmobilie, die sie gerade gefunden haben und in die sie schon so viele Gedanken investiert haben, nicht zu verlieren. Auch in diesem Fall hat die Partei, die mit weniger Emotionen an den Kauf bzw. den Verkauf herangeht, die besseren Karten. Das bedeutet, dass gerade emotionaleren Verkäufern und Interessenten ans Herz gelegen werden muss, sich einen erfahrenen Immobilienmakler als neutralen Vermittler an die Seite zu holen. Er kann als Coach, Mentor oder gar Mediator dafür Sorge tragen, dass für eine Immobilie der faire Marktwert gezahlt wird.

Fazit

Der erfahrene Immobilienmakler ist ein wertvoller Partner an Ihrer Seite, ganz egal, ob Sie Verkäufer oder Käufer einer Immobilie sind. Er sorgt nämlich dafür, dass beide Parteien auf optimalem Wege zusammengebracht werden und nach der Beurkundung des Kaufvertrages glücklich und zufrieden auseinandergehen.

Es grüßt Sie
Ihr Oliver-D. Helfrich

Immobilienmakler – Traumberuf oder Albtraum?

von Klaus Gölbert
Immotas Immobilien, Grünstadt

Inhalt

- Vom Banker zum Immobilienmakler
- Verkäufer verkaufen die Vergangenheit – Käufer die Zukunft
- Professionalität und gute Ausbildung
- Die Marktpreisermittlung
- Die Finanzierung des Kaufpreises
- Objektbilder und 360°-Rundgänge
- Bauschäden und Renovierungsstau
- Netzwerk, Service und Mehrwert des Maklerbüros
- Der Makler verdient viel Geld - und das einfach so

Um es vorweg zu nehmen: Schon als sehr junger Mensch war der Beruf des Immobilienmaklers mein Traumberuf – und er ist es noch heute! Aber wie das als junger Mann damals so war, ist man dem Rat der Eltern gefolgt und hat etwas „Richtiges“ und „Seriöses“ gelernt. Und so wurde ich Industriekaufmann. Denn das war ein Beruf mit Zukunft. Da ich aber nie Ruhe hatte und mein Beruf mich nicht auslastete, habe ich mich abends und am Wochenende mit Immobilien beschäftigt und nebenberuflich bei einem Immobilienmakler gearbeitet. Mein damaliger Chef war ein typischer Makler der damaligen Zeit: Er hatte die Jahre zuvor als Staubsaugerverkäufer (die Marke kennt jeder) sehr erfolgreich gearbeitet. Er hatte keine Angst vor der „Kaltakquise“, das bedeutet jemanden, den man bisher nicht kennt, direkt anzusprechen. Das war sein tägliches Brot. Hatte er erst mal einen Termin, dann war kein Kunde vor seinen Redekünsten sicher. Folglich war seine Abschlussquote trotz seiner doch recht begrenzten Fachkenntnisse beeindruckend. Eines Tages entschied er sich dann für den Beruf des Immobilienmaklers, denn eine spezielle Ausbildung oder gar Fachkenntnisse verlangte der Gesetzgeber nicht. Mit meinem damals verdienten Geld konnte ich mir früh Gedanken über den Bau eines Hauses für meine kleine Familie mit zwei Kindern machen. Damit hatte ich wieder mit Immobilien zu tun, diesmal als potenzieller Bauherr. Am Wochenende war keine Fertighausausstellung vor meiner damaligen Frau und mir mehr sicher. Die Kataloge stapelten sich bei uns und ich konnte weitere positive aber leider auch negative Erfahrungen rund um die Immobilie sammeln. Vor der Umsetzung stand aber auch die Finanzierung des ganzen Vorhabens. Doch auch hier musste ich, was sich leider erst im Nachhinein herausstellte, Lehrgeld zahlen. Mein damaliger, so smarte und redegewandte Finanzierungsberater stellte sich als Betrüger heraus. Letztlich konnte ich nur mit Hilfe meiner Eltern das finanzielle Desaster vermeiden. Auch während des Hausbaus konnte ich viel Erfahrung sammeln – mit Handwerkern, Freunden und Bekannten, die uns tatkräftig unterstützten, Baukosten, die immer mehr aus dem Ruder liefen und vielem mehr. Aber auch das haben wir als Familie gemeistert und so zogen wir stolz in unser neues Zuhause ein. Da die Kosten doch erheblich aus dem Ruder liefen, war noch einige Jahre lang immer etwas zu tun. Aber auch das kennen ja leider viele aus eigener Erfahrung. Irgendwann hatte mein Hauptarbeitgeber andere

Pläne mit mir. Neben Karriere und Familie war dann leider keine Zeit mehr für meine Nebenbeschäftigung als Makler. Nach einer gewissen Zeit wollte ich etwas Neues kennenlernen, ich absolvierte eine Weiterbildung zum Versicherungsfachmann und suchte eine neue Herausforderung. In diesem neuen Job hatte ich wieder mit Immobilien zu tun. Meine Erfahrung mit meiner eigenen Hausfinanzierung veranlasste mich dazu, mich auf Baufinanzierungen zu spezialisieren. Ich kooperierte mit verschiedenen Maklern, die die Immobilien vermittelten und deren Objekte ich finanzierte. Dabei lernte ich die unterschiedlichsten Maklertypen kennen, was mich im Laufe meiner Jahre sehr prägte.

Vom Banker zum Immobilienmakler

Vor rund 13 Jahren, nach einer fünfjährigen Zwischenetappe bei einer Genossenschaftsbank, fasste ich all meinen Mut zusammen und wagte es endlich: Ich wurde Immobilienmakler! Die nötigen Voraussetzungen brachte ich durch meine berufliche Laufbahn ja mit. Doch warum erzähle ich Ihnen das alles so im Detail? Es soll aufzeigen, dass ein Immobilienmakler von dem, was er tut, etwas verstehen muss. Erst mit seinem reichhaltigen Erfahrungsschatz und fundierten Wissen ist ein Makler überhaupt in der Lage, eine eigene Firma aufzubauen und ein guter Arbeitgeber zu sein. Gepaart mit diesen Fähigkeiten wird er zum wahren Helfer seiner Kunden: Denn nur durch Empathie kann Vertrauen entstehen.

Verkäufer verkaufen die Vergangenheit – Käufer kaufen die Zukunft

Warum verkaufen Menschen eigentlich ihre Immobilie?

- weil das Haus zu groß geworden ist

- weil die Kinder ausgezogen sind
- weil ein Partner verstorben ist
- weil man die Immobilie geerbt hat
- wegen Trennung oder Scheidung
- wegen Wegzugs aus den verschiedensten Gründen oder gar
- wegen finanzieller Probleme

Gerade in solchen Fällen ist es wichtig, dass der Verkäufer sich beim Makler wohl fühlt. Er will sich, seine Position und seine Probleme verstanden wissen. Er sucht keinen klassischen Abwickler. Er braucht einen Partner an seiner Seite, der ihm hilft und dem er vertrauen kann.

Die meisten Makler lieben ihren Beruf, weil sie gute Zuhörer sein können, ihr Gegenüber verstehen können und ihm helfen möchten. So sieht man sich also als Partner auf gleicher Augenhöhe. Ist man ein guter Gesprächspartner und bringt die oben erwähnten Fähigkeiten mit, dann kommt man auch authentisch rüber und muss keine Sorge haben, keine Aufträge zu bekommen. Kein so beschriebener Immobilienmakler ist ein purer Verkäufer, der den Interessenten einfach nur das Objekt zeigt oder nur die Tür aufschließt. Warum? Es geht bei dem Verkauf und dem Kauf einer Immobilie nicht nur um einen Übertrag der Immobilie vom einen zum anderen. Denn der Verkäufer hat in der Immobilie gelebt und vieles erlebt. Er muss also seine Vergangenheit ein Stück weit aufgeben. Der Käufer hingegen kauft eine Immobilie, in der er seine Zukunft verbringen möchte. Das sind also ganz gegensätzliche Interessen, die der Makler vereinen muss.

Manche Verkäufer versuchen erst einmal ihre Immobilie privat zu verkaufen und scheitern dann, weil sie mit den vielfältigen Anforderungen nicht zurechtkommen. Doch Makler sind darauf spezialisiert und können ihnen helfen.

Professionalität und gute Ausbildung

Sicher ist Ihnen dieser Spruch bekannt: „Qualität ist, wenn der Kunde wiederkommt, nicht die Ware!“. Eine Weiterempfehlung ist dafür die beste Voraussetzung. Daher ist es wichtig, dass sich der Verkäufer von A (wie Auftragserteilung) bis Z (wie Zahlungseingang) professionell und gut betreut fühlt. Damit dies gelingt, müssen nicht nur der Firmeninhaber, sondern auch die Mitarbeiterinnen und Mitarbeiter gut ausgebildet und mit ihrem Wissen immer auf dem neuesten Stand sein. Gerade in Zeiten des Internets und „Dr. Google“ ist das besonders wichtig. Viele Kunden informieren sich über die modernen Medien und wollen zuweilen mit ihrem Halbwissen glänzen, sie fühlen sich wie „Experten“. Doch bei genauerem Hinsehen und Hinterfragen stellt sich meist heraus, dass es sich um Halbwissen handelt. Leider bieten auch immer mehr Anwälte ihre Hilfe via Internet an. Die Folgen von falschen Informationen in diesem Bereich sind dann drastischer: Es kann zu Auseinandersetzungen, evtl. sogar zu einem Prozess, zur Kaufpreisminderung und im schlimmsten Fall zu einer Rückabwicklung kommen. Bei einem qualifizierten Immobilienmakler hingegen wird kein Objekt öffentlich angeboten, ohne dass die Angaben und Daten geprüft sind.

Die Marktpreisermittlung

„Immobilienboom, Verkäufermarkt, Höchstpreise, Mond- oder Phantasiepreise“ sind nur einige Schlagwörter, die man zurzeit liest und hört. „Wir verkaufen zu Best- und Höchstpreisen“ versprechen (leider) einige unserer Kollegen. Natürlich ist es das Ziel des Verkäufers, den höchstmöglichen Kaufpreis zur erzielen. Aber was ist denn eigentlich der höchste Preis und wie ermittelt man diesen? „Langjährige Erfahrung, Marktkenntnis, Bauchgefühl“ – auch das sind oft gängige Begründungen für die Preisfindung. Selbstverständlich sind Erfahrung und Marktkenntnis ein Teil einer jeden Preisermittlung. Beim Bauchgefühl sollte man jedoch vorsichtiger sein, denn das kann täuschen. Gute Immobilienmakler sind geschulte Marktwertermittler. Sie kennen den Markt und seine Besonderheiten. Viele von ihnen sind sogar zertifizierte Sachverständige für die Bewertung von Immobilien und Grundstücken. Diese Gutachten haben durchaus auch vor Gericht Bestand, sei es bei Erbangelegenheiten, Scheidungen oder anderen Streitfällen. Kein Gericht wird sich auf das Bauchgefühl des Maklers oder des Sachverständigen verlassen. Auch viele Bankpartner können auf die Bewertungen durch qualifizierte Makler vertrauen. Ist die Preisermittlung durch andere nicht angemessen, wird spätestens der Gutachter der finanzierenden Bank den zu hohen Preis reklamieren. Im schlimmsten Fall wird die Bank dann die Finanzierung ablehnen. Dann fängt alles wieder von vorne an.

Die Finanzierung des Kaufpreises

Logisch ist, dass der Gewinn im Einkauf liegt oder bei den hoffentlich niedrigen Zinsen. Bei den zurzeit gegebenen Umständen, wie den historisch niedrigen Zinsen, einer niedrigen Arbeitslosenquote und einer niedrigen Inflation, meinen viele Interessenten, dass sie ohne Probleme den Kauf der Immobilie finanziert bekommen. Dies wäre auch mit einem „normalen Einkommen“, ohne Eigenkapital und mit noch bestehenden Krediten für Auto, Waschmaschine, Fernseher oder Smartphone möglich. Doch das ist ein Trugschluss! Denn „Basel IV“, die „Wohnimmobilienrichtlinie“ oder die „Beleihungswertverordnung“ schränken die Banken bei der Vergabe von Immobilienkrediten ein.

Für einen Verkäufer gibt es nichts Schlimmeres und Nervenaufreibenderes, als dass zum vereinbarten Zahlungstermin das Geld nicht wie vereinbart auf dem Konto ist. Möglicherweise hat er aus Gründen der Sympathie davor dem Käufer schon sogar die Schlüssel übergeben, damit dieser bereits renovieren kann. Das erschwert die Situation zusätzlich. Qualifizierte Makler prüfen daher die Interessenten sogar schon vor einer Besichtigung dahingehend, ob sie in der Lage sind das gewünschte Objekt überhaupt zu finanzieren. Nur dann wird überhaupt erst ein Besichtigungstermin vereinbart. Sollte einem Interessenten das Objekt zusagen, erhält er dann alle erforderlichen Unterlagen, mit denen er zur Bank seiner Wahl oder zu einem Baufinanzierungsberater (der womöglich im Büro des Maklers ansässig ist) gehen kann. Erst nach Vorlage einer verbindlichen Finanzierungsbestätigung kann der Kaufvertrag vom Notar entworfen werden.

Wissen Sie wie viele Unterlagen Sie heute für einen Verkauf brauchen und woher Sie diese bekommen? Im Anhang des Buches finden Sie eine Aufstellung der Unterlagen, die mindestens benötigt werden.

Objektbilder und 360°-Rundgänge

Sie wissen ja, das Auge kauft mit! Interessenten suchen heute nach Ihrem neuen Zuhause weniger in der Zeitung, dem Amtsblatt oder in Immobilienzeitschriften. Sie suchen stattdessen meist im Internet. Und hier zählt, wie so oft, der erste Eindruck. Über die „inneren Werte“ der Immobilie erfährt man dann bei der Besichtigung mehr. Professionelle und aussagekräftige Bilder sind das Wichtigste, denn es gibt keine zweite Chance für den ersten Eindruck.

Makler, die ihr Handwerk verstehen, setzen Ihre Immobilie in das richtige Licht. Oft lassen sie sich sogar von einem Fotografen ausbilden und besitzen zudem ein erstklassiges Equipment. Moderne Immobilienmakler arbeiten zusätzlich zu Fotos mit 360°-Rundgängen. Diese Veranschaulichungsmethode kennen Sie vielleicht von der Urlaubssuche. Viele Hotels bieten auch einen 360°-Rundgang an. So kann man bereits einen ersten Eindruck von den Zimmern, dem Restaurant und dem Wellness-Bereich erhalten. Für den Immobilienverkauf ist diese Methode sinnvoll, weil auf diese Weise die Anzahl der Personen, die durch die privaten Räume gehen, auf einige wenige reduziert wird. Interessierte, Neugierige, Bekannte oder Nachbarn erhalten erst dann einen Zugang zu diesem Tool, wenn sie die vollständigen Kontaktdaten an den Makler übermittelt haben. Die Zahl der Besichtigenden verringert sich dadurch erheblich.

Bauschäden und Renovierungsstau

Spätestens beim Notar wird Ihnen die Aussage „Gekauft wie gesehen“ begegnen. Es gibt selten eine Immobilie, die keine Bauschäden hat oder bei der keine Renovierungsmaßnahmen erforderlich wären. Das ist ja auch nichts Außergewöhnliches, denn eine Immobilie ist nun einmal ein Gebrauchsgegenstand. Kundige Makler kooperieren meist mit Architekten und Bausachverständigen oder haben sie gar im eigenen

Haus. Diese können sich eine Immobilie fachkundig anschauen und eventuell vorhandene Schäden in einem Protokoll festhalten. Dieses Dokument wird dann Bestandteil des Kaufvertrages. Somit können Sie als Verkäufer auch ruhig schlafen, denn kein Anwalt kann Ihnen im Nachhinein ein vorsätzliches Verschweigen von Mängeln unterstellen.

Netzwerk, Service und Mehrwert des Maklerbüros

Früher sagte man: „Es gibt immer jemanden, der jemanden kennt ...“ Heute hingegen ist es wichtiger ein funktionierendes Netzwerk in Verbindung mit einem umfangreichen Serviceangebot zu haben. Schließlich soll der Kunde auch einen Mehrwert erhalten, wenn er sich für eine Maklerfirma entscheidet. Dabei sind folgende Zusatzleistungen des Maklers denkbar:

<u>Räumungsservice</u>

Oft sind Verkäufer mit der Räumung eines Objektes emotional und zeitlich überfordert. Makler arbeiten dafür mit Firmen zusammen, die das Objekt zu fairen Konditionen fachgerecht räumen.

<u>Energieberater</u>

Ob für die Erstellung eines Energieausweises oder für eine umfangreiche Beratung in allen Fragen rund um das Thema Energie und Energieeinsparung – Makler haben einen ausgebildeten Energieberater zur Seite.

<u>Handwerker</u>

Ein gutes Netzwerk an zuverlässigen und kompetenten Handwerkern zu haben, ist gerade heute sehr wichtig. Müssen an dem Verkaufsobjekt noch Renovierungen vor dem Verkauf durchgeführt werden oder sucht der Käufer nach geeigneten Handwerksfirmen – gute Makler kennen die richtigen Ansprechpartner.

Rechtsanwälte und Notare
Sie brauchen eine Rechtsberatung rund um den Verkauf oder Sie wollen sich nach dem Verkauf absichern? Notarielle Unterstützung und Hilfe würde Ihnen mehr Sicherheit geben? Auch hier wissen Immobilienexperten Bescheid und können Empfehlungen aussprechen.

Der Makler verdient viel Geld - und das einfach so

Das ist oft die landläufige und verbreitete Meinung vieler Menschen, die zum einen vielleicht schlechte Erfahrungen mit einem Kollegen gemacht haben, zum anderen aber gar nicht wissen, was alles hinter der Arbeit eines Maklers steckt. Lesen Sie dazu einfach mal im Anhang dieses Buches das Leistungsverzeichnis und Sie werden die Tätigkeit des Maklers mit anderen Augen sehen. Sie können gerne als Verkäufer versuchen, Ihre Immobilie allein zu verkaufen, aber meine Ausführungen und die meiner Kollegen, die hier im Buch schreiben, sollten Sie zu Herzen nehmen. Wenn Sie sich aber lieber zurücklehnen wollen, in der Gewissheit, dass sich ein erfahrener Profi um Sie und alles andere kümmert und versucht, den bestmöglichen Preis zu erzielen, dann gehen Sie auf einen qualifizierten Makler zu, am besten auf einen, der sich an diesem hilfreichen Buch beteiligt hat. Ich wünsche Ihnen bei der Wahl des Maklers und dem Verkauf Ihrer Immobilie alles Gute!

Ihr
Klaus Gölbert
Immotas Immobilien

Diese Vorgehensweise hilft Ihnen beim Verkauf Ihrer Immobilie und – Wie sich Hans und Ingrid um ihren Lebenstraum brachten

von Michael Bruchhage,
Century21 Bruchhage Immobilien, Lüdenscheid

Inhalt

- 21 Schritte, die Sie für den Verkauf Ihrer Immobilie kennen sollten
- Wie sich Hans und Ingrid um ihren Lebenstraum brachten

21 Schritte, die Sie für den Verkauf Ihrer Immobilie kennen sollten

Egal, ob Sie den Verkauf Ihrer Immobilie selbst in Angriff nehmen oder einen Immobilienmakler beauftragen – ohne die Beachtung einiger Spielregeln im Umgang mit Kaufinteressenten werden Sie sich deutlich schwerer tun, ihre Immobilie schnell und zum bestmöglichsten Preis an den Mann bzw. die Frau zu bringen. Diese nachfolgenden Hinweise, die ich in 21 Schritte untergliedert habe, sollten Sie beherzigen.

1. <u>Gewinnen Sie durch den ersten Eindruck!</u>
   Sie kennen sicherlich das Phänomen des ersten Eindrucks. Man lernt einen Menschen kennen und in Bruchteilen von Sekunden weiß man, ob er einem selbst mehr oder weniger sympathisch ist. Genauso ist es auch bei der Besichtigung von Immobilien. Sie bekommen selten

eine zweite Chance, den ersten Eindruck zu korrigieren! Tun Sie also alles Erdenkliche, um den ersten Eindruck so positiv wie möglich zu gestalten. Eine aufgeräumte Wohnung, ein gepflegter, freundlicher Garten ohne Unkraut oder „meterhohes“ Gras sowie ein sauberer Eingangsbereich hinterlassen beim Kaufinteressenten einen guten ersten Eindruck. Im Herbst sollten Sie vorhandenes Laub beiseite fegen und im Winter die Einfahrt und den Eingang schneefrei halten. Sie glauben, dass das alles Selbstverständlichkeiten sind? In meinen 37 Berufsjahren durfte ich unzählige Immobilien kennenlernen, bei denen genau das Gegenteil der Fall war. Dieser erste Eindruck, den ein Interessent von Ihrer Immobilie gewinnt, ist von extremer Wichtigkeit. Fachleute nennen ihn den „Verliebungstermin“. Zu diesem Zeitpunkt entscheidet sich, ob Sie den zukünftigen Käufer gefunden haben oder nicht.

2. Investieren Sie in Ihre Immobilie ein paar Stunden, um einen guten Preis zu erzielen.
   Sie möchten Ihre Immobilie unkompliziert verkaufen? Investieren Sie einige Stunden Arbeit und etwas Geld, so wird vieles einfacher. Veranlassen Sie, sofern erforderlich, eine Grundreinigung der Immobilie und erneuern Sie, wo erforderlich, Anstrich und Tapete. Eine weiße Raufaser ist hier absolut ausreichend und spricht die meisten Menschen an. Zudem bringt sie zusätzliche Helligkeit in die Räume. Weiß ist eine neutrale Farbe. Nicht jeder mag eine grüne oder blaue Wand in seinem neuen Zuhause. Zudem lässt ein frischer, heller Anstrich Ihr Eigentum nicht klein und dunkel erscheinen, sondern groß und hell. Hierzu ein Beispiel: Gebrauchtwagenhändler investieren meist gutes Geld in die Aufbereitung ihrer

Fahrzeuge und in die anschließende Präsentation. Warum? Weil ein Interessent das Objekt seiner Begierde immer von der Schokoladenseite sehen möchte und ungern mit dem Gefühl nach Hause geht, nach dem Kauf noch viel Arbeit und Geld in die Aufbereitung investieren zu müssen. So ist es auch bei Immobilien. Hinzu kommt, dass dies in aller Regel die höchste Investition ist, die Menschen in ihrem Leben tätigen.

3. Prüfen Sie alle Wasserhähne und Glühbirnen!
   Oft habe ich erlebt, dass Interessenten bei ihrem Rundgang durch die Immobilie die Wasserhähne prüfen und sämtliche Lichtschalter betätigen. Das ist dann unangenehm, wenn die Wasserhähne tropfen oder Sie gar im Dunkeln stehen. Prüfen Sie daher vorher sämtliche technischen Einrichtungen auf Ihre Funktionsfähigkeit und sorgen Sie so dafür, dass Kleinigkeiten nicht den Gang zum Notar verhindern. Auch hier gilt: Der erste Eindruck ist entscheidend.

4. Schlagen Sie die Tür nicht vor dem Abschluss zu!
   Türen klemmen manchmal, sie lassen sich nicht einwandfrei öffnen und nerven mit quietschenden Geräuschen. Dieser Eindruck bleibt dem potenziellen Käufer jedoch in Erinnerung. Ändern Sie also diesen Umstand! In der Regel ist dies mit sehr wenig Aufwand erledigt.

5. Denken Sie an Ihre Sicherheit und an die des Käufers!
   Sorgen Sie dafür, dass keine Gegenstände wie Skateboards oder Sonstiges während der Besichtigung auf Treppen und Fußböden liegen. Prüfen Sie auch die Funktionsfähigkeit von bestimmten Extras, z. B. einer eventuell vorhandenen Einschubtreppe auf den Dachboden.

(Ich selbst musste es erleben, wie anlässlich einer Erstbesichtigung einer meiner Mitarbeiter die Dachluke öffnete, ihm die Treppe entgegenkam und ihn am Kopf traf. Seine Platzwunde musste anschließend genäht werden. Das kann nie ein guter Auftakt sein.)

6. Machen Sie Platz!
   Sie besitzen eine lieb gewordene Sammlung und dazu unzählige Dinge, die man eventuell noch einmal benötigen könnte. Leider neigen Sie dazu Abstellraum, Werk- und Hobbyraum, das Spielzimmer usw. zu voll zu stellen. Auch wenn Sie diese Umstände selbst nicht weiter stören, Kaufinteressenten stören sich daran. Denn sie suchen nicht nur Wohnraum, sondern auch Flächen, wo sie ihren persönlichen Interessen nachgehen können. Stellen Sie also sicher, dass auch der Dachboden und der Keller aufgeräumt und übersichtlich erscheinen. Im Vorfeld eines Immobilienverkaufs macht es durchaus Sinn zu prüfen, von welchen Dingen man sich anlässlich eines Umzuges trennen möchte, um dieses sogleich in Angriff zu nehmen. Spätestens nach dem Verkauf kommt diese Aufgabe sowieso auf Sie zu.

7. Denken Sie an die Schränke!
   Das ist eigentlich eine Selbstverständlichkeit: Falls Einbauschränke oder Küchen mit verkauft werden, sollten diese selbstverständlich aufgeräumt und sauber sein.

8. Das Badezimmer sollte blitzen!
   Das Badezimmer nimmt in der aktuellen Zeit einen hohen Stellenwert bei der Kaufentscheidung ein. Ich habe es schon mehr als einmal erlebt, dass Interessenten sich gegen eine Immobilie entschieden haben, weil ihnen das

Badezimmer aus den unterschiedlichsten Gründen nicht zusagte. Nun möchte natürlich nicht jeder Verkäufer im Vorfeld sein Bad sanieren. Schließlich reden wir hier in aller Regel auch über einen höheren vier bis fünfstelligen Betrag. Und ob der Geschmack des Verkäufers anschließend mit dem des Käufers identisch ist, ist im Voraus nicht zu sagen. Jeder Verkäufer kann sein Bad aber von der schönsten Seite zeigen! Das gesamte Bad muss blinken und blitzen. Unschöne und dunkle (vielleicht sogar schwarze) Fugen an den Wänden (und speziell in der Dusche) sollten zuvor erneuert werden. Hängen Sie bei Besichtigungen ihre besten und schönsten Handtücher auf und räumen alles, was nicht unbedingt erforderlich ist, beiseite. Die Anzahl der Duschshampoos, Haarsprays und sonstigen Körperpflegemittel sollte deutlich reduziert werden. Auch ist schmutzige Wäsche hier klar fehl am Platz.

9. <u>Schaffen Sie traumhafte Schlafzimmer!</u>
   Schlafzimmer nehmen im Leben vieler Menschen einen großen Raum ein. Sie sind ein entscheidendes Kriterium bei der Kaufentscheidung. Ordnung, Sauberkeit, frisch gewaschene Gardinen und frisch bezogene Betten sind ein Muss. Eine gründliche Lüftung versteht sich von selbst. Keinesfalls darf es im Schlafzimmer muffig riechen.

10. <u>Lassen Sie Tageslicht herein!</u>
    Neulich habe ich eine merkwürdige Erfahrung gemacht: Ein Verkäufer zeigte mir seine Eigentumswohnung, die ich für ihn verkaufen sollte. Ich betrat seine Wohnung und hatte das Gefühl, in einer Dunkelkammer zu sein.

Nahezu alle Rollläden und Vorhänge waren zugezogen. Und das am helllichten Tag! Besser Sie machen es so: Zeigen Sie einem Interessenten (und auch dem Makler) die Weite und Helligkeit Ihrer Immobilie und überzeugen Sie ihn davon. Sollte ihre Besichtigung an einem dunklen Regentag erfolgen, schalten Sie das Licht an!

11. Bringen Sie Ihre Immobilie zum Leuchten!
    Gerade in den dunklen Jahreszeiten können viele Besichtigungen nicht bei Tageslicht stattfinden. Schalten Sie also sämtliche Außen- und Innenleuchten ein. Denn gute Beleuchtung schafft eine Atmosphäre der Wärme und Geborgenheit. Dass der neue Eigentümer sich in ihrer Immobilie wohl fühlt, ist schließlich ganz in Ihrem Interesse.

12. Schaffen Sie eine positive Atmosphäre!
    Wenn Ihre Immobilie über einen Kamin oder einen schönen Ofen verfügt, sollten Sie diesen in der entsprechenden Jahreszeit auch anfeuern. Die wunderbare Atmosphäre und die angenehme Wärme eines Kaminfeuers tragen sicher im positiven Sinne zur Kaufentscheidung des Interessenten bei. Achten Sie jedoch darauf, dass es in Ihren Räumen beim Anfeuern nicht zu einer unangenehmen Rauchentwicklung kommt. Diesen Geruch mögen viele Menschen nicht.

13. Vermeiden Sie Menschenmassen!
    Potenzielle Käufer sollten bei Besichtigungen keine Besucher von Ihnen vorfinden, egal ob Verwandte oder Freunde. Wenn Sie einen Immobilienmakler beauftragt haben, sollten Sie darüber nachdenken, ob Sie selbst bei der Besichtigung anwesend sind oder nicht ein wenig

spazieren gehen. Interessenten scheuen sich meist in Anwesenheit der Eigentümer über das zu sprechen, was ihnen nicht gefällt. Genau diese Informationen sind jedoch von enormer Wichtigkeit.

14. <u>Achten Sie auf Haustiere!</u>
    Ist Ihnen das auch schon einmal passiert? Sie betreten eine fremde Wohnung, der Haushund freut sich riesig über Ihren Besuch und springt an Ihnen hoch. Viele Menschen mögen das nicht. Oder aber die Katze schleicht um sie herum und hinterlässt Haare. Hunde und Katzen sind gute Kameraden, jedoch nicht bei einer Besichtigung. Gerne lenken sie die Tierliebhaber unter den Interessenten auch ab, weil sie gestreichelt werden wollen. Achten Sie darauf, dass Tiere draußen bleiben und nicht im Wege sind oder lassen Sie Ihren Hund am besten während der Zeit der Besichtigung Gassi führen.

15. <u>Denken Sie an die Lautstärke!</u>
    Der Fernseher, das Radio und die Musikanlage: Dies alles sind Geräte, die bei einer Besichtigung ausgeschaltet sein sollten. Rock 'n' Roll, Hiphop oder Helene Fischer sind nicht jedermanns Geschmack. Leise und im Hintergrund kann Musik hingegen durchaus eine verkaufsfördernde Wirkung haben. Die richtige Auswahl zu treffen ist jedoch nicht einfach. Wenn Sie einen Immobilienberater beauftragt haben, fragen Sie ihn am besten.

16. <u>Bleiben Sie entspannt!</u>
    Ein freundliches Verhalten gegenüber Interessenten ist selbstverständlich. Verbrüderungsszenen oder ein schnelles oder gar generelles Duzen ist jedoch nicht angebracht. Es ist auch nicht gut, die Kaufinteressenten in

Gespräche zu verwickeln. Auch wenn die Initiative vielleicht von ihnen selbst ausgeht. Grundsätzlich ist es eher so, dass keine Ablenkung von der Besichtigung gewünscht wird.

17. Entschuldigen Sie sich nicht!
    Nicht jeder Mensch weiß sich zu benehmen. So kommt es gar nicht mal so selten vor, dass sich Kaufinteressenten negativ über die Immobilie äußern. Hinzu kommt, dass dies häufig auch eine Strategie ist, um bei eventuellen Verkaufsverhandlungen einen niedrigeren Preis zu erzielen. Sie müssen sich für nichts entschuldigen und sollten sich schon gar nicht auf eine Diskussion einlassen. Wenn Sie allein verkaufen, sollten Sie sich im Vorfeld Gedanken machen, wie Sie auf eine solche Situation reagieren. Haben Sie einen erfahrenen Immobilienexperten engagiert, dürfen Sie ihm die Situation überlassen. Er weiß am besten, wie er damit umgeht und hat in aller Regel auch schon vorher mit den Interessenten in Kontakt gestanden.

18. Bleiben Sie im Hintergrund!
    Immer wieder erlebe ich es, dass Verkäufer die Besichtigung begleiten. Die Immobilie wird dann in den höchsten Tönen gelobt und es wird auf Dinge hingewiesen, die für Kaufinteressenten unwichtig sind. Auch geschieht es manchmal, dass die Interessenten das Wort an den Verkäufer richten und ihm Fragen zur Immobilie stellen. Hierbei haben sich Verkäufer schon so manches Mal um Kopf und Kragen geredet und sicher geglaubte Kaufentscheidungen unwissentlich torpediert.

Niemand kennt Ihre Immobilie besser als Sie, der Eigentümer. Aber Ihr Immobilienberater kennt den Kaufinteressenten, seine Bedürfnisse und Wünsche. Es wird ihm leichter fallen, die Vorteile ihrer Immobilie dem Interessenten nach dessen Bedürfnissen und Wünschen zu präsentieren. Sofern Sie einen Immobilienberater beauftragt haben, bleiben Sie im Hintergrund. Noch besser, sie sind (wie unter Punkt 13 beschrieben), bei der Besichtigung gar nicht dabei.

19. Machen Sie kein Gebrauchtwarenladen aus ihrer Immobilie!
Viele Gegenstände werden anlässlich eines Umzuges nicht mehr benötigt und sollen entsorgt werden. Was liegt da näher, als einem potenziellen Käufer doch möglichst viel zu hinterlassen? Egal ob entgeltlich oder unentgeltlich. Kaufinteressenten jedoch sind in aller Regel am Erwerb einer Immobilie interessiert, nicht an Möbeln oder sonstigem Inventar. Also lassen Sie diese Dinge aus dem Gespräch heraus. Es könnte ablenkend wirken. Nichts spricht jedoch dagegen, nach einer erfolgten Beurkundung über einen eventuellen Verbleib von Möbeln oder Gegenständen in der Immobilie zu sprechen. Ihre Käufer werden dann sagen, woran sie Interesse haben.

20. Verlassen Sie sich auf Ihren Immobilienberater!
Sehr gerne versucht ein Kaufinteressent gleich beim ersten Termin über Preise, Konditionen etc. direkt mit dem Verkäufer zu sprechen. Wie zuvor bereits beschrieben, ist die erste Besichtigung der sogenannte „Verliebungstermin“. Hier entscheidet sich, ob die Immobilie überhaupt in Frage kommen kann. In aller Regel wird bei die-

sem Termin keine Kaufentscheidung getroffen. Wenn doch, tritt am nächsten Tag meist die Kaufreue ein und es erfolgt eine Absage. Insofern fordere ich im ersten Termin nie eine Kaufentscheidung ein. Dieser Termin ist schlicht nicht geeignet, um über Preise oder Ähnliches zu sprechen. Überlassen Sie solche Gespräche also in jedem Fall Ihrem Experten, sofern Sie einen Fachmann mit der Vermarktung ihrer Immobilie beauftragt haben.

21. <u>Helfen Sie Ihrem Immobilienberater!</u>
Dieser Punkt gilt natürlich nur, sofern sie einen Fachmann beauftragt haben. Oft sprechen Kaufinteressenten Verkäufer direkt an, um einen Besichtigungstermin zu vereinbaren. Sie haben hier oder dort vom bevorstehenden Verkauf gehört. Manch einer möchte auch am liebsten direkt mit dem Eigentümer verhandeln. Gründe hierfür gibt es viele. Zum Beispiel erhoffen sich die Interessenten eine bessere Position in Preisverhandlungen. Gehen Sie besser nicht darauf ein, sondern nehmen den Besichtigungswunsch des Interessenten entgegen und leiten ihn an Ihren Berater weiter. Er wird den Besichtigungstermin koordinieren und Sie erleichtern den Verkaufserfolg. Die Ergebnisse werden Sie zu schätzen wissen.

Fazit

Ich hoffe, ich konnte Ihnen mit diesen 21 Tipps eine Hilfestellung beim erfolgreichen Verkauf ihrer Immobilie, egal ob allein oder mit Immobilienberater, geben. Diese Tipps sind ein Auszug aus meiner langjährigen Erfahrung und doch ist keine Besichtigung und kein Verkauf gleich. Selbst heute, nach über 30 Jahren als Immobilienmakler, mit der Erfahrung von vielen Immobilienverkäufen, unzähligen Gesprächen und durchgeführten Besichtigungen ist kein Verkauf und keine Besichtigung wie die andere. Jeden Tag kommen neue Herausforderungen auf mich zu, die es zu meistern gilt. Das ist das Spannende an diesem Beruf.

Wie sich Hans und Ingrid um ihren Lebenstraum brachten – eine wahre Geschichte

Der Unterhalt des Hauses wurde immer beschwerlicher. Der Garten war viel zu groß, die Wohnfläche auch. „Wir verkaufen!", entschieden Hans und Ingrid. Doch: „Verkaufen wir unsere Immobilie allein? Das kann doch so schwer gar nicht sein. Viele andere haben das auch geschafft. Außerdem haben wir viele Freunde, die uns wertvolle Tipps geben können. Es gibt gute Bücher und im Internet steht auch viel. Und dann sind da noch die vielen Online-Angebote, unsere Immobilie kostenlos bewerten zu lassen. Nein, einen Makler können wir uns sparen! Mit der gesparten Maklerprovision machen wir eine schöne Reise. Von dem, was nach Begleichung unserer Restschuld bei der Bank übrigbleibt, erfüllen wir uns einen Traum: Wir kaufen uns ein Wohnmobil und gehen auf Reisen." Mit dieser Erkenntnis und mit dieser Entscheidung begannen Hans und Ingrid mit dem Verkauf ihrer Immobilie. „Ja, das war ja nicht so wirklich erfolgreich.", resümierte Hans. Gerade waren die Beiden vom Notartermin gekommen und hatten ihr Haus verkauft. „Ja, mit dem Wohnmobil und den Reisen wird es auch nichts.", sagte Ingrid traurig. Was war passiert?

Nachdem sie ihre Entscheidung getroffen hatten, begannen die Beiden mit der Vermarktung. Hans googelte im Internet nach dem Stichwort „Immobilienbewertung". Neben einigen

Immobiliensachverständigen fand er auch diverse Einträge und Anzeigen, die mit einer kostenlosen Immobilienbewertung warben. Schnell gab er die gewünschten Informationen ein und erhoffte sich den Wert seiner Immobilie zu erfahren. Stattdessen wurde ihm mitgeteilt, man würde sich bei ihm melden. Dem war auch so. In der Folge meldeten sich drei Immobilienmakler, die sich seine Immobilie ansehen wollten. Von einem erfuhr er, dass dieser seine Adresse von dem Anbieter der genutzten Homepage für einen hohen Preis gekauft hatte. Dieser erzählte weiter, dass andere Unternehmen, die mit denselben Praktiken arbeiten, sogar bis zu 40 Prozent der Provision an Beteiligung fordern, die der Makler nach erfolgreichem Verkauf erhält und das allein für das Liefern einer Adresse! Bei diesem Geschäftszweig geht es also nicht um die Immobilienbewertung, sondern um das Identifizieren von potenziellen Immobilienverkäufern. Das war nicht das, was Hans wollte und erwartet hatte. Er brach den Kontakt ab. Dann versuchte er es über einen anderen Weg: Auf diversen Internetportalen fand er Immobilien, die mit seiner in etwa vergleichbar waren. An deren Preis orientierte er sich, fertigte ein paar Bilder seiner Immobilie an, formulierte einen ansprechenden Text und buchte eine Anzeige bei einem der Immobilienportale. Hans und Ingrid war schon bewusst, dass der Preis möglicherweise zu hoch angesetzt war. „Aber runter gehen kann man ja immer noch.", meinten sie. Es dauerte nicht lange und die ersten Anrufe folgten (teilweise zu unmöglichen Zeiten). In Folge wurden Besichtigungstermine vereinbart. Sehr schnell gab es auch Interessenten. Alle waren jedoch der Auffassung, dass der Angebotspreis zu hoch sei und wollten verhandeln. Darauf wollten sich Hans und Ingrid zu dem Zeitpunkt nicht einlassen und warteten weiter ab. Mit der Zeit nahm die

Anzahl der Interessenten ab und Hans und Ingrid begannen zu überlegen, ob ihr Preis nicht doch zu hoch war. Schließlich entschieden sie sich für eine Preisreduzierung. Der gewünschte Erfolg trat nicht ein und so reduzierten die Beiden den Preis noch zwei weitere Male, bis sie endlich Einigkeit mit einem Kaufinteressenten erzielten. In der Verhandlung drückte dieser noch weiter den Preis. Schlussendlich gingen Hans und Ingrid guten Mutes zur Beurkundung, nicht wissend, was sie dort erwarten würde. Ihr Käufer meinte, er hätte ihr Haus noch einmal mit anderen verglichen und sei zu der Auffassung gekommen, es sei doch zu teuer. Hans und Ingrid müssten ihm noch einmal ein preisliches Zugeständnis machen, ansonsten könne er leider nicht kaufen. Schweren Herzens stimmten die Beiden einer erneuten Preisreduzierung um 20.000 Euro zu.

Aus der Traum! Weder das Wohnmobil noch die Reisen konnten sie sich jetzt noch leisten. Was war passiert und welche Fehler haben Hans und Ingrid bei der Vermarktung ihrer Immobilie gemacht? Beide kannten die Regeln für den erfolgreichen Verkauf einer Immobilie nicht. Sie haben eine Vermarktungsstrategie angewandt, die fast immer zu hohen Vermögensverlusten (in der Regel in Höhe von 10 bis 20 Prozent) führt. Natürlich fehlte ihnen die Erfahrung und das Know-how, um so gute Ergebnisse zu erzielen, wie ein Profi. Die meisten Privatverkäufer haben dieses typische Denkmuster: Schnell ein Exposé erstellt und eine Anzeige aufgegeben – das ist leicht. Ein paar Besichtigungen gemacht. Das ist ebenfalls ein Klacks. Den Rest macht dann der Notar und außerdem haben wir Zeit. „Wir müssen ja nicht gleich verkaufen und schon gar nicht sofort.“, ist hierbei ein Satz, den ich schon oft gehört habe. Dabei haben alle die gleichen

Ziele: Sie möchten in möglichst kurzer Zeit zum bestmöglichen Preis verkaufen und möglichst keine Arbeit sowie wenig Stress haben. Natürlich soll garantiert sein, dass der Käufer auch den gewünschten Kaufpreis bezahlt. Dabei ist die zu verkaufende Immobilie der größte Wertgegenstand, den man in der Regel jemals verkauft hat.

Die größte gedankliche Hürde vieler Verkäufer, warum sie zunächst keinem Makler einen Auftrag erteilen wollten, war die Maklercourtage. Dieses Honorar wird nach geltender Gesetzgebung fällig, wenn ein rechtskräftiger Kaufvertrag vermittelt wurde. Bis dahin geht ein Makler mit Zeit und Geld in Vorleistung. Das bedeutet, er arbeitet ausschließlich auf Erfolgsbasis. Der Makler gehört somit einem der wenigen Berufe an, die vollständig erfolgsorientiert arbeiten und somit das gesamte Risiko tragen. Kein wirtschaftlich denkender Makler würde also einen sinnlosen Vermarktungsauftrag annehmen. Sehr gerne wird mir auch immer wieder entgegengehalten, die Käufer wären diejenigen, die sich die Maklerprovision sparen wollen. Doch ist das wirklich so? Nachdem ein Käufer die Entscheidung getroffen hat, eine Immobilie zu erwerben, macht er sich sachkundig. Dies tut er in der Regel wesentlich intensiver, als es ein Verkäufer macht. Untersuchungen haben ergeben, dass ein Käufer im Zeitraum zwischen zwei und zwölf Monaten, nachdem er seine Kaufentscheidung getroffen hat, tatsächlich zum Notar geht. In diesem Zeitraum hat er durchschnittlich 15 Immobilien besichtigt, kennt durch seine Recherchen den Markt in und auswendig und ist damit einem Verkäufer deutlich überlegen. Denn er kennt die Immobilien, die mit der des Verkäufers im Wettbewerb stehen. Und er weiß, dass alle diese Immobilien in der Regel überteuert sind. Und genau aus diesem Grunde reduziert der Kaufinteressent den Preis in seiner eigenen Kalkulation nicht um 3 Prozent und auch nicht um 6 oder 9 Prozent. Die Regel sind 20 Prozent und mehr. Die These, dass der Käufer ohne Makler bereit ist, mehr zu bezahlen, ist also ein Irrtum. Der Aufwand beim Immobilienverkauf wird leider immer wieder unterschätzt. So erging es auch Hans und Ingrid. Es gibt viele verschiedene Tätigkeiten, die zu erledigen sind. Schauen Sie sich einfach mal im Anhang dieses Buches das Leistungsverzeichnis an. Hinzu kommt die in aller Regel verlängerte Vermarktungszeit. Während ein Profi je nach Marktlage und Nachfrage zwischen einem und vier Monate benötigt, dauert die Vermarktung bei Amateuren wesentlich länger (manchmal deutlich mehr als ein Jahr) – und das, um vielleicht 3 Prozent Provision zu sparen! Ein Verkäufer, der dies alles in Eigenregie macht, hat auf einmal unzählige neue Berufe. Er ist Fotograf und Bildbearbeitungsprofi, Grundrissoptimierer, Texter, ein bisschen Anwalt, ein bisschen Steuerberater, ein bisschen Vertragsrechtler, ein bisschen Banker und, und, und ... Natürlich sollte man in allen Bereichen über entsprechende Fähigkeiten verfügen oder zumindest Menschen beauftragen können, die die Tätigkeiten für einen erledigen. Das ist wieder mit zusätzlichen Kosten verbunden. Untersuchungen haben ergeben, dass ein Immobilieninteressent mindestens 25 KO-Faktoren prüft, bevor er kauft. Sucht er 150 m^2 Wohnfläche, wird er kein Haus mit 250 m^2 kaufen. Will er mindestens 1000 m^2 Grundstück, wird er keines mit 500 nehmen. Ist sein finanzieller Spielrahmen bei 275.000 Euro erschöpft, wird er nicht 350.000 Euro ausgeben. Und will er am Stadtrand wohnen, wird er nicht in der City kaufen. Hinzu kommen weitere Kriterien, wie die Entfernung zu Kindergarten und Schule, zum öffentlichen Nahverkehr und viele weitere

Punkte. Im Zeitraum bis zum Kauf einer Immobilie (Fachleute nennen dies die „Immobilien-Schwangerschaft“) ändert sich das Idealbild der Immobilie alle 1,5 bis 2,5 Monate. Somit ist bei jedem Käufer ein Kauf nur innerhalb eines engen Zeitraumes möglich, sofern der Preis stimmt. Das bedeutet im Umkehrschluss: gelingt es einem Verkäufer nicht innerhalb dieses Zeitraumes an den Kaufinteressenten zu verkaufen, hat sich möglicherweise dessen Suchbild bereits wieder geändert und der sicher geglaubte Käufer schaut sich nun nach etwas anderem um.

Wie schon angesprochen, ist der Käufer immer ein Experte. Er kennt den Markt wie seine Westentasche, hat viele Immobilien von innen gesehen und beschäftigt sich intensiv mit dem Thema Verkauf und Kauf. Ganz im Gegensatz zum Verkäufer. Jedoch hat jeder Kaufinteressent einen anderen Wissensstand. So sind von 100 Anfragen nur 20 wirklich qualifiziert und überhaupt in der Lage irgendeine Immobilie zu kaufen. Der Rest der Interessenten ist unqualifiziert und wird von Fachleuten als „Sehleute“ (sie wollen nur gucken) oder „Känguruhleute“ (sie wollen mit leerem Beutel große Sprünge machen) bezeichnet. Schon aus eigenem Interesse wird ein Profi hier genau hinschauen und sich nur mit ernsthaft qualifizierten Interessenten beschäftigen. Denn letztendlich ist es so, dass von diesen 20 wirklich ernsthaft Interessierten nur 2 bis 3 als tatsächliche Käufer infrage kommen. Somit ist ein wirkliches Arbeiten mit rund 100 Interessenten erforderlich, um eine notwendige Anzahl an potenziellen Käufern zu erreichen. Auf dem Weg dahin muss ein Privatverkäufer viel ertragen und einstecken. Er muss bereit sein, hart zu arbeiten. Er muss akzeptieren, angelogen und beleidigt zu werden sowie vergeblich auf Interessenten zu warten. Er muss aushalten, von Interessenten, die angeblich gerne die Immobilie kaufen und sich umgehend melden wollten, nie wieder etwas zu hören. Er muss es auch ertragen, dass man versuchen wird, ihn zu betrügen. Und nicht zuletzt gibt es das Risiko möglicher Rechtsstreitigkeiten, weil der nette Käufer nach dem Kauf verschwiegene Mängel moniert und Schadensersatz fordert. Das sind Bedingungen, die nicht für jeden leicht zu ertragen sind. Aber auch auf Seiten des Käufers können sich viele Dinge ändern: Die Bank zieht ihre Finanzierungszusage zurück, der Arbeitsplatz wird unsicher, die Partnerschaft kriselt auf einmal, der Käufer selbst wird krank oder überlegt es sich vollkommen anders. Aber kommen wir darauf zurück, was Hans und Ingrid erlebten. Auch sie haben ihre Immobilie 20 bis 25 Prozent über dem marktgerechten Preis angeboten. Daraufhin meldeten sich nur die Interessenten, die erst begonnen hatten zu suchen und lediglich Erfahrungen sammeln wollten. Sie alle kannten das marktgerechte Preis-Leistung-Verhältnis noch nicht. Sie kamen also zur Besichtigung und fanden alles ganz toll. Letztlich haben sie aber nur die wertvolle Zeit der Beiden verschwendet und waren nicht bereit den geforderten Preis zu bezahlen.

Fazit

Der Start mit einem überhöhten Kaufpreis führt in aller Regel zu einem drastischen Vermögensverlust. Warum ist das so? Die Auswertung der Verkaufs-Statistik einer erfolgreichen Immobilienfirma von vor einigen Jahren ergab einen erzielten Kaufpreis von 85,2 Prozent des Marktpreises bei einer Verkaufszeit von 379 Tagen. Dies ist dann so, wenn die Immobilie 20 Prozent und mehr über dem Marktpreis angeboten wird. Nicht ganz so dramatisch sahen die Zahlen zwischen 5 und 15 Prozent über dem Marktpreis aus. Optimal ist ein Angebotspreis von maximal 5 Prozent über dem Marktpreis. In der Regel werden hierbei 99,7 Prozent des Angebotspreises bei einer Vermarktungsdauer von 63 Tagen erzielt. Daraus muss man schließen: Es ist am besten, gleich mit dem richtigen Preis zu beginnen. Dann ergibt sich ein guter Preis und eine kurze Vermarktungsdauer bei deutlich weniger Stress.

Der Hauptgrund, warum Deutschlands Privatverkäufer jedes Jahr Milliarden Euro verlieren, ist die logische und vermeintlich risikolose Strategie mit einem überhöhten Preis zu beginnen. Diese Haltung wird sehr gerne von den eingangs erwähnten Bewertungsportalen und deren angeschlossenen Maklern ausgenutzt. Hierzu muss klar und deutlich gesagt werden, dass es unter Maklern nicht nur Profis gibt. An anderer Stelle in diesem Buch wird auf diese Thematik eingegangen, sodass ich sie hier nicht weiter vertiefen möchte. Ein guter Makler wird aus oben bereits genannten Gründen niemals eine Immobilie zu einem überzogenen Kaufpreis anbieten. Als Eigentümer sollten Sie also aufhorchen, wenn ein Makler Ihre Preisvorgabe unkommentiert und ohne nachvollziehbare Preisermittlung akzeptiert.

Ich wünsche Ihnen alles Gute für Ihre Immobilienvermarktung!

Ihr
Michael Bruchhage

Fehler beim Immobilienverkauf und -kauf durch eine gute Vorbereitung vermeiden

von André W. Ockenfels
Rheinische Immobilien Kompetenz GmbH, Solingen

Inhalt

- Ein Makler sollte die Sorgfaltsregeln schon aus eigenem Interesse unbedingt wahren
- Der beabsichtigte Immobilienverkauf
- Der beabsichtigte Kauf einer Immobilie
- Die richtige Auswahl eines Sachverständigen
- Die Ermittlung des Verkehrswertes
- Die immobilienwirtschaftliche Analyse einer renditeorientierten Liegenschaft
- Die Verwendung des Verkaufserlöses für eine sichere und lukrative Kapitalanlage

Ein Makler sollte die Sorgfaltsregeln schon aus eigenem Interesse unbedingt wahren

Als Immobilienwirtschaftler und Sachverständiger möchte ich Ihnen hier wertvolle Hinweise zur Vermeidung teurer Fehler im Immobilienverkauf, aber auch im Immobilienkauf, geben. Jede Immobilie ist individuell zu behandeln. Immobilienprofis betrachten jede beabsichtigte Transaktion immer wieder neu. Eine pauschale Betrachtungsweise und eine vorschnelle Einschätzung kann eine kritische Schieflage des Immobilienunternehmens nach sich ziehen. Dies belegen Insolvenzen von Immobiliengesellschaften bedauerlicherweise immer wieder. Was für die professionellen Akteure gilt, trifft natürlich auch auf den privaten Hauskäufer oder Kapitalanleger zu. Auch dieser kann von der Vorgehensweise der Experten lernen, um unangenehme Situationen von vorn herein zu vermeiden!

Der beabsichtigte Immobilienverkauf

Gerade wenn Sie beabsichtigen, eine Immobilie zu verkaufen, können bei frühzeitiger Inanspruchnahme einer fachlichen Beratung kostspielige Fehleinschätzungen vermieden werden. Die Kunst liegt selten darin, die Immobilie überhaupt verkauft zu bekommen, sondern darin, die Transaktion zwischen dem Verkäufer und dem Käufer mit einem auf deren individuelle Belange angepassten Kaufvertrag zu einem aktuell am Markt erzielbaren Höchstpreis rechtlich sicher abzuwickeln.

Als Verkäufer und Auftraggeber des Maklers haben Sie einen Anspruch auf die Erbringung umfangreicher Leistungen. Im Anhang finden Sie eine ausführliche Auflistung, welche Anforderungen an die Leistungen eines Maklers gestellt werden, damit dieser als qualifiziert bezeichnet werden kann.

<u>Die Geschwindigkeit im Immobilienverkauf</u>

Wenn Sie sich (nach einer wahrscheinlich reiflichen Überlegung) dazu entschlossen haben, Ihre Immobilie zu verkaufen, dann sind Sie natürlich an einer zügigen Umsetzung Ihres Vorhabens zum bestmöglichen Preis interessiert. Es dürfte nachvollziehbar sein, dass die Verkaufsgeschwindigkeit und der Verkaufspreis in einer Beziehung zueinanderstehen. Ein seriöser Immobilienmakler kann Ihnen nicht versprechen, dass er morgen mit dem passenden Kunden vor Ihrer Haustür steht. Viel wichtiger ist, dass er Ihnen einen Full-Service anbietet, der sofort nach der ersten Kontaktaufnahme beginnt. Beim Verkauf einer Immobilie oder eines Grundstücks mit Entwicklungspotenzial ist die Ermittlung des Preises ein entscheidendes Kriterium für einen schnellen Erfolg. Ein Immobilienbüro mit langjähriger und qualifizierter Erfahrung kann Ihnen dabei helfen, einen marktgerechten Preis zu finden und diesen sogar mit Hilfe von Optimierungsmaßnahmen zu steigern. Oft bedeutet „bewerten“ erst einmal „nachforschen“. In jeder Immobilie stecken unzählige Informationen, die für die objektspezifische Analyse wertvoll sind. Dafür braucht es Gespräche, Einfühlungsvermögen, ein umfassendes Fachwissen und Offenheit für Neues. Auf dieser Grundlage können die neuesten Bewertungsmethoden eingesetzt werden. In enger Zusammenarbeit mit Ihnen als Verkäufer werden dann realistische und zukunftssichere Strategien festgelegt. Schon bei der Bewertung einer Immobilie wird der Grundstein für eine erfolgreiche Vermarktung gelegt. Durch gezieltes Marketing – in Verbindung mit der fachlichen Beratung der Kaufinteressenten durch gut ausgebildete Mitarbeiter – wird auch Ihre Immobilie erfolgreich vermittelt werden können.

Sie haben einen hohen Preis ausgehandelt und sind überglücklich?

Aber wen schickt die Bank denn da noch? In der momentanen Niedrigzinsphase mit Zinsen von ca. 1 bis 2 Prozent und der schwelenden Bankenkrise sind die Darlehensgeber deutlich strenger in der Kreditvergabe geworden. Oft ist es derzeit möglich, trotz eines Angebotspreises über dem Marktwert mit mehreren Kaufinteressenten zu verhandeln. Diesen Preis schlussendlich aber durchzusetzen, scheitert oft an den Beleihungswertrichtlinien der finanzierenden Bank. Diese versuchen nämlich, ihr Ausfallrisiko zu minimieren, indem sie die Beleihungshöhe eher verhalten ermitteln und folglich bei der Gewährung von Darlehen zurückhaltend sind. Umso mehr sind Verkäufer auf eine fachliche Rundum-Beratung und -begleitung angewiesen. Dafür haben einige Immobilienbüros geprüfte Vermittler für Immobiliendarlehen und Bankkaufleute im Team, welche dem Kaufinteressenten eine passende Finanzierung vermitteln und den Kauf somit überhaupt erst ermöglichen.

Unabhängige Finanzierungsvermittler bringen dem Käufer folgende Vorteile:

- Individuelle, vertrauliche sowie kostenfreie Beratung
- Bankenunabhängige Beratung
- Zeitgewinn durch Vermeidung mehrerer Banktermine
- Marktübersicht aus einer Hand (mehr als 200 Finanzierungspartner)
- Möglichkeit der Finanzierung auch mit wenig Eigenkapital
- Direkte, kurze Kommunikationswege in den Belangen von Kauf, Verkauf und Bewertung mit den Teampartnern des betreuenden Immobilienbüros

Der beabsichtige Kauf einer Immobilie

Um es ganz deutlich zu sagen: Nicht nur private Hauskäufer nutzen fachliche Beratung, sondern auch professionelle Kapitalanleger und Immobilieninvestoren. Diese setzen ohne eine kaufmännische und technische „Due Diligence“ (sinngemäß übersetzt als: „eine mit gebotener Sorgfalt durchgeführte Risikoprüfung“) keine Immobilientransaktion um.

Nutzen also auch Sie als privater Käufer die Vorteile eines Immobilienexperten!

Der durchschnittliche Käufer interessiert sich in der Regel 1-2 Mal im Leben für einen Immobilienkauf. Der Umgang mit Verkäufern, Maklern und Handwerkern, sowie die Abwicklung beim Notar ist für die meisten Suchenden deshalb Neuland. Zudem ist der Kauf einer Immobilie häufig die größte Investition des Lebens. Der Schritt zur Vertragsunterzeichnung sollte daher sorgsam überlegt und von Fachleuten begleitet werden.

Können Sie den angemessenen Wert einer Immobilie ermitteln und kennen Sie die Risiken, die Sie beim Hauskauf eingehen? Feuchte Wände, schlechte Bausubstanz oder Pfusch am Bau durch Eigenleistungen der Vorgänger sowie verschiedenste rechtliche Gegebenheiten können Ihnen die Freude an Ihrer vermeintlichen Wunschimmobilie schnell verderben. Leider kann es auch vorkommen, dass Handwerksbetriebe, die zur „Begutachtung“ der gebrauchten Immobilie herangezogen werden, die Produkte ihres Spezialgebietes als „austauschwürdig“ erachten. Dabei gäbe es andere, gravierendere Mängel, welche bautechnisch gesehen eine höhere Priorität hätten.

Für Sie ist der Kauf einer Immobilie eine große Entscheidung, für Gutachter ist die Beratung von Käufern und die Bewertung der Immobilie Alltag. Privatkunden sind also benachteiligt. Eine genaue Bewertung und Mängelursachenermittlung können nur Profis! Sollte ein seriöser Sachverständiger selbst einmal Zweifel an seiner eigenen Einschätzung haben, so kennt er zumindest Spezialisten, die er im Einzelfall zu Rate ziehen kann.

Sie haben eine passende Immobilie gefunden und stehen nun vor einer wichtigen Entscheidung und lebenslangen Bindung. In der Regel werden Sie die hohen Anschaffungskosten jahrzehntelang mit Zins und Tilgung zurückzahlen. Wer hier eine falsche Entscheidung trifft oder einen Mangel übersieht, bekommt oft schnell finanzielle Schwierigkeiten.

Haben Sie die notwendige Sachkenntnis?
„Hinterher ist man immer schlauer!" haben schon viele Immobilienkäufer nach dem Kauf des „Traumhauses" gesagt. Sowohl beim Kauf neuer als auch beim Kauf gebrauchter Immobilien gibt es für den Käufer ungeahnte Risiken. Gebrauchte Immobilien werden „gekauft wie gesehen" erworben, sodass Mängel zu Lasten des Käufers gehen. Käufer haben dann nämlich ihre Sorgfaltspflicht verletzt, da sie die Mängel durch einen Sachverständigen hätten feststellen lassen können! Versteckte Baumängel können zudem ohne fachliche Erfahrung oft nicht erkannt oder hinreichend gedeutet werden, obwohl es Hinweise dafür gibt. Sollte ein Mangel bereits für den Laien gut erkennbar sein, sollte gleich ein Fachmann hinzugezogen werden.

Die richtige Auswahl eines Sachverständigen
Sie haben sich entschieden, die Prüfung des Objektes nicht selbst oder über verschiedene Handwerker vorzunehmen? Dann geht es jetzt darum, einen fachlich versierten Sachverständigen auszuwählen. Anhand der folgenden Merkmale erkennen Sie den richtigen Dienstleister für Sie:

- Fachunternehmen gehören in der Regel mindestens einem Fachverband an, wie zum Beispiel dem BVFI, dem IVD, dem RDM, oder den reinen Sachverständigenverbänden DGuSV oder BDSF.

- Zertifizierung von BVFI, DEKRA oder dem TÜV
- Kombination innerbetrieblicher Kompetenzen bei Personen mit einer immobilienwirtschaftlichen Ausbildung und einem Studium zum Immobiliensachverständigen
- IHK-Ausbildungsbetriebe sind naturgemäß fachlich aktuell informiert.
- Das Büro arbeitet mit möglichst bankunabhängigen Beratern zusammen.
- Unabhängige und IHK-geprüfte Vermittler von Immobiliendarlehen
- Öffentlich bestellte und vereidigte oder zertifizierte Gutachter im Team (für die Erstellung gerichtsfester Gutachten)
- Auszeichnung durch die Fachpresse (z.B. Focus, WirtschaftsWoche etc.)
- Sind verschiedene Prüfgeräte beim Sachverständigen vorhanden? Fragen Sie den Sachverständigen, welche Geräte er im Einsatz hat! Diese Geräte sollten mindestens vorhanden sein:
  - Feuchtemessgerät „dielektrisch“ zur Prüfung der oberen 3 cm des Wandaufbaus
  - Feuchtemessgerät „Microwellenverfahren“ zur Prüfung 30 cm in die Tiefe des Mauerwerks
  - Taupunktmessgerät, digitale Lasertechnik zur Erkennung von Wärmebrücken und möglichen Schimmelgefahren
  - Luftstrommesser mit Temperaturanzeige zur Prüfung undichter Fenster, Mauerwerksrisse etc.
  - Ortungsgerät für Strom- und Wasserleitungen

- Entfernungsmesser (digitales Lasergerät)

Die Ermittlung des Verkehrswertes
Es gibt die unterschiedlichsten Gründe für eine Wertermittlung und die Anfertigung eines Gutachtens, wie z.B. Beleihung, Erbauseinandersetzung, Vermögensübersicht, Kaufpreisfindung, Bildung oder Auflösung von Eigentümergemeinschaften, steuerliche Betrachtungen, Finanzierungen, Enteignungen, Entschädigungen, Zwangsversteigerungen, Renditeprognosen und andere. In den meisten Fällen reicht dazu ein Privatgutachten aus. Hierunter versteht man die Gutachten, die nicht von einem Gericht veranlasst werden. Es ist für Privateigentümer und Käufer mit einer einfachen und direkten Beauftragung verbunden. Ein umfangreiches Markt- wertgutachten ist dabei für Privataufträge ebenso rechtssicher wie für Gerichtsaufträge. Jeder Bewertungsfall ist unterschiedlich. Für die Ermittlung des richtigen Marktpreises der vom Kaufinteressenten frisch gefundenen Wunschimmobilie reicht jedoch i.d.R. eine qualifizierte Kurzeinschätzung aus. Hier richtet sich ein seriöses Immobilien- und Sachverständigenbüro nach Ihrem Anliegen und Ihrem Bedarf! Grundsätzlich sind die Beteiligten im Umgang miteinander und im Vorgehen beim Ortstermin freier. Häufig werden Immobiliensachverständige durch Eigentümer beauftragt, die ihre Immobilie gerne verkaufen möchten und sich über den Wert ihres Hauses oder ihrer Wohnung nicht im Klaren sind. Das Gutachten kann dann auch einem zukünftigen Käufer zur Belegung des Kaufpreises vorgelegt werden. Sie als Auftraggeber können mit dem Sachverständigen den Inhalt und Zweck des Gutachtens frei vereinbaren. Hierzu erteilen Sie dem Immobilien- und Sachverständigenbüro einen Wertermittlungsauftrag, der mit einer Vollmacht

zur erforderlichen Informationsbeschaffung verbunden ist. Der Inhalt des Gutachtens, der Zweck und der Stichtag sowie die zu bewertende Immobilie werden darin festgehalten. Daneben erhält der Auftrag auch das Honorar für die Gutachtenerstellung, d.h. für die Wertermittlung. Zuerst stimmt der Sachverständige gemeinsam mit Ihnen als Auftraggeber die Fragestellung ab. Vor dem Ortstermin werden Unterlagen und Informationen ausgetauscht. Dadurch entsteht oft ein engerer Kontakt als bei einem Gerichtsgutachten. (Dort lernt der Sachverständige die Parteien erst beim Ortstermin kennen.) Das privat bestellte Verkehrswertgutachten ist für die Gegenpartei und das Gericht jedoch nicht verbindlich. Sollte das Gutachten aber überzeugen, schließt sich auch das Gericht gewöhnlich diesem an bzw. würdigt die Aussagen. Sollte sich dann ein gerichtlicher Prozess anschließen, hat ein fachlich korrektes Gutachten eine gute Chance, vom Gericht beachtet zu werden.

In folgenden Fällen bietet sich ein Privatgutachten an:

- Gütliche Aufteilung und Auszahlung einer gemeinsamen Immobilie im Vorfeld einer Scheidung
- Bei einer Erbschaft für den Nachweis des Werts zur Auszahlung von Miterben. Häufig sind auch Wohnrechte und Nießbrauch für den Zeitpunkt einer vergangenen Schenkung zu ermitteln.
- Pflichtteilsansprüche bei einer Erbauseinandersetzung
- Vorlage beim Finanzamt zum Nachweis eines geringeren gemeinen Wertes (=ein geringerer Verkehrswert)
- Aktuell geplante, zukünftige Schenkung oder Übertragung. Vorsorglich sollte die Immobilienbewertung be-

reits heute angeordnet werden, um eine zukünftige Berechnung nicht mehr rückwirkend durchführen zu müssen.

- Klärung eines Sachverhalts im Vorfeld eines Gerichtsverfahrens, um unnötige Prozesse zu vermeiden

Die Wertermittlung im Erbfall
Sie haben geerbt oder wollen vererben und ein qualifiziertes Gutachten ist nötig?

Ein Todesfall ist wahrhaftig traurig genug. Für Sie als Erbe kann es ein Schock sein, wenn sich bis dahin unbekannte Erben melden und ihre Ansprüche am Pflichtteil geltend machen. Diese Erbansprüche müssen ermittelt und ausgezahlt werden. Hierfür benötigen Sie eine Immobilienbewertung, die den Immobilienwert zum Todestag nachweist. Wenn in der Vergangenheit eine Schenkung stattfand, wird möglicherweise eine zusätzliche Immobilienbewertung zum Tag der Schenkung nötig. Diese kann mehrere Jahrzehnte zurückliegen und viel retrospektive Ermittlungsarbeit erfordern. Um die damaligen Kaufpreise oder Mieten für die Immobilienbewertung zu erfassen, muss man sich in die damaligen Verhältnisse zurückversetzen: Wie waren die Bodenwerte damals? Waren die Straßen schon erschlossen? Wie waren die Marktpreise und wie waren die wirtschaftlichen Verhältnisse? Um diese Fragen in einem Immobiliengutachten bestmöglich zu beantworten, verfügen professionelle Immobilien- und Sachverständigenbüros über eine umfassende Datenbank mit über viele Jahre hinweg gesammelten Marktdaten.

Wenn das Finanzamt Erbschaftssteuer erhebt

Sie sind der Meinung, dass das Finanzamt den Wert der von Ihnen geerbten Immobilie zu hoch angesetzt hat? Sie empfinden den Wertansatz als unangemessen und möchten sich gegen die Festsetzung der Erbschaftssteuer wehren? In diesem Fall können Sie durch Vorlage eines Gutachtens einen niedrigeren Wert (gemeint ist der Verkehrswert oder Marktwert) nachweisen. Als Erbe müssen Sie das Gutachten selbst beauftragen und auch die Kosten dafür tragen.

Das Finanzamt hat jedoch durch das Bewertungsgesetz einen sehr starren Rahmen auferlegt bekommen. So können negative Besonderheiten einer Immobilie nur schwerlich wertmindernd berücksichtigt werden. Die Erfahrung von Sachverständigen zeigt, dass häufig besonders alte und sanierungsbedürftige Immobilien zu hoch bewertet werden. Auch können wertmindernde Rechte wie Wegerechte, Baulasten und Altlasten nicht angemessen berücksichtigt werden. Dadurch kann der für die Bemessung des Erbes zugrunde gelegte Wert zu hoch sein. Die daraus resultierende Erbschaftssteuer ist es dann ebenfalls.

Aber: Sie können mit einem Verkehrswertgutachten einen niedrigeren Wert nachweisen. Dabei stellt das Finanzamt jedoch hohe Anforderungen an die Qualität des Gutachters und an das erstellte Gutachten selbst. Zertifizierte Sachverständige erfüllen diese Voraussetzungen vollständig und können ohne Einschränkungen das erforderliche Gutachten für Ihre Immobilie erstellen.

Ihr Vorteil durch eine Beauftragung eines Sachverständigen in einem zertifizierten Immobilien- und Sachverständigenbüro liegt auf der Hand:

Durch die detaillierte Recherche und ausführliche Begründung im Gutachten zeigen solche Sachverständige auf, warum der Verkehrswert von dem vom Finanzamt festgesetzten Wert abweicht. Diese dort erstellten Gutachten erzielen daher eine hohe Akzeptanz bei Finanzämtern und Behörden.

<u>Das Gutachten als Grundlage für den Pflichtteilsanspruch</u>

Wenn Eltern ihren Kindern eine Immobilie schenken und sich dafür ein Wohnrecht oder eine Pflegeverpflichtung einräumen lassen, so sind im Todesfall mehrere Werte und Stichtage zu ermitteln.

Die Sachverständigen müssen dann den Immobilienwert zum vergangenen Zeitpunkt der Schenkung ermitteln. Gleichzeitig wird die Belastung durch das eingeräumte Recht bewertet. Neben der Betrachtung der Vergangenheit wird auch der Wert der Immobilie zum Todestag neu berechnet. Die zu diesem Zeitpunkt noch vorhandenen Rechte sind dabei ebenfalls zu berücksichtigen.

Aufgrund der langen Zeiträume sind zahlreiche, aufwendige Recherchen durchzuführen, um alte Daten und Informationen aufzufinden. Die Sachverständigen bemühen sich, das Gutachten möglichst umfangreich und ausführlich zu gestalten, sodass der Pflichtteilsberechtige die Wertermittlung nachvollziehen und akzeptieren kann. Bei einer Erbschaft und dem Thema des Pflichtteilsanspruchs spielen häufig Emotionen eine nicht geringe Rolle. Durch eine sachliche und neutrale Ausarbeitung mit vielen Erläuterungen können solche Gutachten zu einem internen, kollektiven Ausgleich beitragen.

Was sollten Sie bei einer geplanten Schenkung beachten?

Auch für die Zukunft können Sie bereits heute Vorsorge treffen. Wenn Sie aktuell eine Schenkung vorgenommen haben oder diese planen, sollten Sie bereits jetzt Vorkehrungen treffen. Wenn Sie aktuell den Wert der Immobilie und die Beeinflussung durch das Recht zeitnah ermitteln, erspart dies Ihren Erben im Erbfall die Beauftragung eines Gutachtens und die aufwendige Recherche der Vergangenheit. Der Schenkende zeigt mit der zeitnahen Wertermittlung, dass er eine gerechte Verteilung und Bewertung anstrebt. Natürlich gibt das auch seinen Erben ein gutes Gefühl.

Der Betreuungsfall

Auch im Betreuungsfall muss dem Gericht ein Immobiliengutachten vorgelegt werden. Es gibt viele Gründe, warum eine Person unter Betreuung steht (z.B. Alzheimer, Altersdemenz, ein schwerer Unfall oder eine Behinderung). Auch die Minderjährigkeit oder schwere Suchtprobleme sind Gründe, durch einen Betreuer vertreten zu werden.

Für all diese Fälle wird vom Gericht ein Betreuer bestellt. Dieser entscheidet für die betreute Person und wird dabei selbst durch das Gericht umfassend überwacht und kontrolliert. Hierdurch wird die betreute Person geschützt. Immer wenn ein gerichtlich bestellter Betreuer die Angelegenheiten des Betreuten regelt, muss beim Verkauf einer Immobilie (ob Einfamilienhaus oder Eigentumswohnung) ein Verkehrswertgutachten erstellt werden.

Drei Beispiele, wann Sachverständige im Rahmen einer Betreuung beauftragt werden:

1. <u>Die Immobilie der betreuten Person soll verkauft werden</u>
   Sehr häufig muss zur Finanzierung eines Heimplatzes die bis dahin seit langem bewohnte Familienheimstätte verkauft werden. Denn häufig ist ein Verbleiben in diesem, nun nicht mehr altersgerechten, Haus schwer möglich. Wenn Sie das Haus verkaufen, verlangt das Gericht ein Gutachten. Somit wird zum Schutz des Betreuten sichergestellt, dass die Immobilie nicht unter Wert verkauft werden kann. Das Gutachten wird durch den Betreuer beauftragt und dem Gericht vor Abschluss des Kaufvertrags vorgelegt. Ohne dieses Verkehrswertgutachten stimmt das Gericht dem Verkauf nicht zu. Dann kann der Kaufvertrag in diesem Fall nicht abgewickelt werden. Es empfiehlt sich, die Immobilienbewertung frühzeitig anzugehen und ein Verkehrswertgutachten zu beauftragen. Denn wenn Sie erst einen Käufer haben, möchten Sie natürlich keine Verzögerung beim Verkauf haben, sondern den Kaufvertrag zügig beurkunden lassen können.

2. <u>Ablösung eines Rechts, welches der betreuten Person zusteht</u>
   Die betreute Person hat ein Wohnrecht oder Nießbrauchrecht an einem Haus oder einer Eigentumswohnung. Dieses Nutzungsrecht kann oder will sie nicht mehr ausüben. Dies kann der Fall sein, wenn die betreute Person beispielsweise aus Alters- oder gesundheitlichen Gründen nicht mehr in der Wohnung oder dem Eigenheim leben kann. Ist eine Immobilie mit solch einem Recht belastet und soll verkauft werden, verlangt ein Käufer gewöhnlich die Löschung dieses belastenden Rechts. Die Aufhebung des Rechts kann jedoch nur mit Zustimmung der Begünstigten erfolgen. Eine Pflegever-

pflichtung, eine Rentenzahlung oder ein Nießbrauch stellen für den Begünstigten ebenfalls einen Vorteil dar. Jedoch hat dieser Vorteil einen Wert, der von Sachverständigen ermittelt werden kann. Häufig sind diese Rechte so speziell vereinbart, dass nur ein theoretischer Wert abgeleitet werden kann. Diese Rechte werden am Markt üblicherweise gar nicht gehandelt. In dem Verkehrswertgutachten leiten die Sachverständigen den Wert dieser Rechte ab. Das Gutachten wird dem Gericht vorgelegt, ansonsten erfolgt keine Zustimmung zur Ablösung. Dabei wird die im Gutachten ermittelte Ablösesumme für das Recht an die betreute Person später ausbezahlt.

Diese Rechte werden durch das Alter der Begünstigten und den vereinbarten Umfang beeinflusst. Die Sachverständigen analysieren den ursprünglichen Vertrag auf seine Bestandteile hin und besondere Vereinbarungen werden bis ins Detail gewertet. Von den Sachverständigen werden dazu die Immobilie sowie die mögliche Miete untersucht und für jeden Einzelfall bewertet. Ebenso wird die statistische Lebenserwartung bis zum Ablauf des Rechts recherchiert und mit in Betracht gezogen.

3. Die betreute Person ist Miterbe an einer Immobilie
   Wenn die betreute Person Miterbe einer Immobilie ist, so muss der Wertanteil ermittelt werden, wenn andere Miterben diese betreute Person ausbezahlen möchten. In diesem Fall ist die Immobilienbewertung notwendig, um den Verkehrswert (= Marktwert) zu ermitteln. Hierdurch wird sichergestellt, dass die betreute Person einen angemessenen Erbanteil erhält.

Die immobilienwirtschaftliche Analyse einer renditeorientierten Liegenschaft

Diese Analyse

- ist die Grundlage für die Ressourcenplanung
- ermöglicht Kontrolle und lässt Abweichungen frühzeitig erkennen
- ist die Basis für Projektentscheidungen
- liefert Argumentationshilfen (u.a. für eventuelle Finanzierungen)

Die Zusammenarbeit mit unabhängigen Finanzierungsspezialisten bringt die Rentabilität in die richtige Größenordnung, denn schließlich haben auch Kapitalanleger nichts zu verschenken.

<u>Energieausweise sind Pflicht</u>

Wer ein Haus baut, vermietet oder verkauft, muss einen Energieausweis vorlegen. Wer das nicht kann, dem drohen Bußgelder von bis zu 15.000 Euro (EnEV 2014). Hiervon ausgenommen sind zum Beispiel Gebäude, welche dem Denkmalschutz unterliegen, Abrissobjekte sowie Gebäude ohne jegliche Heizung- und Energieträger. Doch auf welchem energetischen Niveau befindet sich die Immobilie überhaupt?

Es wird unterschieden zwischen dem Verbrauchsausweis und dem Bedarfsausweis. Der Verbrauchsausweis orientiert sich an den Heiz- und Warmwasserkosten und gibt damit den gemessenen Energiebedarf (also das Heizverhalten der Bewohner) wieder. Was durch diesen Wert nicht abgebildet wird, ist die energetische Qualität des Gebäudes. Für den Bedarfsausweis werden Baujahr, technische Gebäude- und

Heizungsdaten sowie standardisierte Randbedingungen wie Klimadaten, Nutzerverhalten, Raumtemperatur usw. zur Berechnung herangezogen. Ein professionelles Immobilien- und Sachverständigenbüro erstellt Ihnen über geprüfte Energiewert-Experten die Bescheinigung (amtlich gültig für 10 Jahre). Weiter besteht die Möglichkeit sich von einem zertifizierten Energieberater (z. B. unter www.dena.de) über verschiedene energetische Optimierungsmöglichkeiten einer gebrauchten Immobilie beraten zu lassen.

Nutzen Sie die Begleitung von Immobilienprofis zu Ihren Terminen

Sie wünschen sich professionelle Unterstützung und Sicherheit an Ihrer Seite? Wenn es der Anlass erfordert oder Sie es einfach nur gerne wünschen, nehmen Sie die Möglichkeit wahr, dass Sie von sachverständigen Kaufberatern zu den wichtigsten Terminen begleitet werden: sei es zum Rechtsanwalt, zum Steuerberater, zum Notar oder zu einem Banktermin.

Behördenrecherchen

Als Verkäufer benötigen Sie fehlende Dokumente zu Ihrer Liegenschaft? Zu den Unterlagen einer Liegenschaft gehören u.a. aktuelle Flächennutzungs- und Bebauungspläne, Grundbuchauszüge, Kataster-, Flur- und Lagepläne, Baulastenverzeichnisse, Bauakten, verschiedenste Verzeichnisse über Belastungen, Altlasten und Schäden etc. Ein guter Immobilienmakler recherchiert bei den zuständigen Behörden danach. Oftmals fehlen zu den Gebäuden auch die entsprechenden Bauzeichnungen. Sollten diese auch, trotz Recherche, nicht mehr zur Verfügung stehen, lässt ein professionelles Immobilien- und Sachverständigenbüro kurzfristig nach entsprechendem Aufmaß neue, aussagekräftige und korrekte Planunterlagen erstellen. Denn die Erfahrung zeigt: Es ist nahezu unmöglich, ein Gebäude ohne Bestandszeichnungen und Berechnungen zu veräußern bzw. zu finanzieren.

Marktanalyse (für semiprofessionelle Kapitalanleger)
Immobilienwirtschaftler und Sachverständige ermitteln und dokumentieren mit Hilfe von verschiedenen, anerkannten Wertermittlungsverfahren sowie mit modernsten Berechnungsprogrammen eine für den Immobilienverkäufer oder Kaufinteressenten nachvollziehbare Werteinschätzung. In einem modernen Immobilien- und Sachverständigenbüro werden die aktuell gesammelten Marktdaten und die eigenen Erfahrungswerte des Teams mit Ihnen kommuniziert, damit die besten Ergebnisse für die Klienten erzielt werden. Vertrauen Sie stets auf die fachliche Erfahrung von ausgebildeten Immobilienkaufleuten und geprüften Sachverständigen!

Vertragsgestaltung
Sie wünschen die Prüfung und Ergänzung von notariellen Kaufverträgen, damit Sie im Nachhinein keine bösen Überraschungen erleben? – Ein sachverständiger Kaufbegleiter erledigt dies für Sie gerne, sicherlich im pauschalen Komplettpaket! Sie benötigen für Ihre neue Immobilie Miet- und Pachtverträge? In Abstimmung mit allen Vertragsparteien bereiten Immobilienwirtschaftler die abzuschließenden Pacht-/ oder Mietverträge unterschriftsfertig vor. Somit haben Sie die Gewissheit, dass zum Zeitpunkt des Vertragsabschlusses die rechtlich und wirtschaftlich sinnvollen Formulierungen angewendet wurden.

Die Verwendung des Verkaufserlöses für eine sichere und lukrative Kapitalanlage

Viele Eigentümer verkaufen ihre Immobilie, weil diese nicht mehr zu den Lebensumständen passt oder weil ein ererbtes Objekt nicht von den Erben selbst verwendet werden kann. Nach der notariellen Beurkundung des Kaufvertrages und der Zahlung des Kaufpreises liegen dann oft hohe Geldbeträge ungenutzt ohne nennenswerte Kapitalrendite auf Bankkonten. Daher mein Rat: Sprechen Sie Ihren Immobilienexperten auf inflationsgeschützte Substanzwerte an. Ein modernes Immobilienbüro hat Zugang zu bundesweiten Anlageobjekten mit attraktiver Verzinsung.

Fazit

Beim Verkauf einer Immobilie oder deren Kauf stehen eine Menge an Erledigungen an. Die wenigsten Beteiligten haben die erforderliche Fachkenntnis und riskieren damit finanzielle Verluste. Scheuen Sie sich daher nicht, einen Immobilienexperten hinzuzuziehen. Er spart Ihnen meist mehr als er kostet.

Ich wünsche Ihnen bei der Umsetzung Ihrer Vorhaben viel Erfolg!

Ihr
André W. Ockenfels

Immobiliengeschehen durch die juristische Brille

von Marcus Lasar
Rechtsanwalt, ETL Rechtsanwälte NL Dortmund

Inhalt

- Von steuerlichen Aufklärungspflichten, die ein Immobilienmakler nicht erfüllen muss
- Die Haftung des Maklers für Angaben im Exposé
- Der Makler in seiner Funktion als Projektentwickler
- Steht dem Makler infolge einer Internetanzeige eine Provision zu?

Von steuerlichen Aufklärungspflichten, die ein Immobilienmakler nicht erfüllen muss

Zunächst möchte ich Ihnen einmal ein Beispiel aus der Praxis schildern. In einem mir bekannten Fall war die Klägerin Eigentümerin einer Immobilie, in der sich acht vermietete Wohnungen befanden. Mit schriftlichem Makleralleinauftrag beauftragte sie die spätere Beklagte, eine Immobilienmaklerin, mit dem Verkauf ihrer Immobilie.

Die Maklerin teilte der Eigentümerin nach Aufnahme ihrer Vermittlungstätigkeit mit, dass es zahlreiche Interessenten für die Immobilie geben würde. Deshalb empfehle es sich, diese bald zu veräußern, da andernfalls die Gefahr bestehe, dass Interessenten abspringen könnten. Die Eigentümerin schloss dann bald mit der späteren Erwerberin der Immobilie eine von der Maklerin mitunterzeichnete privatschriftliche

„Ankaufvereinbarung". Wenig später verkaufte sie die Immobilie mit notariellem Kaufvertrag. In diesem wurde festgehalten, dass der Notar keine steuerrechtliche Beratung durchgeführt hat.

Das Finanzamt fordert eine Steuernachzahlung

Dann kam der Bescheid des Finanzamts: Die zusammen mit ihrem Ehemann zur Einkommensteuer veranlagte Verkäuferin musste die Einkommensteuer, die Kirchensteuer und den Solidaritätszuschlag in Höhe von nahezu 50.000 EUR nachzahlen. Die Verkäuferin meinte, die Maklerin hätte sie vor Abschluss des Kaufvertrags darauf hinweisen müssen, dass der erzielte Gewinn der Veräußerung der Immobilie innerhalb von zehn Jahren nach Erwerb einkommensteuerpflichtig sei. Die Maklerin habe schließlich bei der Auftragserteilung einen Grundbuchauszug übergeben bekommen. Spätestens anlässlich der Vorbereitung des Kaufvertrags habe sie Kenntnis davon erhalten, dass die Klägerin die Immobilie vor weniger als 10 Jahren erworben habe.

Die Verkäuferin fordert von der Maklerin Schadenersatz

Das Landgericht hat die von der Verkäuferin gegen die Maklerin erhobene Klage auf Zahlung von ca. 50.000 EUR (nebst Zinsen und Erstattung vorgerichtlicher Anwaltskosten in Höhe von ca. 2.000 EUR) abgewiesen. Die Berufung der Verkäuferin blieb ohne Erfolg. Mit ihrer vom Berufungsgericht zugelassenen Revision, deren Zurückweisung die Maklerin beantragt, verfolgt die Klägerin ihr Klagebegehren weiter.

Die Haftung des Maklers

Doch wofür haftet ein Makler eigentlich? Einen Makler trifft beim Fehlen einer entsprechenden Vereinbarung grundsätzlich keine vertragliche Nebenpflicht, steuerrechtliche Fragen zu prüfen und seinen Auftraggeber über die in diesem Zusammenhang relevanten Umstände aufzuklären. Abweichendes gilt im Einzelfall ausnahmsweise etwa dann, wenn der Makler sich hinsichtlich bestimmter Steuerfragen als Fachmann ausweist. Das ist der Fall, wenn er sich beispielsweise in seiner Werbung einer langjährigen Tätigkeit und Erfahrung rühmt, wenn der Auftraggeber hinsichtlich vertragsrelevanter Umstände erkennbar rechtlicher Belehrung bedarf, oder wenn der Makler den Auftraggeber zu einem riskanten Vorgehen veranlasst oder ihn sonst zu einem unvorteilhaften und überstürzten Vertragsabschluss verleitet.

Ein Makler, der einen Grundstückskauf vermittelt, ist nur dann gehalten, auf mögliche steuerrechtliche Folgen des vermittelten Geschäfts hinzuweisen, wenn er aufgrund besonderer Umstände des Einzelfalls Anlass zu der Vermutung haben muss, seinem Kunden drohe ein Schaden, weil er sich der Gefahr des Entstehens einer besonderen Steuerpflicht nicht bewusst ist.

Im Grundsatz steht zwar ein Makler zu seinem Auftraggeber als dessen Interessenvertreter in einem besonderen Treueverhältnis. Aus diesem besonderen Verhältnis können sich für den Makler bei der Erfüllung seiner Aufgaben bestimmte Aufklärungs- und Beratungspflichten ergeben. Eine sachgemäße Interessenwahrnehmung gebietet es, den Auftraggeber nicht nur über dasjenige aufzuklären, was unerlässlich ist, um ihn vor Schaden zu bewahren. Der Makler hat auch über alle ihm bekannten Umstände, die für die Entschließung des Auftraggebers von Bedeutung sein könnten, zu informieren. Wie weit diese Aufklärungs-/ Unterrichtungspflicht im Einzelnen reicht, hängt von den Umständen des jeweiligen

Falles ab. Maßgeblich ist zunächst der Maklervertrag. (Immobilien-)Makler sind zwar gem. § 4 Nr. 5 StBerG berechtigt, zu einschlägigen steuerlichen Fragen Auskünfte zu geben und zu beraten. Sie sind gegenüber dem Auftraggeber aber nach dem Maklervertrag grundsätzlich nicht dazu verpflichtet.

Das Gericht lehnt die Haftung des Maklers ab

So möchte ich Ihnen das Beispiel weiter schildern und das Urteil des Gerichts erläutern: Die Maklerin war also vorliegend nicht verpflichtet, die Klägerin vor Abschluss des Kaufvertrags darauf hinzuweisen, dass diese einen durch die Veräußerung des Anwesens erzielten Gewinn versteuern muss, wenn sie die Immobilie innerhalb der letzten zehn Jahre vor ihrer Veräußerung erworben hatte. Eine derartige steuerliche Beratung war schlicht nicht als Gegenstand des Maklervertrags vereinbart worden. Auch trifft den Makler im Streitfall keine vertragliche Nebenpflicht steuerliche Fragen zu prüfen. Grundsätzlich trifft den Makler nur eine eingeschränkte Beratungspflicht. Der Makler ist im Allgemeinen nur gehalten, seinen Auftraggeber über die ihm bekannten Tatsachen zu unterrichten, soweit er aufgrund entsprechender Fragen und Mitteilungen des Kunden ein Informationsinteresse auf dessen Seite erkennen kann. Rechtliche oder steuerliche Ratschläge werden vom Makler in der Regel nicht geschuldet. Werden diese jedoch gleichwohl durch den Makler erteilt, müssen sie zutreffend sein. Dies ist insbesondere dann nötig, wenn der Makler sich hinsichtlich bestimmter Steuerfragen nach außen hin als Fachmann darstellt. Erweckt der Makler dadurch beim Auftraggeber ein berechtigtes Vertrauen, muss er sich auch daran festmachen lassen. Beratungspflichten zu rechtlichen und steuerlichen Standardfragen auf einem bestimmten Gebiet können sich im Einzelfall, z.B. durch einen werbenden Hinweis auf die langjährige Tätigkeit und Erfahrung des Maklers in diesem Gebiet auf seiner Homepage ergeben. Kurz und bündig heißt das, dass die Klägerin von der Beklagten (in dem hier vorliegenden Fall) keinen Schadensersatz wegen einer Verletzung einer Pflicht aus dem Maklervertrag oder einer Nebenpflichtverletzung beanspruchen kann.

Die Haftung des Maklers für Angaben im Exposé
Makler sind in jedem Fall gehalten, Fragen des Kaufinteressenten zu Eigenschaftsmerkmalen des Grundstücks, die von besonderer Bedeutung für seinen Kaufentschluss sind, gewissenhaft zu beantworten. Makler sollten deshalb im Exposé ausdrücklich darauf hinweisen, dass die Angaben des Verkäufers auf ihre sachliche Richtigkeit nicht überprüft wurden. Ein solcher Hinweis kann auch wirksam in die Allgemeinen Geschäftsbedingungen aufgenommen werden.

Das OLG Düsseldorf vertritt beispielsweise die Rechtsansicht, dass dem Verkäufermakler die Nebenpflicht obliegt, die zu verkaufende Immobilie im Exposé so zu beschreiben, wie es dem tatsächlichen Zustand und den ihm vom Verkäufer gemachten Angaben entspricht. Letztlich muss der Immobilienmakler im Rahmen seiner vertraglichen Verpflichtung ein fehlerfreies Exposé erstellen. Der Makler haftet aber nur für die Fehler, die er aufgrund seiner Sachkunde erkennen und deshalb auch vermeiden kann. Die Aufklärungspflicht eines Maklers bezieht sich demnach auf alle Umstände, die den Vertragszweck vereiteln oder erheblich gefährden können.

Der Makler in seiner Funktion als Projektentwickler
Einen solchen schwerwiegenden Aufklärungsverstoß des Maklers hat das OLG Hamm in einer Entscheidung angenommen. Im Streitfall, so das OLG Hamm, oblag es dem Makler, seinen Kunden darüber aufzuklären, dass er zugleich als „Projektentwickler" ein eigenes wirtschaftliches Interesse am Abschluss eines Erwerbsvertrags besaß. Denn dadurch wurde es einem bestimmten Architekten ermöglicht, eine bereits getätigte Planungsleistung dem Erwerber gegenüber entgeltlich zu erbringen. Mangels wettbewerbsüblicher Vermarktungsaktivitäten des Maklers wurde der schnellstmögliche Verkauf der Immobilie zum besten Preis verhindert. In dem zu entscheidenden Fall war deshalb der Provisionsanspruch verwirkt. Aufgrund der schwerwiegenden Aufklärungspflichtverletzung besteht ein Anfechtungsgrund wegen des bewussten Verschweigens des Interessengegensatzes. Der Lohnanspruch des Maklers entfällt auch bei „Behauptungen ins Blaue hinein". Dies jedenfalls dann, wenn die Interessen des Maklerkunden schwerwiegend gefährdet oder beeinträchtigt werden.

Ergo

Die Moral von der Geschichte ist schlicht und überrascht nicht: „Schuster, bleib bei Deinen Leisten!" Ein Immobilienmakler ist Experte für die Bewertung und die Veräußerung sowie den Erwerb von Immobilien und für die entsprechenden Markteinschätzungen. Für etwaige steuerrechtlich relevante Gesichtspunkte hat er grundsätzlich keine Expertise. Der Maklerkunde erwartet eine solche Aufklärung oder Prüfung in der Regel auch nicht.

Steht dem Makler infolge einer Internetanzeige eine Provision zu?

Aufgegriffen wird in der Folge der Gedanke „Provisionspflicht des Erwerbers aufgrund einer Reaktion auf die Internetanzeige eines gewerblichen Immobilienmaklers“. Der Jurist wird dazu sagen: „Es kommt darauf an.“ Pauschal lautet die Antwort jedoch zunächst einmal „Nein.“ Bitte lesen Sie aber bis zum Schluss weiter, bevor Sie sich vorschnell ein Urteil bilden. Bei Werbeanzeigen gewerblicher Immobilienmakler im Internet handelt es sich um eine sogenannte „invitatio ad offerendum“. Hierunter versteht der Jurist eine, an einen unbestimmten Personenkreis gerichtete, Aufforderung zur Abgabe eines Angebotes, in diesem Fall an den Makler. Dies ist für den normalen Immobilieninteressenten und späteren Erwerber meist unbekannt, in jedem Fall aber kaum verständlich.

Was bedeutet diese Aussage nun für die Provision des Maklers? Nur dann, wenn der Makler eine solche Werbeanzeige ausdrücklich und unmissverständlich mit einem Provisionsverlangen versehen hat und sein Provisionsbegehren damit deutlich zum Ausdruck gebracht hat, führt dies zum Abschluss eines Maklervertrages. Über einen solchen Fall hatte der Bundesgerichtshof in seiner Entscheidung vom 03.05.2012 zu urteilen. Es ging um die Frage des eindeutigen Provisionsverlangens eines gewerblichen Immobilienmaklers, der ein zum Verkauf stehendes Objekt mittels einer Internetanzeige (hier auf "Immobilienscout24") mit dem Hinweis „"Provision 7,14 %“ anbot.

Keine Provision ohne Provisionsangabe

Eine Provisionsabrede, so das BGB, kann stillschweigend auch durch schlüssiges Verhalten getroffen werden. Die Rechtsprechung stellt hieran jedoch strenge Anforderungen. Derjenige, der sich an einen Makler wendet, der mit „Angeboten" werbend im geschäftlichen Verkehr auftritt, erklärt damit noch nicht schlüssig seine Bereitschaft zur Zahlung einer Maklerprovision für den Fall, dass ein Kaufvertrag über das angebotene Objekt zustande kommt. Der Interessent darf, soweit ihm Gegenteiliges nicht bekannt ist, davon ausgehen, dass der Makler das Objekt von dem Verkäufer an die Hand bekommen hat und deshalb mit der angetragenen Weitergabe von Informationen eine Leistung für diesen erbringen will. Ohne weiteres braucht der Kaufinteressent in einem solchen Fall also nicht damit zu rechnen, dass der Makler auch von ihm eine Provision erwartet. Selbst die Besichtigung des Verkaufsobjekts zusammen mit dem Makler reicht bei dieser Sachlage für einen schlüssigen Vertragsschluss nicht aus.

Die Nennung einer Provision löst den Provisionsanspruch aus

Anderes gilt nur dann, wenn der Makler den Kaufinteressenten unmissverständlich auf eine von ihm im Erfolgsfall zu zahlende Käuferprovision hingewiesen hat. Ein Kaufinteressent, der in Kenntnis des eindeutigen Provisionsverlangens (beispielsweise in einem ihm übersandten Objektnachweis oder Exposé) die Dienste des Maklers in Anspruch nimmt, gibt damit grundsätzlich in schlüssiger Weise zu erkennen, dass er den in dem Provisionsbegehren liegenden Antrag auf Abschluss eines Maklervertrags annehmen will. Um die daran anknüpfenden Rechtsfolgen zu vermeiden, müsste er ausdrücklich vor Inanspruchnahme der Maklerdienste deutlich machen, eine solche Willenserklärung nicht abgeben zu wollen. Die Angabe: „Provision 7,14 %" direkt unter der Angabe der Vermarktungsart (Kauf) und des Kaufpreises drückt ein solches eindeutiges Provisionsverlangen gegenüber dem Kaufinteressenten unmissverständlich aus.

Die Übergabe des Exposés während einer Besichtigung

Immer wieder missverstanden wird die schlichte physische Übergabe eines Exposés durch den Makler an einen Kaufinteressenten im Rahmen eines Besichtigungstermins. Allein durch die Übergabe des Exposés wird zwischen dem Makler und dem potentiellen Erwerber kein wirksamer Maklervertrag geschlossen. Der Maklervertrag kann ohne die Einhaltung einer bestimmten Form geschlossen werden. Ein wirksamer Maklervertrag kann daher mündlich, schriftlich, stillschweigend oder konkludent zustande kommen. Das Zustandekommen eines wirksamen Maklervertrages setzt aber zwei übereinstimmende Willenserklärungen (Angebot und Annahme) voraus. Dies hat der Maklervertrag mit anderen Verträgen gemein. Die Annahme des Exposés durch den Immobilieninteressenten im Rahmen eines Besichtigungstermins reicht zur Annahme eines Maklervertragsabschlusses als schlüssiges Verhalten nicht aus. Der Grund hierfür ist einfach. In der Regel liest der Kaufinteressent während des Besichtigungstermins das Exposé nicht detailliert durch. Der Makler kann, so der Bundesgerichtshof, auch nicht davon ausgehen, dass dies geschieht. In diesen Situationen werde die Provisionsforderung des Maklers von Verbrauchern also nicht hinreichend zur Kenntnis genommen. Ein wirksamer Vertragsschluss komme demnach nur dann zustande, wenn etwa durch den Maklerkunden nach der Übergabe des Exposés (in Kenntnis des Provisionsverlangens des Maklers) weitere Maklerleistungen in Anspruch genommen werden. In diesen Fällen, die immer einer Einzelfallprüfung des jeweils erkennenden Gerichtes unterliegen, kann das Angebot auf Abschluss eines Maklervertrages schlüssig angenommen werden. Abseits dieser besonderen Fallkonstellation spricht zugunsten des Maklers allerdings der Erfahrungssatz, dass der Maklerkunde in der Regel nach Erhalt eines Exposés dessen Inhalt und damit auch das Provisionsverlangen zur Kenntnis nehmen wird. In streitigen Auseinandersetzungen liegt die Beweislast, dass dies nicht der Fall ist, damit auf Seiten des den Provisionsanspruch bestreitenden Erwerbers.

Fazit

Makler sollten angesichts der erheblichen Leistungen, die von ihnen als Bindeglied zwischen den Vertragsparteien erbracht werden, selbstbewusst unter Darlegung eines transparenten Leistungskataloges (siehe Anhang im Buch) von ihrem Provisionsbegehren überzeugen. Wie man anhand der Beispiele sehen kann, muss ein Makler fundierte juristische Kenntnisse haben. Nicht nur, um sich so zu verhalten, dass er seinen wohlverdienten Provisionsanspruch nicht verliert, sondern auch dass er im Interesse seiner Kunden so handelt, dass deren Handlungen im Rahmen der gesetzlichen Regeln erfolgen. Über welche Gesetze ein qualifizierter Makler (zumindest auszugsweise) Bescheid wissen muss, können Sie dem im Anhang abgedruckten Leistungsverzeichnis entnehmen.

Ihr
Marcus Lasar

Die Immobilie im Erbfall und im Scheidungsfall

von Jürgen Pfund
Pfund Immobilien, Steinheim an der Murr

Inhalt

- Immobilie geerbt – was nun?
- Erbschaftssteuer: Steuerklassen und Freibeträge
- Die Immobilie bei einer Scheidung

Nachstehend habe ich Ihnen aus meiner langjährigen Erfahrung in der Finanz- und Immobilienbranche mein Spezialwissen zusammengefasst. Ich möchte Ihnen zeigen, was Sie im Erbfall beachten sollten.

Der Tod eines Angehörigen bringt oft nicht nur den Schmerz um den Verlust, sondern auch die Verantwortung für die Regelung des Erbes mit sich. Wenn sich unter dem Nachlass eine Immobilie befindet, kann dies mit viel zusätzlichem Aufwand verbunden sein. Erfahrungsgemäß kann dies eine recht emotionale und kraftzehrende Situation sein, zumal darin auch Streitpotenzial mit den Miterben und dem Partner enthalten sein kann. Nicht viel anders ist es allerdings auch im Fall einer Scheidung.

Immobilie geerbt – was nun?

Die Nachricht zu erhalten, eine Immobilie geerbt zu haben, lässt immer einige Fragen aufkommen: „Und was nun?", „Was muss ich alles beachten?", „Was mache ich mit der Immobilie?", „Möchte ich sie selbst nutzen oder verkaufe ich sie?“, und „Kann ich das überhaupt allein entscheiden?“ Das sind schon viele Fragen, die da auf einen zukommen und deren Beantwortung ansteht. Denn Immobilien gehören zu den bedeutendsten Vermögenswerten einer Erbschaft. Da ist Sorgfalt geboten. Eine geerbte Immobilie kann Ihre wirtschaftliche Situation verändern – und zwar sowohl positiv als auch negativ. Meist hat sie auch einen ganz eigenen, emotionalen Wert. Da kann leicht ein Gefühl von Ratlosigkeit und Unsicherheit aufkommen. Man fragt sich, wie man in dem Dschungel aus Paragrafen und Emotionen den richtigen Weg und die richtige Lösung mit der geerbten Immobilie finden soll.

Zu allererst ist es wichtig zu klären, in welcher Rechtsstellung Sie sich eigentlich befinden. Sie könnten beispielsweise Alleinerbe sein. Sie könnten aber auch gemeinsam mit anderen geerbt haben. Die Details, wie das Erbe verteilt werden soll, regelt ein Vorsorgender zu Lebzeiten mit einem aufgesetzten Testament oder einem Erbvertrag. Ist eine Verfügung nicht festgelegt, wird der Nachlass nach der gesetzlichen Erbfolge geregelt.

<u>Das Erbe annehmen oder ausschlagen</u>

Nachdem Sie nun erfahren haben, in welcher Rechtsstellung Sie sich befinden, sollten Sie als nächstes unbedingt prüfen, was sich tatsächlich in der Erbmasse befindet. Seien Sie sich im Vorfeld bewusst, dass Ihnen, sollten Sie die Erbschaft annehmen, nicht nur das Vermögen, sondern auch die Schulden übertragen werden. Denn als Erbe sind Sie Rechtsnachfolger des Erblassers. Mit einer Immobilie erbt man also auch eventuelle Belastungen, wie z.B. die Immobilienkredite. Stellt sich also heraus, dass Sie auch Schulden erben sollten,

sollten Sie sich gut überlegen, ob Sie das Erbe überhaupt annehmen wollen oder es eine bessere Entscheidung wäre, es auszuschlagen.

Für das Ausschlagen müssen Sie beim Nachlassgericht eine entsprechende Erklärung abgeben, wonach Sie das Erbe nicht antreten möchten. Die Frist beträgt sechs Wochen, nachdem Sie von der Erbschaft erfahren haben.

Das Annehmen des Erbes hingegen erfolgt entweder durch eine formlose Erklärung oder durch stillschweigendes, schlüssiges Handeln (z.B. dem Annehmen von Mietzahlungen). Sie sollten achtsam sein, denn auch durch das verstreichen lassen der Frist gilt das Erbe als angenommen.

Die Entscheidung, ob Sie das Erbe annehmen oder nicht, sollte dabei gut überlegt sein. Nur in seltenen Fällen (wie etwa, wenn Sie sich über bestimmte Eigenschaften des Erbes getäuscht haben) ist die Annahme anfechtbar.

Um es auf den Nenner zu bringen: Die Annahme des Erbes wäre nur ratsam, wenn der Wert des Nachlasses die Summe der Schulden übersteigt. Sollte diese Bilanz negativ sein, kann Sie ein Ausschlagen des Erbes sogar vor finanziellen Verlusten schützen. Um dies zu prüfen, kann Ihnen ein Notar oder Steuerberater helfen.

Die Erbengemeinschaft

Eine Erbengemeinschaft entsteht dann, wenn nicht nur Sie, sondern weitere Personen Anspruch auf das Erbe haben. In dieser Gemeinschaft sind alle Erbenden an der gesamten Erbmasse beteiligt. Die Aufteilung erfolgt nach einer natürlichen Teilung (Erbauseinandersetzung), bei der sich jeder

Erbende gewisse Gegenstände aus der Erbmasse aussucht, bis diese aufgeteilt ist. Gehört eine Immobilie zur Erbmasse, deren Wert den des übrigen Erbes übersteigt, ist die natürliche Teilung nicht mehr möglich. In diesem Fall müssen sich die Erben gemeinsam über die Verwendung der Immobilie einigen. Für jede Entscheidung ist dann ein einheitlicher Beschluss der Miterben nötig.

An dieser Stelle fangen die Probleme meist an: Erzwungen durch das Erbe ist eine Erbengemeinschaft eine unfreiwillig entstandene Gemeinschaft, deren Mitglieder meist unterschiedliche Interessen und Meinungen haben. Vor allem bei so großen und finanziell weitreichenden Erbgegenständen wie einer Immobilie kann das zu einem unliebsamen Streit führen. Deshalb ist es ratsam, die Erbauseinandersetzung bei Immobilien schnellstmöglich zu klären.

Hierfür gibt es folgende Möglichkeiten:

1. <u>Die Auszahlung der Miterben</u>
   Möchten Sie zum Beispiel in das anteilig geerbte Haus einziehen, müssen Sie die Miterben ausbezahlen. Ein entsprechender Vertrag wird aufgesetzt und (im Falle der Immobilie) notariell beglaubigt.

2. <u>Der einvernehmliche Verkauf</u>
   Viele Erbengemeinschaften entscheiden sich für diese Variante, da mit dem Verkauf das Konfliktpotential untereinander verschwindet. Der Verkaufserlös wird dann unter den Erben aufgeteilt. Für den Verkauf ist es am besten einen neutralen Immobilienprofi zu beauftragen: Als objektiver Berater und Experte auf seinem Gebiet kann er die Interessen aller berücksichtigen. Eventuelle

Bereicherungsvorwürfe gegen einen bestimmten Erben können damit vermieden werden.

3. Die Teilungsversteigerung von Erbanteilen
Sollten sich die Mitglieder einer Erbengemeinschaft nicht einstimmig auf die zukünftige Nutzung der Immobilie einigen können, droht das letzte Mittel: die Teilungsversteigerung. Im Gegensatz zu anderen Beschlüssen, die von allen Miterben gemeinsam getragen werden müssen, kann die Teilungsversteigerung auch von einem einzelnen Mitglied der Erbengemeinschaft beantragt werden. Hierbei versteigert ein Miterbe seinen Anteil, den die anderen Miterben ersteigern können. Grundsätzlich wird dem Interesse des Miterben, der eine sofortige Verwertung der Immobilie anstrebt, Vorrang gewährt. Ziel ist es, ein nicht real teilbares Erbstück möglichst rasch liquide zu machen, um eine Teilung zu ermöglichen. Überlegen Sie es sich aber gut, bevor Sie diesen Stein ins Rollen bringen. Bei einer Teilungsversteigerung werden für Immobilien meist Erlöse weit unterhalb des Verkehrswerts erzielt. Zudem fallen nicht unerhebliche Verfahrenskosten an. Das geerbte Vermögen kann auf diese Weise nicht unerheblich reduziert werden.

Mein Tipp: Für den Verkauf ist es am besten einen neutralen Makler mit gutem Leumund zu beauftragen. Als objektiver Berater und Experte auf seinem Gebiet kann er die Interessen aller berücksichtigen und eventuelle Bereicherungsvorwürfe gegen einen bestimmten Erben können vermieden werden.

Das Grundbuch

Wenn Sie sich dafür entschieden haben, das Erbe anzunehmen, muss für die Immobilie ein Antrag auf Berichtigung des Grundbucheintrags gestellt werden. Statt dem Erblasser werden nun Sie, der Erbe, als Eigentümer eingetragen. Der Antrag beim Grundbuchamt ist für Erben bis zu zwei Jahre nach dem Versterben des Erblassers kostenfrei. Wird der Antrag nach Ablauf der Frist eingereicht, wird für die Grundbuchberichtigung eine Gebühr berechnet, die sich am Wert der Immobilie bemisst. Als rechtmäßiger Erbe können Sie sich gegenüber dem Grundbuchamt ausweisen, indem Sie das Eröffnungsprotokoll des Nachlassgerichts vorlegen. Wurde eine Immobilie nicht durch ein Testament oder einen Erbvertrag hinterlassen, benötigen Sie einen Erbschein. Aus diesem Dokument geht klar hervor, wer der gesetzliche Erbe ist. Mit diesem Erbschein haben Sie auch das Recht, das Grundbuch einzusehen, um so zu erfahren, ob eventuelle Belastungen auf der Immobilie eingetragen sind. Den Erbschein können Sie bei dem zuständigen Amtsgericht (im Bezirk, in dem der Verstorbene gewohnt hat) beantragen. Dabei kann sich eine Erbengemeinschaft einen gemeinschaftlichen Erbschein oder auch einen Teil-Erbschein für den jeweiligen Anteil ausstellen lassen. Auch hier richten sich die Gebühren für die Ausstellung des Erbscheins nach dem Wert der Erbschaft.

Die Nutzung der geerbten Immobilie

Schon bald kommt die Frage auf, wie die geerbte Immobilie genutzt werden soll. Für diese Entscheidung gibt es keine allgemein gültige Antwort – dazu sind die Erbfälle und die Zukunftsvorstellungen der Erben zu individuell. Zudem werden die Überlegungen von finanziellen sowie emotionalen

Faktoren begleitet. Jedoch ist es hilfreich, wenn man sich bei den jeweiligen Nutzungsmöglichkeiten bestimmte Fragen stellt. So kann man abwägen, wie mit der Immobilie weiterhin umgegangen werden soll. Bei einer beabsichtigten Eigennutzung stellen sich folgende Fragen:

- Passt die Größe der Immobilie zu meinem Bedarf?
- Passt die Lage zu meiner Lebenssituation?
- Gibt es eine Immobilie, die mir besser gefällt und passt?
- Wie viel kostet der Umzug?
- Wie hoch sind die Erhaltungskosten?
- Muss renoviert werden?

Die Vermietung einer Immobilie lohnt sich, wenn man eine relativ inflationssichere Vermögensanlage sucht, die auch noch Mieteinnahmen abwirft, oder wenn man zu einem späteren Zeitpunkt die Immobilie selbst nutzen und die Zeit mit der Vermietung überbrücken möchte. Tatsächlich entscheiden sich die meisten Erben für den Verkauf der Immobilie, weil sie Kriterien aufweist, die nicht zur eigenen Lebenssituation passen oder sie sich in einer Region befindet, die immer mehr Menschen verlassen und man sie daher wohl besser verkauft, bevor der Wert noch weiter sinkt. Die geerbte Immobilie zunächst zu vermieten und sie zu einem späteren Zeitpunkt dann doch zu verkaufen, ist nicht unbedingt optimal. Denn vermietete Immobilien erzielen meist einen geringeren Verkaufspreis, da der neue Eigentümer nicht frei über sie verfügen und die Miete nur unter begründeten Umständen erhöht werden kann. Zudem kann man Mietern nicht einfach kündigen, außer vielleicht bei Eigenbedarf. Überlegen Sie sich deshalb besser unmittelbar zum

Erbzeitpunkt, wie Sie mit der Immobilie verfahren möchten. Ist die Immobilie zum Erbzeitpunkt hingegen unvermietet, ist ein Verkauf fast immer die lukrativere Entscheidung, denn freie Immobilien erzielen meistens einen höheren Wert als vermietete. Mit dem Verkaufserlös kann man sich unter Umständen die langersehnte Traumimmobilie kaufen oder, falls Sie bereits die Immobilie Ihr Eigen nennen, den bestehenden Kredit abbezahlen. Nicht immer ist die geerbte Immobilie frei von Kreditzahlungen. Doch der Kredit gehört zum Haus und wird mit vererbt. Wenn Sie diese Schulden nicht auf sich nehmen möchten oder können, ist es die beste Entscheidung, die geerbte Immobilie zu verkaufen. Nicht jeder Erbe hat ein Händchen oder das Interesse für Immobilien. Ob als Vermieter oder bei Eigennutzung – Immobilien kosten immer wieder Zeit und Geld. Ständig ist etwas zu reparieren, ein neuer Mieter muss gesucht werden oder die Betriebskostenabrechnung erstellt werden. Decken die Mieten die Instandhaltungskosten nicht, sollte man auch darüber nachdenken, die Immobilie zu verkaufen. Wenn durch den Erbfall eine Erbengemeinschaft entstanden ist und man selbst in die Immobilie einziehen möchte, muss man die Miterben ausbezahlen. Das muss man sich leisten können. Auch wenn die Erbengemeinschaft sich nicht einig ist, wie mit der Immobilie weiter vorgegangen werden soll, ist es oft der goldene Weg, die Immobilie zu verkaufen und den Verkaufserlös untereinander aufzuteilen.

Mein Rat: Beim Umgang mit einer geerbten Immobilie spielen viele individuelle Faktoren eine Rolle. Um diese richtig einzuschätzen, lassen Sie sich am besten von einem Immobilien-Experten beraten. Er hat Erfahrung darin, die Nutzung auf Ihre Möglichkeiten hin zu prüfen und die erforderlichen

Renovierungskosten abzuschätzen. Er betreut Sie von der Ermittlung des Verkehrswertes bis hin zur Verkaufsabwicklung, mit der dann auch eventuelle Miterben einverstanden sind.

Erbschaftssteuer: Steuerklassen und Freibeträge

Weiterhin unterliegen Erbschaften der Steuerpflicht. Die für Sie entstehende Steuerlast hängt einerseits vom Verwandtschaftsverhältnis zum Erblasser ab, andererseits sind zudem der Wert, die Art der Immobilie und deren bisherige und zukünftige Nutzung ausschlaggebend. Die gute Nachricht ist jedoch: Je nachdem, zu welcher Verwandtschaftsordnung Sie gehören, können Sie bestimmte Freibeträge geltend machen. Diese beginnen bei 20.000 EUR für nicht verwandte Erben und enden bei 500.000 EUR für zum Erblasser nahestehende Erben, wie Ehegatten oder eingetragene Lebenspartner.

Hier eine Übersicht der verschiedenen Verwandtschaftsgrade in Steuerklassen:

<u>Steuerklasse I</u>

Ehegatten, Lebenspartner,	500.000 EUR
Kinder, Stief- und Adoptivkinder	400.000 EUR
Enkelkinder	200.000 EUR
Eltern und Großeltern	100.000 EUR

<u>Steuerklasse II:</u>

Geschwister, Kinder der Geschwister, Stiefeltern	20.000 EUR

<u>Steuerklasse III:</u>

nicht verwandte Erben	20.000 EUR

Dieser Verwandtschaftsgrad bildet nun die Grundlage für die Berechnung der Erbschaftssteuer. Von dem Wert des Erbes wird zunächst der Freibetrag abgezogen und ein evtl. verbleibender Überschuss je nach Steuerklasse versteuert. Die Höhe der Steuer liegt zwischen 7% für den Ehegatten bei einem zu versteuernden Wert abzüglich des Freibetrags in Höhe von 75.000 EUR, bis hin zu 50% ab einem Betrag von 26.000.000 EUR für nicht verwandte Erben. Wichtig ist, dass Sie Ihren Erbfall umgehend dem Finanzamt melden. Denn für jeden Erbenden gilt die Meldepflicht an die zuständige Steuerbehörde innerhalb von drei Monaten, nachdem man von seiner Erbschaft in Kenntnis gesetzt worden ist. Die Möglichkeit, eine geerbte Immobilie steuerfrei zu erhalten, besteht aber auch. Dafür müssen einige Umstände zutreffen. Dies trifft zu, wenn die geerbte Immobilie vom Verstorbenen selbst bewohnt wurde, die Wohnfläche nicht größer als 200 Quadratmeter beträgt und von dem erbenden Ehe- bzw. Lebenspartner oder Kind nach Eintritt des Erbfalls mindestens zehn Jahre lang bewohnt wird. Aber Vorsicht: Wird die Immobilie weniger als zehn Jahre bewohnt, wird die Erbschaftsteuer nachträglich fällig. (Sehen Sie hierzu auch die Ausführungen von Marcus Lasar.) Übersteigt Ihr Vermögen die genannten Freibeträge, sollte in Erwägung gezogen werden, schon zu Lebzeiten einen Teil des Vermögens noch vor dem Ableben an die zukünftigen Erben zu übertragen. So lässt sich die Erbschaftssteuer verringern. Am besten Sie lassen sich dazu von einem Experten beraten.

Erben werden nach Ihrem Verwandtschaftsgrad in drei Rubriken unterteilt:

- Verwandtschaftsgrad 1: Ehepartner, Lebenspartner, Kinder, Enkel, Urenkel
- Verwandtschaftsgrad 2: Eltern, Geschwister, Nichten/ Neffen
- Verwandtschaftsgrad 3: Großeltern, deren Nachkommen (Tante/ Onkel, Cousine/Cousin)

Gibt es Erben der ersten Ordnung, werden bei der Erbverteilung sämtliche Verwandte der übrigen Ordnungen nicht beachtet. Auch wenn die Eltern noch leben sollten, haben sowohl diese selbst als auch deren Kinder, also die Geschwister des Erblassers, kein Anrecht auf das Erbe. Erbberechtigt sind nur der Ehegatte und der Lebenspartner bzw. die Kinder, auch die adoptierten. Auf alle anderen Verwandtschaftsgrade trifft das gesetzliche Erbrecht nicht zu. Nach der gesetzlichen Regelung geht das Erbe an den Ehegatten und die Kinder. Hierbei steht dem Ehegatten oder Partner ein Viertel des Erbes zu, dem Kind oder den Kindern drei Viertel. Wird die Ehe (wie in den meisten Fällen) als Zugewinngemeinschaft geführt, so hat der hinterbliebene (Ehe-)Partner sogar Anspruch auf die Hälfte des Erbes. Wenn der Verstorbene kein Testament hinterlassen hat, kommt es also unweigerlich zur Anwendung der gesetzlichen Erbfolge. Das kann dann zu einer (ungewollten) Entstehung einer Erbengemeinschaft führen.

Die Ermittlung des Immobilienwertes

Zu wissen, welchen Wert die geerbte Immobilie hat, ist in vielerlei Hinsicht interessant, auch z.B. aus steuerlichen Gründen. Wenn man sich nicht sicher ist, gibt man am besten ein Wertgutachten in Auftrag. Damit hat man einen Überblick über den Wert und die eventuell zu entrichtende Erbschaftssteuer. Das Finanzamt orientiert sich an einem Durchschnittswert nach der Grundvermögensbewertungsverordnung (GrBewV). Indem man die Erb-Immobilie von einem Sachkundigen bewerten lässt, kann man den seitens des Finanzamtes ermittelten Wert besser mit dem des Gutachters abgleichen. Bei nachteiligen Abweichungen hat man eine gute argumentative Grundlage gegenüber dem Finanzamt. Unter Umständen gibt es auch wertmindernde Eigenschaften, die die Erbschaftssteuer, sofern sie überhaupt anfällt, reduzieren würde. Insbesondere bei älteren Häusern, die renoviert werden müssen, lohnt sich ein eigenes Gutachten. Zudem ist es eine wichtige Grundlage für jede weitere Vorgehensweise, z.B. wenn man sich entschieden hat, die Immobilie zu verkaufen. Der Marktwert einer Immobilie wird von verschiedenen Faktoren wie beispielsweise Größe, Sanierungsstand, Lage oder Ausstattung beeinflusst. Das macht die Wertermittlung zu einem komplexen Vorgang. Lassen Sie sich deshalb von einem Immobilien-Experten beraten, denn bei der Wertbestimmung ist Vorsicht geboten. Die meisten Immobilieneigentümer und auch Erben schätzen die Verkaufssumme zu hoch ein, da ideelle Werte mit einfließen oder sie sich einen hohen Gewinn erhoffen. Eine Immobilie, die deutlich über dem Marktwert angeboten wird, wird aber nur schwer einen Käufer finden. Wird der Wert der Immobilie zu gering eingeschätzt, bringt ein Verkauf finanzielle Verluste. Einige meiner Mitautoren haben genau dazu etwas geschrieben.

Die Immobilie bei einer Scheidung

Für eine Familie ist die Immobilie weit mehr als nur ein Wohnraum. Sie ist der Ort, an dem das Leben stattfindet. Sie ist erfüllt mit Erfahrungen und Wünschen. Sie zu unterhalten und zu gestalten, kostet Zeit und Geld. Meist bildet sie auch den größten Teil des Vermögens der Eheleute und soll im Alter als Absicherung dienen. Zudem ist sie das Symbol des gemeinsamen familiären Lebens. Scheitert nun die Ehe, gibt es eben dieses Symbol nicht mehr – die Nutzung der Immobilie muss neu definiert werden. Das hat finanzielle und private Konsequenzen, bei denen die wirtschaftliche Leistungskraft der beiden Ehepartner, die Eigentumsverhältnisse an der Immobilie und die Interessen etwaiger Kinder bedacht werden müssen.

Mein Rat: Versuchen Sie mit allen Mitteln untereinander zu einer Einigung zu kommen. Das erspart Ihnen Nerven, Streitereien und finanzielle Tiefschläge.

<u>Die Optionen bei einer Scheidungsimmobilie</u>

Die folgenden Möglichkeiten bieten sich für eine Immobilie im Scheidungsfall an.

1. Einer der beiden Ehepartner bleibt in der Immobilie wohnen. Dabei bietet sich die Eigentumsübertragung noch während der Trennung (also bevor die Ehe rechtskräftig geschieden ist) an. Das spart gegebenenfalls Kosten für Nutzungs- und Vorfälligkeitsentschädigungen, sowie die Grunderwerbssteuer.

2. Die Kinder übernehmen die Immobilie mittels einer Schenkung. Oftmals hängen Eheleute an dem Gedanken, dass die Immobilie eigentlich gerne im Besitz weiterer

Generationen verbleibt. Das kann aber eine gute Entscheidung blockieren. Doch auch für diesen Fall gibt es eine Lösung: Sie können die Immobilie auf die aus der Ehe hervorgegangenen Kinder übertragen. Falls die Kinder noch minderjährig sind, bedarf die Übertragung auf das Kind der Zustimmung des Vormundschaftsgerichts. Allerdings trägt das Kind dann auch sämtliche Pflichten eines Eigentümers. Das kann zumindest eine mentale Belastung sein.

3. Die Immobilie wird real geteilt, also z.B. in zwei komplett getrennte Wohnungen. Jeder Ehepartner erhält das Alleineigentum an einer Wohnung. Dies wird durch eine notarielle Teilungserklärung im Grundbuch rechtlich fixiert. Einfach eine Wand durch Wohn- und Schlafzimmer zu ziehen, reicht juristisch gesehen allerdings nicht aus! Die Immobilie muss entweder bereits aus mehreren Wohneinheiten bestehen oder dafür geeignet sein, in baulich abgeschlossene Wohneinheiten verändert zu werden. Eventuell braucht es dafür Gutachter und Architekten. Setzen Sie deshalb unbedingt Kosten und Aufwand in Relation zu Immobilientyp und Wohnsituation.

4. Kommt es zu gar keiner Lösung, bleibt nur noch die Teilungsversteigerung. Leider sind die meisten Scheidungen recht emotionsgeladen. Das ist verständlich, denn immerhin liebte man sich ja mal. Für den Fall, dass sich die Fronten sehr verhärtet haben und sich beide Noch-Ehepartner gar nicht einig werden, hat der Staat die Teilungsversteigerung geschaffen. Auf Antrag beim Amtsgericht wird die Immobilie durch das Vollstreckungsgericht öffentlich versteigert. Diesen Antrag kann jeder der Ehe-

partner stellen, unabhängig davon, wie groß sein Anteil ist. Die Teilungsversteigerung ist in der Regel mit hohen finanziellen Einbußen verbunden und darüber hinaus für alle Beteiligten mental kräftezehrend. Versuchen Sie sich mit Ihrem Noch- oder Ex-Partner zu einigen. So können Sie oftmals einen höheren Erlös erzielen.

5. Die Immobilie weiterhin zu bewohnen, ist für Sie unvorstellbar, sie zu verkaufen auch? Dann ist es eine denkbare Alternative, sie zu vermieten. Diese Lösung bietet sich aus wirtschaftlichen Gründen auch dann an, wenn die Immobilie als Vermögensabsicherung im Alter weiterhin interessant oder ein Verkauf (z.B. aufgrund gefallener Immobilienpreise) unrentabel erscheint, man mit dem Verkaufserlös die Schulden nicht begleichen oder einer allein das Haus oder die Wohnung nicht halten kann.

6. Tatsächlich entscheiden sich die meisten Ehepaare dafür, die gemeinsame Immobilie zu verkaufen. Da nicht mehr zwei Gehälter einen Haushalt finanzieren, ist es für einen allein oft schwierig, die anfallenden Kosten für die Immobilie zu stemmen. Auch räumlich kann die Immobilie für einen halbierten Haushalt zu groß sein. Da ist ein kleinerer Wohnraum oft günstiger und geeigneter. Viele Menschen können sich nach einer Scheidung auch schlichtweg nicht vorstellen, mit dem Ex-Partner weiterhin gemeinsam Entscheidungen über eine Immobilie hinsichtlich Renovierung, Verwaltung, Finanzierung oder Ähnlichem zu treffen. So ist der Hausverkauf dann unausweichlich. Nach dem Ende des Trennungsjahres ist jeder Ehepartner dazu berechtigt, den Verkauf des gemeinsamen Hauses zu verlangen. Weigert sich der ande-

re, besteht sogar die Möglichkeit, die Zustimmung einzuklagen. Soweit sollten Sie es jedoch nicht kommen lassen. Versuchen Sie den Verkauf des Hauses gemeinsam zu entscheiden und gemeinsam abzuschließen.

Die beste Möglichkeit, den Immobilienverkauf nicht zum Konfliktherd werden zu lassen, ist, sich einen neutralen Experten zu holen. Gehen Sie den Verkauf der Immobilie mit einem Immobilienexperten an. Er übernimmt für Sie die Ermittlung des Verkaufswertes, die Erstellung des Exposés mit relevanten Dokumenten und Unterlagen und organisiert das Interessenten-Management von der Besichtigung bis hin zum Notartermin. Dadurch können Sie sich auf andere Themen, die Sie während Ihrer Scheidung durchstehen müssen, konzentrieren und laufen nicht Gefahr, das Gefühl zu haben, etwas liefe zu Ihren Ungunsten. Mit Erfahrung und Expertise wird Ihnen der Immobilienmakler ein kompetenter Partner beim Hausverkauf sein.

Diese drei Themen treten häufig auf

1. Häufig ist die betreffende Immobilie noch gar nicht abbezahlt, wenn es zur Scheidung kommt. So stellt sich dann die Frage, wer für die Tilgung der gemeinsamen Schulden zuständig ist. Hier gilt: Mit einer Trennung oder Scheidung ändert sich nichts an den bestehenden Kreditbestimmungen. Für den Hauskredit haftet nur derjenige, der den Vertrag mit der Bank unterschrieben hat. Meist haben das aber beide, sodass beide in der Verantwortung bleiben, die Schulden zu bezahlen. Die Scheidung ändert auch zunächst nichts an den Eigentumsverhältnissen und somit daran, wer im Grundbuch steht.

2. Wurde die Immobilie verkauft, wird der Verkaufserlös unter den Ehepartnern aufgeteilt. Zunächst werden vom Gesamterlös noch eventuelle Immobilienfinanzierungen und Vorfälligkeitsentschädigungen abgezogen. Danach wird, je nach Höhe des jeweiligen Eigentumsanteils oder dem Anteil am Zugewinn der Betrag auf die Ehepartner aufgeteilt.

3. Für jede der Optionen bieten sich andere Zeitpunkte an. Wenn Sie die Immobilie an einen Ehepartner oder an die Kinder übertragen möchten, ist es aufgrund der Grunderwerbssteuer besser, dies noch im Trennungsjahr durchzuführen. Beim Verkauf des gemeinsamen Hauses müssen Sie nicht unbedingt warten, bis die Scheidung rechtskräftig ist. Wenn Sie sich sicher sind, dass die Beziehung definitiv nicht wiederhergestellt werden kann und die Scheidung unumgänglich ist, können Sie den Verkauf auch schon im Trennungsjahr angehen. Warten Sie damit nicht, bis der finanzielle Druck unerträglich wird. Wird nämlich unter Zeitdruck verkauft, ist häufig nicht der anvisierte Preis erzielbar – schon gar nicht, wenn die Käufer merken, dass es sich um einen Scheidungsfall handelt. Denn dann werden die meisten Käufer versuchen, Ihre Notlage auszunutzen, um den Preis so weit wie möglich zu drücken.

Fazit

Es ist mir ein Anliegen, die verschiedenen Handlungsvarianten im Falle dessen, dass Sie eine Immobilie erben oder eine Scheidung bevorsteht, aufzuzeigen. Die Komplexität lässt sich nicht auf wenigen Seiten behandeln. Deshalb empfehle ich Ihnen, Rat bei Fachleuten einzuholen. Dabei denke ich an einen Anwalt, der auf diesem Gebiet ein Spezialist ist, einen Steuerberater und einen Immobilienmakler.

Auch wenn die behandelten Ereignisse nicht angenehm sind, wünsche ich Ihnen dennoch ein „gutes Händchen"!

Ihr
Jürgen Pfund

Interessante und lustige Anekdoten aus dem Makler-Alltag

von Alexander Gebelein
Gebelein Immobilen, Bayreuth

Inhalt

- Das unverkäufliche Traumhaus – am Ende doch noch verkauft
- Umdenken - der entscheidende Impuls, neue Ideen zu entwickeln
- Der „komische“ Hausmeister
- Was beim Notar so alles passieren kann
- Ein wirklich seltsamer Verkäufer
- Ein Kandidat für „Me too“?
- Die Termin(nicht)einhaltung
- Kuriose Ereignisse vor unserem Büro

Das unverkäufliche Traumhaus – am Ende doch noch verkauft

An diesen Verkaufsauftrag unserer Firma erinnere ich mich noch ganz genau, obwohl es schon lange Zeit zurück liegt. Denn es war eines der ersten Objekte, die ich, als ich Geschäftsführer unserer Firma wurde, bearbeitete.

Zu verkaufen war: Ein wirklich traumhafter, großzügiger Winkelbungalow mit teilweise ausgebautem Satteldach, schon im Erdgeschoss um die 300 qm Wohnfläche, zwei Terrassen, ein großer Garten, gelegen am Ende einer Nebenstraße am ruhigen Ortsrand einer kleinen Ortschaft im Bayreuther Umland. Schon bei meiner Ankunft und unserem ersten persönlichen Kennenlernen konnte ich spüren, wie sehr der Verkäufer in sein Objekt verliebt war – was für einen Verkauf wahrlich nicht die beste Voraussetzung ist. Auch seine zahlreichen Detailfragen über die Abwicklung des Verkaufs bestätigte meinen Eindruck. „Wie lange wird es dauern bis das Objekt verkauft ist?“, „Wer käme erfahrungsgemäß für so ein Objekt als Käufer in Frage?“ oder „Welche Zugeständnisse beim Verkaufspreis sind unvermeidbar?“ usw. Eine Flut an Fragen kam also auf mich zu, noch ehe ich mir das Anwesen anschauen konnte. Wir standen in der Auffahrt und liefen langsam durch den Garten, während ich umfassend und verständlich alle Fragen beantwortete und dabei viele seiner Sorgen aus dem Weg räumen konnte. Diese Systematik setzte sich fort, nachdem ich mir das gesamte Objekt mit all den zusätzlichen Einbauten, der 4-fach Garage mit begehbarem Dachboden als Lager und die zahlreichen luxuriösen Ausstattungsdetails betrachtet hatte. Das war auch der Fall nachdem wir uns schon einig waren, dass ich den Verkaufsauftrag bekommen und die Vermarktung übernehmen soll. Dem Hausbesitzer kamen immer wieder neue Bedenken: „Wie läuft der Verkauf ab?“, „Kann ich auch einen Interessenten als Käufer ablehnen?“ usw. Um die Sache auf den Punkt zu bringen: Es war sehr viel Herzblut im Spiel. Der Verkäufer hing an seinem Haus, wollte aber in eine Wohnung in der Stadt umziehen, weil ihm die Arbeit mit dem Haus zu viel wurde. Dafür suchte er uns als Makler aus. Natürlich ist es nicht immer ein leichtes Los, für solche Verkaufsaufträge auserkoren zu werden. Den angestrebten Verkaufspreis konnten wir schließlich auch ohne Aufschlag als Angebotspreis übernehmen, da das Objekt ohnehin schon hochpreisig war und damit in eine Preisklasse fiel, die in unserer Region per se schon am oberen Limit liegt. Daher wollte ich gleich mit einem möglichst attraktiven Preis in den Markt gehen, um keine Interessenten abzuschrecken und von Beginn an genug Interesse an diesem Objekt zu wecken. Das gelang auch gut. Doch bei den wenigen Interessenten, die finanzkräftig genug schienen und bereit waren, etwas außerhalb zu wohnen, traf das Objekt eben nicht unbedingt deren Geschmack. Damit nicht genug der Herausforderung, zeigte sich doch, wie viele Emotionen im Spiel waren, als ich den idealen Käufer gefunden hatte. Eine junge Familie mit zwei Kindern, die beruflich viel in Asien und Südamerika unterwegs waren, wollte dort ihre ideale Oase finden, um zur Ruhe zu kommen und die Natur Oberfrankens zu genießen. Doch am Haus gab es einige Dinge, die nicht mehr zeitgemäß waren, oder die erneuert werden mussten, wie zum Beispiel eine morsche Naturholz-Balkonbrüstung. Genau diese (objektiven) Feststellungen veranlassten den Verkäufer, einen ernsthaften Streit mit den Kaufinteressenten zu beginnen. Die Käufer wollten das Haus gerne kaufen, der Preis war akzeptiert. Der Verkäufer war generell einverstanden, wollte sein Haus in guten Händen wissen. Doch die Absprachen über die finalen Details, wie und was im Objekt verbleiben sollte, was kostenlos übernommen oder wofür eine Ablösesumme fällig wird, reichten jedes Mal für eine Eskalation, die fast zu einem endgültigen Abbruch der Gespräche geführt hätten. Eine solche Situation ist nicht ungewöhnlich, in ihrer Intensität war sie jedoch schon etwas Besonderes. So musste ich, als der Verkauf beinahe schon abgeschlossen schien, all meine Erfahrung und Gelassenheit zum Einsatz bringen, um zwischen den Parteien zu moderieren und zu vermitteln. Anfragen und Wünsche, die mir von der einen Partei zugetragen wurden, wurden von mir komplett umformuliert und geschickt dem anderen übermittelt, um die Verhandlungen vor einem Abbruch zu bewahren.

Diese Erfahrung war nicht bequem, aber interessant. Ich habe es sehr gerne gemacht, weil so etwas der Kern unserer Vermittlertätigkeit ist und es wirklich viel Können erforderte. So ein Geschäft wäre ohne Makler als Vermittler gescheitert. Im direkten Kontakt der beiden Parteien wäre es nie zu einer Einigung gekommen. Ganz im Gegenteil: Nur mit einem kompetenten Makler an der Seite, konnte sich der Verkäufer darauf verlassen, rundum betreut zu werden, eine genaue und zuverlässige Verkaufspreiseinschätzung seiner Immobilie zu bekommen, die individuell und marktfähig war. Unsicherheiten, wie sie beispielsweise bei Ablösesummen, bei dem Vermarktungsprozedere oder bei Lösungen für einen späteren Besitzübergang des Objektes auftreten, kann ein Makler aufnehmen und besprechen. In diesem Fall waren saubere Absprachen für ein längeres Bewohnen des Hauses nötig, weil die Neubau-Eigentumswohnung des Verkäufers nicht rechtzeitig fertig wurde. All dies bespricht ein Makler mit einem verkaufswilligen Eigentümer im Vorfeld. In einem umfassenden Beratungsgespräch wird in aller Ruhe das Handeln abgestimmt. Auch der Interessent wäre nicht zu seinem Traumhaus gekommen, wenn wir ihm als Makler nicht die Sicherheit geboten hätten, zu einem guten Preis kaufen zu können. Am Ende haben wir die Übergabe des Hauses auf Wunsch der beiden Parteien sogar begleitet. Der Käufer ist uns noch heute dafür sehr dankbar dafür und ein treuer Stammkunde geworden. Es hat sich also für ihn und für uns gelohnt, mit Geduld und Sachverstand zu vermitteln.

Umdenken - der entscheidende Impuls, neue Ideen zu entwickeln

Wir erhielten einen Auftrag in einem kleinen Dorf für ein Objekt, das gar nicht so einfach zu vermarkten war. Es war ein kleines, ehemaliges Bauernhaus mit relativ wenig Wohnfläche, leicht renovierungsbedürftig, dazu mehrere Garagen, ein großer ehemaliger Gemüsegarten, eine Hoffläche und auch eine heruntergekommene, sehr große Scheune. Das Haus war eigentlich auf den ersten Blick nichts Besonderes. So etwas kennt jeder. Der Zustand war insgesamt mittelmäßig. Bedingt durch die Größe des gesamten Grundstücks war der Preis aber relativ hoch. Für potenzielle Käufer war dieses Areal eigentlich nicht sonderlich interessant. Nach einer genaueren Besprechung mit den Eigentümern, der Vor-Ort-Besichtigung und dem erteilten Verkaufsauftrag, nahm unsere Außendienstmitarbeiterin die Objektdaten auf. Die Fakten wurden zusammengetragen, Exposés erstellt, die Werbung gestaltet. Das ist bekanntermaßen die übliche Vorgehensweise, wenn eine Vermarktung begonnen wird. Recht schnell kam es zu einigen Besichtigungen. Beim Rundgang zeigten viele großes Interesse für den vorderen Teil des Objekts mit Wohnhaus und Garagenhof. Die meisten wollten in Eigenleistung einiges am Haus renovieren. Doch das Problem lag beim Kaufpreis, zu dem ja noch die Sanierungskosten hinzuzurechnen waren. Denn die Interessenten waren bei einem solch renovierungsbedürftigen Haus vor den Toren Bayreuths eher daran interessiert, zu einem für sie machbaren Preis ein Eigenheim erwerben zu können. Man wünschte für sich und für seine Familie ein Zuhause mit genügend Platz, vernünftiger Busanbindung und guter Infrastruktur, wie Schulen, Einkaufsmöglichkeiten usw. Doch die Finanzierung des Kaufpreises samt der Renovierungskosten wurde zur schier unüberwindbaren Hürde. Für viele Interessenten war das einfach nicht zu schaffen. So kam es in der ersten Zeit zu keinen ernsthaften Kaufgesprächen. Ich beschloss, mir selbst einen Eindruck zu verschaffen, da ich mich eventuell für die große Scheune mit dem angrenzenden großen Gemüsegarten interessierte. Ich wollte mich einmal selbst umsehen. Wenn es der Zustand zuließe, könnte ich dort ja vielleicht Gerätschaften und sonstiges unterstellen. Aber was mache ich mit der Wiese, der Gartenfläche und der Streuobstwiese? Zum Kauf der Scheune war ich schon geneigt, denn ich kannte den Bodenrichtwert. Zudem kann es nicht falsch sein, ein Grundstück im Ortskern zu haben. Während ich mich in der Scheune umsah, wurde mir schnell klar, dass es sich hier um zwei völlig verschiedene Objekte handelte: Einerseits das teilrenovierte Haus mit Garagen, andererseits das große Grundstück mit eher maroden Gebäuden. Das war für Interessenten, die eigentlich nur das Wohnhaus kaufen wollten, nur Ballast und damit ein Hinderungsgrund für den Kauf des gesamten Areals.

Schon auf der Rückfahrt sprach ich mit meiner Mitarbeiterin über meinen Eindruck. Was könnten wir tun? Klar, wir hatten das Objekt noch nicht lange im Auftrag, aber wir wollten etwas verändern. Wir mussten es anders angehen. Das hatten wir gemerkt. Die Verkäufer hatten sich im ersten Gespräch mit unserer Mitarbeiterin auf eine Teilung in zwei getrennte Verkaufsobjekte nicht rechteinlassen wollen. Sie konnten sich nicht vorstellen, wie das funktionieren könnte und scheuten diesen Schritt. Nach kurzer Besprechung zwischen meiner Mitarbeiterin und mir war klar: Wir wollten erst einmal prüfen, was man mit dem Grundstück und der Scheune machen kann. Schnell stellte sich heraus, dass eine vernünftige Bebauung möglich war, denn die Erschließung war bereits im Gange. Diese Erkenntnisse präsentierten wir unseren Auftraggebern, zusammen mit den entsprechenden Unterlagen. Wir erklärten ausführlich, was wir vorhatten, wie man das umsetzen könnte und dass die Objekte einzeln viel besser zu vermarkten seien als zusammen. Schnell war die veränderte Strategie gefunden. Wir boten erst einmal nur das Wohnhaus mit den Garagen an – mit durchschlagendem Erfolg. Die für dieses Objekt ideale Zielgruppe, nämlich junge Familien mit Kindern auf der Suche nach einer bezahlbaren Immobilie, konnte gefunden wurde. Die Anfragen und Besichtigungen überschlugen sich. Für das Baugrundstück, welches das verbleibende Objekt ja nun war, bekundeten einige unserer befreundeten Bauträger Interesse.

In diesem Fall konnten wir aus einer problematischen Konstellation am Beginn einen Vorteil am Ende schaffen. Das als schwer vermittelbare Areal konnte in zwei grundverschiedene, aber jeweils für sich genommen hoch attraktive Immobilien verwandelt werden. Es hat sich gezeigt: Erfahrene Makler und ein kreatives, für neue Ideen offenes Team, können gute Ideen entwickeln. Das Wissen um die verschiedenen Möglichkeiten und was die potenziellen Käufer erwarten, sowie Kenntnisse über Bebauung, Erschließung, Vermessung und notarielle Verbriefung, führen häufig zur Entwicklung von Strategien zur erfolgreichen Vermittlung sogenannter „Problem-Immobilien“.

Der Makler-Alltag selbst bringt auch einige skurrile Erlebnisse mit sich. Davon möchte ich nachfolgend einige wiedergeben.

Der „komische" Hausmeister

Wir hatten im Stadtgebiet von Bayreuth, in einer normalen Wohnlage, eine Wohnung in einem Mehrfamilienhaus mit sechs Eigentumswohnungen zu verkaufen. Schon bei dem ersten Vor-Ort-Termin fiel unserer Mitarbeiterin auf, dass sie unter genauer Beobachtung eines grimmigen älteren Herrn stand. Das Gespräch mit der Verkäuferin war zunächst erledigt. Im weiteren Verlauf standen dann einige Besichtigungen an. Dabei bot sich wieder dieselbe Situation: Der Hausmeister ließ unsere Mitarbeiterin keine Sekunde aus den Augen, während diese auf der Straße auf ihre Interessenten wartet. Obwohl man sich ja inzwischen bekannt gemacht hatte und voneinander wusste, schien das Misstrauen des Hausmeisters immer noch groß zu sein. Als die Interessenten ankamen, wurden auch diese skeptisch unter die Lupe genommen. Beim Verlassen des Objektes, um das sich ein kleiner Garten zog, wurde unsere Mitarbeiterin eingehend darüber belehrt, dass das Gartentürchen immer umgehend zu schließen sei. Er begründete dies damit, „damit die Mäuse nicht in den Garten kämen". Dazu muss man wissen, dass das ganze Grundstück mit einem hölzernen Jägerzaun umgrenzt war. Auch die Gartentüre bestand aus einer Jägerzaun-Türe, die 10 cm über dem Boden angebracht war. Seither ist es in unserem Büro ein „Running Gag", beim Betreten eines Gartengrundstücks zu sagen: „Und machen Sie bitte die Gartentüre zu!". Woraufhin die Antwort wie aus der Pistole geschossen kommt: „Damit die Mäuse nicht reinkommen." Zahlreiche solche Verhaltensweisen erlebten wir im weiteren Verlauf. Bei einer Besichtigung berichtete der Hausmeister, wie erzürnt er darüber sei, dass eine Mieterin (eine junge Dame unterhalb der von uns zu verkaufenden Wohnung) neuerdings einen Freund habe, der gelegentlich bei ihr übernachten würde. Immer wieder würden seine Schuhe vor der Wohnungstür stehen. Er habe sie schon weggeräumt, aber er hätte damit keinen Erfolg gehabt. Noch immer stünden sie vor der Wohnungstür, wenn er da sei, obwohl er ihm schon die Schnürsenkel zusammengebunden und Reiszwecke in die Schuhe gelegt habe. Als unsere Mitarbeiterin eines Tages den jungen Herrn im Haus traf, wie er gerade auf Strümpfen die Wohnung verlies, fragte sie nach und erfuhr, dass ihm der Hausmeister die Schuhe über Nacht mit Beton ausgegossen hatte.

Was beim Notar so alles passieren kann

Wir waren gemeinsam beim Notar. Es ging um den Verkauf eines kleinen Einfamilienhauses und – Sie werden es schon ahnen – wieder um ein Gartentürchen. Das Türchen ließ sich nicht richtig schließen und klemmte etwas. Am Haus musste generell noch einiges instandgesetzt werden, denn es handelte sich um ein Objekt älteren Baujahres. Das wurde dann eher zur Nebensache, denn das Türchen wurde auf einmal zum Hauptthema. Der Verkäufer bestand beharrlich darauf, nichts mehr an Zugeständnissen machen zu wollen. Es bedeutete ihm daher viel, das Gartentürchen nicht reparieren zu müssen. Der Käufer erklärte sich dann bereit, es selbst in Ordnung zu bringen. Erst jetzt konnte der Notar wieder mit dem Verlesen der Urkunde fortfahren, wenn auch nur kurz. Denn es kam ein neuer Einwand des Verkäufers. Er rief: „Moment mal! Bevor wir zum Kaufpreis kommen – es sind mir erneut Kosten entstanden“. Er legte eine Plastiktüte auf den Tisch, in der ein Teil der Stoßstange seines Autos war. Diese hatte er sich seiner Aussage nach beim Einparken zum Notartermin abgefahren und wollte sie vom Käufer ersetzt haben. Nachdem dieser das Ansinnen ablehnte, packte der

Verkäufer den Teil der Stoßstange erbost wieder ein. Schließlich kam es dann trotz aller Hürden zur Unterzeichnung des Kaufvertrages. Auch wenn man schon lange im Beruf ist – vor Überraschungen ist man einfach nicht sicher.

Ein wirklich seltsamer Verkäufer

Ziemlich erschrocken waren Interessenten eines Einfamilienhauses, als der Eigentümer bei dem Besichtigungstermin die Haustüre in Unterhosen öffnete. Kaum konnten wir „Guten Tag“ sagen, war der Hausherr verschwunden. Wir haben dann das gesamte Haus besichtigt, aber nirgendwo war mehr der Eigentümer zu sehen. Wo wird er sich wohl versteckt haben? Vielleicht ist er von einem Zimmer ins andere gerannt? Als wir nach etwa einer Stunde das Haus verließen, ist er plötzlich wieder aufgetaucht. Er hat uns nur zugerufen: „Na, es wird schon alles geklappt haben, auch ohne mich.“ Das war tatsächlich so, denn die Interessenten haben dieses Haus gekauft. Zum Notartermin kam dieser Herr aber ordentlich angezogen.

Ein Kandidat für „Me too“?

Ein angesehener Jurist eines bundesdeutschen Gerichtes wollte sein Haus verkaufen. Nachdem seine Frau verstorben war, beabsichtigte er, zu seinen Kindern zu ziehen. Bei der Besichtigung des Hauses mit Interessenten gab es immer ein bestimmtes Problem: Er belästigte die Frauen, so dass diese sich sofort verabschiedet haben, ohne sich das Haus genau anzusehen. Es hätte nicht viel gefehlt und die Ehemänner hätten den Mann sogar verprügelt. Er hat dann aufgrund seines Problems uns als Makler eingeschaltet. Auch unsere Mitarbeiterin versuchte er, wie gewohnt, zu umgarnen. Sie verstand es jedoch, ihm sofort seine Grenzen aufzuzeigen. So konnte das Haus innerhalb kurzer Zeit verkauft werden.

Die Termin(nicht)einhaltung

Der Verkäufer eines Hauses hatte einen schon fest vereinbarten Notartermin platzen lassen – angeblich, weil er das Notariat nicht gefunden hat. Nachdem dann ein weiterer Termin vereinbart wurde, rief uns der Verkäufer einen Tag vorher an und sagte, er könne den Termin nicht einhalten, da er zur Fußpflege muss und nachher das Notariat auch wieder nicht finden würde. So blieb uns nichts anderes übrig, als den Herrn zu seinem Fußpflegetermin zu fahren, um ihn danach mit unserem Auto mit zum Notar zu nehmen, damit nicht noch ein dritter Notartermin vereinbart werden musste. Auf diese Art konnte der Verkauf über die Bühne gebracht werden.

Kuriose Ereignisse vor unserem Büro

Manchmal passieren auch seltsame Dinge, die die Beteiligten etwas betroffen und nachdenklich stimmen. So hatten wir einen Kunden, der sein Haus verkaufen musste, weil er nicht mehr in der Lage war, auf Dauer allein dort zu leben. Er war vergesslich und hatte beginnende Demenz. Er stand fast täglich gegen 7 Uhr am Morgen auf der Treppe vor unserem Büro und wartete, bis wir öffneten. Er hatte immer einen Hausschlüssel dabei, den er bei uns abgeben wollte. Zur Begrüßung nahm er immer sein Gebiss heraus. Diese etliche Tage andauernde Episode war zwar lustig, aber regte uns natürlich auch sehr zum Nachdenken an. Denn dieser Mann hatte keine Kinder und war relativ hilflos. Schließlich konnte er einen schönen Platz in einem Pflegeheim finden, was unser Büro über die entsprechenden Ämter mit veranlasst hat. Wir haben ihn dann noch einmal besucht. Er fühlte sich sehr wohl und war mit sich und der Welt zufrieden.

Die Zwillinge

Ein weibliches Zwillingspaar (84 Jahre alt, immer gleich angezogen, sogar die gleiche Perücke) verkaufte ihre gemeinsame Eigentumswohnung, weil beide gesundheitlich angeschlagen waren. Eine der Damen hörte schlecht, die andere konnte nur ganz schlecht sehen. Obwohl die Sache ja eigentlich traurig ist, waren die Besprechungen mit den beiden Damen immer recht lustig. Die eine sagte immer: „Was habt ihr mir da hingelegt, ich seh' doch nichts", die andere erwiderte dann: „Wie bitte, ich höre doch nichts." Etwas schwierig gestaltete sich dann die Vertragsunterzeichnung beim Notar. Die Dame, die schlecht hörte, sagte immer zu ihrer Schwester „Wenn Du alles verstehst, soll mir das recht sein, Du kannst mir ja zuhause alles erzählen." Die Dame, die schlecht sieht, sagte bei Unterzeichnung des Vertrags immer: „Halte mir die Hand und sag' mir, welchen Buchstaben ich jetzt schreiben muss, ich sehe das doch nicht." Nach Vertragsabschluss kam alles zu einem guten Ende. Die beiden Damen konnten sich mit dem Geld aus dem Verkauf der Wohnung in einem sehr schönen Alten- bzw. Pflegeheim einmieten und fühlen sich sehr wohl.

Fazit

Mit einem erfahrenen und sachkundigen Immobilienmakler an der Seite profitiert der Eigentümer davon, dass ihm realisierbare Alternativen der Vermarktung aufgezeigt werden. Unsere Auftraggeber sind glücklich und zufrieden über einen zügigen Verkauf und eine gute Rundumversorgung. Dabei liegen die Vorteile auf allen Seiten: beim Immobilieneigentümer als Verkäufer, der insgesamt einen guten Verkaufserlös erzielen konnte, sowie beim Interessenten als Käufer, der seine Wunschimmobilie gefunden hat und schließlich beim Makler, der mit der erfolgreichen Vermittlung eine Provision verdiente.

Ich wünsche Ihnen einen Makler, der Ihnen beim Verkauf oder Kauf eine ebenso wertvolle Hilfestellung geben kann.

Ihr
Alexander Gebelein

Q waEine Vermittlung mit Hindernissen – Über die Vielfältigkeit der verborgenen Probleme und Potentiale

Von Dieter Huber
ADORABLE Immobilien, Berlin

Inhalt

- Der mit dem Arzt befreundete Vermögensberater
- Wie ein erstmal gesetzter „Anker" im Unterbewusstsein wirkt
- Von einem maßlos überhöhten Wunschpreis zur Realität
- Wie in einem Gespräch Anker versetzt werden können
- Von der Theorie bis zur Umsetzung des Vorhabens
- Von der Anforderung, die unterschiedlichen Interessen zu koordinieren
- Vom taktischen Verhalten der Interessenten
- Wie ein Hausverwalter eine Immobilie entwerten kann
- Brach liegende Potentiale freilegen

Der mit dem Arzt befreundete Vermögensberater

Am Anfang dieses Verkaufs, von dem ich Ihnen nun berichten will, steht die Freundschaft zwischen einem Verkäufer (einem Arzt) und einem Vermögensberater. Die beiden spielen gelegentlich Tennis miteinander. Der Arzt (nennen wir ihn Dr. Seller) praktiziert nicht mehr, er ist im Rentalter. Er war Röntgenologe mit einer eigenen Praxis nahe dem Kurfürstendamm in Berlin. Er ist groß gewachsen, immer noch schlank, immer noch volles Haar. Er ist mit einer sehr sympathischen Frau verheiratet. Dem Paar geht es gut.

Von seinem Vater hat der Arzt geerbt. Doch dies war kein leichtes Erbe, denn es gab einen Bruder, mit dem das Erbe zu teilen war. Das hatte sich damals als überaus schwierig erwiesen. So führte die Teilung des Erbes zur Zerrüttung des brüderlichen Verhältnisses. Der Arzt selbst ist ein harmoniebedürftiger Mensch, dies ist beim ersten Termin in seinem Haus sofort spürbar. Die vom Vermögensberater (nennen wir ihn Herrn Clever), einem Freund des Arztes, diagnostizierte Notwendigkeit war, die Frau des Arztes über dessen Tod hinaus abzusichern. Dabei wollte er sie nicht etwa mit dem schönen Mehrfamilienhaus in Berlin-Zehlendorf (dem Erbe des Vaters) absichern, denn dessen Verwaltung könnte sie auch belasten, sondern mit Bargeld oder gut angelegtem Geld. Sie sollte dann eine Rente aus der Anlage des Geldes beziehen. Ein schöner Nebeneffekt bei dieser Hilfe durch den Tennis-Freund ist für diesen selbst, dass auch er am Verkauf des Hauses etwas verdienen wird, ebenso wie bei der späteren Anlage des Geldes aus dem Verkauf. Generell rät der Vermögensberater in der Berliner Situation des Jahres 2018 all seinen guten Freunden und Kunden zum Verkauf Ihrer Immobilien. Er ist überzeugt, dass dies ein guter Zeitpunkt für die Realisierung von Gewinnen sei.

Ich als Makler habe immer wieder auch andere Ärzte kennengelernt und Aufträge zum Verkauf von Berliner Liegenschaften, sehr gut gelegenen Eigentumswohnungen, Mehrfamilienhäusern und Grundstücken erhalten. In dem Fall von

Dr. Seller und seinem Freund, Herrn Clever entstand mit der Zeit eine intensiv gelebte Geschäftsbeziehung. Herr Clever ist redegewandt, wirkt offen und herzlich. Er wirkt sympathisch, ein Familienmensch. Er hat sehr gute Kontakte und weiß diese Kontakte für sein Auskommen zu nutzen. Für den vorliegenden Fall war die freundschaftliche Beziehung der beiden zunächst nicht zuträglich. Denn Herr Clever hatte bei Dr. Seller bereits einen Anker gesetzt: Das Haus sei 2 Millionen Euro wert.

Wie ein erstmal gesetzter „Anker" im Unterbewusstsein wirkt

Einen Verkäufer von falschen Ankern zu befreien, ist durchaus eine der wichtigsten Aufgaben eines Maklers. Ein „Anker" ist ein Begriff aus der Psychologie und beschriebt die Tatsache, dass Menschen sich (einmal ins Bewusstsein gebracht) z.B. an einen bestimmten Zahlenwert binden lassen, ohne dass ihnen diese willkürliche Prägung bewusst wird. Wenn ein Anker erst einmal gesetzt ist, wirkt er stark auf die Vorstellung eines Verkäufers, egal ob er berechtigt ist oder nicht. Zudem ist es egal, ob der Anker aufgrund von Fakten oder schlicht aufgrund von Meinungen und Behauptungen (z.B. die eines Nachbarn) zustande kam. Dementsprechend ist eine Preisvorstellung, einmal gebildet, nur sehr schwer wieder aus der Welt zu schaffen, selbst dann, wenn die Fakten widerlegbar sind und die Argumente stimmen. Was für eine mögliche Veränderung dazu kommen muss, ist das Vertrauen des Verkäufers in die Kompetenz und/ oder die Person des Maklers. Eine der wichtigsten Aufgaben des Maklers ist es also den Kunden in den korrekten Preiskorridor zu bringen. Das kann einfach sein, wenn der Verkäufer keine oder wenig verankerte Vorstellungen hat und im Makler eine Vertrauensperson erkennt. Es ist aber umso schwerer, je stärker der gesetzte Anker ist. Heutzutage kommt dieser Anker sehr häufig wie folgt zustande: Man sieht fern, liest Zeitung oder liest im Internet etwas über den Immobilienmarkt im Allgemeinen. Diese Berichterstattung verstärkt den gerade herrschenden Trend. Dieser Trend am Immobilienmarkt des Jahres 2018 sind steigende Preise, vor allem in den Ballungsgebieten und den großen Städten. Im Falle von Berlin ist es aber bereits so, dass der Trend nicht einheitlich ist. Am Stadtrand ist die Preisentwicklung bei weitem nicht so dynamisch wie im Zentrum der Stadt, zum Beispiel aufgrund der schlechteren Anbindung an den öffentlichen Nahverkehr.

Für mich kam der Verkaufskontakt zu Dr. Seller über Herrn Clever zustande. Der Anker, den er bereits gesetzt hatte, kam durch eine Bewertungssoftware zustande. Diese Wertermittlung war aber, wie Sie wahrscheinlich bereits erahnen, entschieden zu hoch. Als ich die ersten Rahmendaten sah (Baujahr, Wohnfläche, Jahresnetto-Kaltmiete von ca. 40.000 EUR), war ich entsetzt über den behaupteten Immobilienwert von 2 Millionen Euro; dies entspräche einem 50-fach bezogen auf die Jahresnettokaltmiete! Ein Investor nimmt den Wert zuzüglich der Erwerbsnebenkosten als Kalkulationsgrundlage. Für mich stellten sich diese Fragen für diesen angeblich so hohen Wert: Ist ein bebaubares Grundstück dabei? Gibt es signifikante Aufstockungsmöglichkeiten? Gibt es ein deutliches, kurzfristig realisierbares Mieterhöhungspotential? Insgesamt also: Was ist das Geheimnis dieses kleinen Mehrfamilienhauses, das ich noch nicht kenne, aber kennen muss, um diesen Wert rechtfertigen zu können? Herr Clever hatte diesen ermittelten Wert leider bereits mit Dr. Seller kommuniziert. Er hatte damit einen sehr mächtigen Anker bei Dr. Seller gesetzt, nämlich eine Erwartungshaltung von 2 Mio. EUR als Erlös aus der Immobilie. Ich musste also zunächst selbst die Immobilie sehen und ihr Geheimnis kennenlernen.

Von einem maßlos überhöhten Wunschpreis zur Realität

Bei meiner Besichtigung und Sichtung der Unterlagen wurde mir klar: Leider hatte die Immobilie von Herrn Dr. Seller kein Geheimnis, keine Ausbaureserve, kein anhängendes unbebautes Grundstück, keine goldenen Installationen und auch kein enormes Steigerungspotential der Erträge. Das Grundstück, auf welchem die Immobilie stand, war ca. 900 qm groß. Vormals gehörte es mit einem weiteren Grundstück von ebenfalls 900 qm zusammen, auf dem nun ein Einfamilienhaus steht. Dieses gehört jetzt dem Bruder. Das Grundstück von Dr. Seller ist stark überbaut. Dazu muss man wissen, dass das nur möglich war, als beide Grundstücke noch eine Einheit waren und der Rest der Fläche wenig bebaut war. Das Mehrfamilienhaus war in einem Zustand mit einem nicht unerheblichen Instandhaltungsstau. Für ein Anwesen aus dem Baujahr 1967 ist das durchaus typisch und der Tatsache geschuldet, dass nur die Funktionalität aufrechterhalten, aber nichts grundsätzlich verändert bzw. an die zwischenzeitlich gestiegenen Ansprüche angepasst wurde. Von außen fiel das weniger auf als bei der Innenbesichtigung des Hauses, der Besteigung des Dachs und der Inaugenscheinnahme des Heizungskellers. Die Elektroinstallation war veraltet. Der Heizungskeller mit der Ölheizung fiel ebenso negativ auf wie eine veraltete, komplizierte Installation, ein alter Kessel, alte Tanks und ein muffiger Raum. Der Energiekennwert mit ca. 270 kWh pro Jahr passte gar nicht in unsere

Zeit. Dies mit Hilfe einer Außendämmung zu verändern, ohne die Architektur negativ zu beeinflussen, ging praktisch nicht. Eine Innendämmung aber würde die Wohnfläche reduzieren und somit den Verkaufserlös aufgrund einer kleineren Fläche senken. Meine Einschätzung konnte also unmöglich die geschätzten 2 Mio. Euro bestätigen. Ein Haus in einem sehr guten Zustand mit marktgerechten Mieten konnte das 30-Fache der Jahresnettokaltmiete erbringen. In einigen Fällen, z.B. aufgrund einer ausgezeichneten Lage und im Hinblick auf nachhaltig steigerbare Mieten, kann der Wert mit Glück auch mal das 35-fache betragen. Dieses Haus war aber leider nicht in dem benötigten ausgezeichneten Zustand. Ich musste den Verkäufer also erst einmal kennen lernen und mir Zeit nehmen, um mit ihm über das Haus zu sprechen und ihm die Möglichkeit zu geben, den gesetzten Anker zu lösen, um diesen danach an realistischer Stelle neu zu setzen. Dies würde keine leichte Aufgabe werden.

Wie in einem Gespräch Anker versetzt werden können

Der vereinbarte Termin fand im Haus von Dr. Seller statt. Ich hatte Herrn Clever im Vorfeld meine Einschätzung vermittelt und stieß bereits hier auf Probleme den Anker zu versetzen. Herrn Clevers Problem war schlicht, dass er auf der Seite von Dr. Sellers stehen musste und bei diesem bereits die Vorstellung von 2 Mio. Euro geweckt hatte. Das war eine, wie er durch mich nun wusste, falsche Vorstellung. Herr Clever und ich hatten uns auf eine Gesprächsstrategie verständigt. Wir ließen uns Zeit, um uns gegenseitig kennen zu lernen, tranken Kaffee und plauderten zunächst über den Ortskern Britz, über Tennis und über dieses und jenes. Folgend stellte sich jeder vor und beantwortete Fragen der anderen. Dann berichtete ich von der Besichtigung des Hauses und erzählte

Grundsätzliches zur Bewertung von Mehrfamilienhäusern. Auch stellte ich den Bezug zu diesem speziellen Mehrfamilienhaus mit Hilfe der allgemeinen Grundsätze der Bewertung her und gab Beispiele aus der Nachbarschaft an. Zudem berichtete ich über von uns bereits vermittelte, ähnliche Objekte. Nach diesem ca. 2-stündigen Abend war es immerhin gelungen einen neuen Anker bei ca. 1,4 bis 1,6 Mio. Euro zu setzen. Dieser Betrag war realistisch zu erzielen, sofern gewisse Bedingungen einträfen, welche jedoch noch zu überprüfen waren. Unter anderem wurde vereinbart für die folgenden Tage einen Termin mit dem Hausverwalter zu vereinbaren, um Unterlagen zum Haus zusammen zu tragen. Dr. Seller, das wurde schnell deutlich, verließ sich voll und ganz auf seinen Hausverwalter und scheute jegliche Verbindung zu dem an seinem Haus angrenzend wohnenden Bruder. Zum Hausverwalter gab es also weniger ein Vertrauen aus Überzeugung, sondern ein Sich-Verlassen aufgrund eigener Bequemlichkeit und aufgrund der Scheu gegenüber dem ungeliebten Bruder.

Von der Theorie bis zur Umsetzung des Vorhabens

Im Folgenden möchte ich Ihnen nun ein paar Informationen geben, die für meinen Ansatz der Vermarktung entscheidend waren:

- Alle Wohnungen des Mehrfamilienhauses waren vermietet und erzielten zusammen eine Jahres-Nettokaltmiete in Höhe von ca. 44.000 EUR.
- Die derzeitige Rendite lag damit bei 3,1 Prozent.
- Zukünftig konnte durchaus eine Miete von 10,50 EUR je m² erzielt werden, was einer soliden Rendite von ca.

3,83 Prozent entspricht. Die erste Vermietung zu diesem Mietpreis war bereits durchgeführt.

- Für wen war diese Immobilie nun interessant? Am besten geeignet war sie wohl für einen Kapitalanleger aus dem Mittelstand, der sich über den Leverage-Effekt, einen erhofften Wertzuwachs aus seiner Arbeit am Objekt und den zu erwartenden allgemeinen Preissteigerungen Vermögen bilden möchte.
- Eigenmittel in der Größenordnung von 200.000 bis 300.000 EUR sollten im besten Fall vorhanden sein.

Daraus abgeleitet erfolgte die Definition eines Werbebudgets und eine Werbeplanung. Denn Top-Fotos und die richtige Beschreibung des Objekts in einem guten Exposé sind sehr wichtig.

Beim Verkauf des Mehrfamilienhauses von Dr. Seller traten schnell weitere Schwierigkeiten auf: Es war keine Bauakte vorhanden, weder beim Verwalter noch bei Dr. Seller. In diesem Fall wäre das zuständige Bauamtsarchiv nun die Lösung. Einer meiner Mitarbeiter könnte dort Einsicht nehmen und Kopien anfertigen. Im zuständigen Amt wurde jedoch Schimmelbefall der Akten im großen Maße festgestellt. 18 Monate zuvor wurde daher das Archiv für Besucher und Mitarbeiter des Amts gesperrt. Die einzige Auskunft, die wir erhielten, war, dass wir monatlich anrufen könnten, ob die betroffenen Akten schon gesichert werden konnten. Das schien nun keine schnelle Lösung zu sein. So sahen wir uns der folgenden Situation ausgesetzt: Der Eigentümer hatte keine Unterlagen mehr zu den Eintragungen in Abteilung II des Grundbuchs. Es fehlte insbesondere ein Vertrag mit dem Bruder, weshalb auch verschiedene Detailfragen nicht geklärt werden konnten. Gibt es überhaupt einen Vertrag? Dr. Seller konnte sich nicht daran erinnern. So konnte nicht bewiesen werden, dass ein nachteiliger Vertrag oder eine rechtlich nachteilige Regelung existiert – das Gegenteil konnte aber auch nicht bewiesen werden. Hinzu kommt, dass der Verwalter keinerlei Übersicht darüber hatte, wann was am Haus grundsätzlich zu machen wäre. Er hatte auch keine Übersicht darüber, was in den letzten 20 Jahren am Haus gemacht wurde. Nur auf unser hartnäckiges Drängen hin bekamen wir weitestgehend nichtssagende Listen mit Angaben zu Kleinstreparaturen. Diese hatte er der Buchhaltung entnommen. Der Energieausweis war abgelaufen, doch der Verwalter kümmerte sich nicht darum. Er wartete auf die Zuarbeiten der Heizkostenabrechnungsfirma. Tatsächlich dauerte es dann drei Monate bis endlich der benötigte Energie-Verbrauchsausweis vorlag. Zum Glück musste (bei 7 Einheiten im Haus) kein Bedarfsausweis erstellt werden. Hinzu kommt bei einem Verkauf auch immer, dass der Interessent natürlich jede Wohnung sehen möchte. Das war in diesem Fall anspruchsvoll, da einzelne Mieter sich verweigerten, auf keine Email und keine Wurfsendung reagierten oder zum verabredeten Termin einfach nicht zugegen waren. Wir schafften es letztendlich dennoch.

Für einen erfolgreichen Verkauf ist es immer notwendig, auch den Kontakt zu den einzelnen Mietern zu suchen. Ohne Mieter und Kaufinteressent bekannt zu machen, kommt kein Verkauf zustande. Der Käufer will sich von den künftigen Vertragspartnern auf der Mieterseite ein Bild machen. Die Gespräche mit den Mietern dienen aber vor allem einem entspannten Verhältnis zwischen den Beteiligten und dazu den Mietern die Angst vor Veränderung zu nehmen. Es bestehen nämlich häufig Befürchtungen, der neue Eigentümer könnte (willkürlich) Änderungen am Mietverhältnis vornehmen. Tatsächlich gilt aber, dass der Kauf die Mietverhältnisse nicht berührt. Der Mieter muss also in der Regel keine Befürchtungen vor Kündigungen haben.

Im vorliegenden Fall hatte das Haus 8 Mieter (7 Wohnungsmieter und einen Generalmieter der gesamten Tiefgarage). Mit allen war der persönliche Kontakt angenehm, allerdings nicht immer leicht herzustellen (wegen der geringeren Kommunikationsfreude). So mussten wir Wurfsendungen vornehmen und auch gelegentlich klingeln, um die Mieter zu erreichen.

Wie zu erwarten, war der Verwalter keine große Hilfe. Er verschanzte sich lieber hinter der Datenschutzgrundverordnung. Deshalb hatten wir anfangs keine Telefonnummern der Mieter. Das erschwerte die Kommunikation zusätzlich. Mit dem Hausverwalter gab es also von Beginn an Probleme. „Ich mache 25 Jahre lang die ganze Arbeit und dann kommt ein Makler daher und macht die dicke Kohle.", sagte er tatsächlich gegenüber Dr. Seller. Der Makler sei unfähig, wie könne er behaupten, das Haus sei mehr als 1 Mio. EUR wert. Stattdessen müsse Dr. Seller froh sein, wenn er überhaupt 1 Mio. EUR bekäme. Zwar waren diese Äußerungen unverschämt, aber letztlich gar nicht gegen meine Interessen. Denn ein Verkaufspreis von 1,4 Mio. EUR, das war mir klar, war immer noch sportlich für dieses Haus. Genauso sicher waren 1,0 Mio. Euro aber definitiv zu wenig. Der Hausverwalter arbeitete also unbewusst für mich. Mein Besuch bei ihm bleibt ein prägendes Ereignis und war für unser späteres, schlechtes Verhältnis im Rückblick richtungsweisend. Er war zu mir und zu Herrn Clever recht unfreundlich. Er habe keine Zeit, um uns die Kopien zu machen, denn er habe ja keine Auszubildende wie ich eine habe (offensichtlich hatte er sich meine Homepage angesehen). Er lamentierte, wie schwer er es hätte. Wir könnten uns die Akten gegen Quittung mitnehmen, und unsere benötigten Kopien selbst machen. Er habe nur am Donnerstag von 9 bis 12 Uhr Sprechstunde. Am nächsten Donnerstag hätten die Akten wieder da zu sein. Ich war froh, als wir schließlich wieder im Auto saßen.

Von der Anforderung, die unterschiedlichen Interessen zu koordinieren

Bei einem Verkauf erfordert jede Besichtigung die Koordination vieler Parteien und die stete Kommunikationssteuerung über den Makler zwischen Mietern, Hausverwaltung, Eigentümer und potenziellen Käufern, deren Bankberatern und Gutachtern. Je mehr Besichtigungen notwendig sind, desto schwieriger wird die Koordination mit den Mietern. „Wie? Schon wieder eine Besichtigung?“, „Wie lange muss ich das noch zulassen?“ Das sind die üblichen Fragen der Mieter. Es sind harmlose, aber häufige Fragen, welche die Möglichkeit einer Unterhaltung bieten und die einer neuen Vereinbarung. Bei unserem Objekt wurden die Entschuldigungen bei Besichtigungswünschen mit der Zeit aber nicht nur häufiger, ein einzelner Mieter antwortete von Beginn an gar nicht auf Anfragen. Das Verhalten der Mieter wurde unberechenbar.

Vom taktischen Verhalten der Interessenten

Nach vielen Besichtigungen erhielten wir ein erstes Angebot. Ein Arzt aus der Nähe bot 1 Mio. EUR. Aber dieser Betrag war natürlich nicht befriedigend. Er diente also nur zu einer

Rückmeldung an Dr. Seller, dass wir auf dem richtigen Weg seien.

Ein IT-Spezialist, 46 Jahre alt, in Deutschland aufgewachsen, elterliche Wurzeln im Irak, hatte sich bei einer der Besichtigungen interessiert gezeigt. Er stellte sehr präzise Fragen und beobachtete genau, unterbreitete aber kein Angebot. Ein iranischer Kunde, der kurz vorher über uns ein Mehrfamilienhaus kaufte, zeigte sich ebenso interessiert an diesem Haus. Er ist Mathematiker und hoch gebildet. Das erforderliche Eigenkapital stand ihm zur Verfügung. Sein Angebot aber ließ auf sich warten. Am Ende diente er uns „nur" als Druckmittel im Dialog mit dem IT-Spezialisten „Es gibt weitere Interessenten, die auch auf Augenhöhe mit Ihrem Angebot sind und eine gesicherte Finanzierung haben."

Die dritte Interessentin, eine Frau aus Hamburg, befand sich schon lange als Suchadresse in unserem Kundenbestand. Sie suchte Mehrfamilienhäuser in Hamburg und Berlin. In diesem Fall sagte sie drei Termine zur Besichtigung jeweils kurzfristig ab. Beim vierten Termin kam sie mit Rollkoffer. Sie sei auf der Durchreise und es müsse schnell gehen. So schauten wir den Keller, den Heizkeller, das Haus von innen und außen sowie eine Wohnung als Exempel an. Sie wolle nicht auf das Dach, sondern sich nur im Nachgang die Fotos davon ansehen.

Der iranische Interessent hatte inzwischen 1,3 Mio. EUR geboten. Mein Eindruck war, dass er sicher der spätere Käufer sein würde. Das zeichnete sich hier bereits deutlich ab, denn er war bereits in Begleitung seines Bankberaters vor Ort. Der Gutachter sollte später noch kommen.

Wie ein Hausverwalter eine Immobilie entwerten kann

Dann ergab sich noch eine Möglichkeit, die Interessenten auf das brach liegende Potenzial des Hauses aufmerksam zu machen: Ein Mieter kündigte innerhalb der Vermarktungszeit und zeigte unverhofft die Möglichkeit einer Steigerung der Jahresnettokaltmiete auf. Noch wichtiger war jedoch, dass diese einer Demonstration diente. Der Hausverwalter hatte nämlich die Mieten stets zu Gunsten der Mieter am Mietspiegel orientiert. Andere Möglichkeiten kannte er nicht. Sein Wille zur Potentialausschöpfung war nicht ersichtlich. Wohl aber wusste er, auf welche vernachlässigende Weise er das Haus führte und dass er davon profitierte, dass Dr. Seller ihm bereits seit über 25 Jahre vertraute. Er wusste, dass er und sein Bruder sich spinnefeind waren und er deshalb freie Hand hatte. Er wusste auch, dass Dr. Seller ein harmoniebedürftiger Mensch ist. So machte er stets nur das unbedingt Notwendige und vernachlässigte eben auch die Anpassung der Mieten auf ein höheres Niveau. Dafür entwickelte er nie einen Plan und wurde immer nur dann tätig, wenn es sich nicht vermeiden ließ, wenn z.B. eine Funktionsstörung auftrat.

Um eine Mieterhöhung vorzunehmen, muss man generell folgende Gegebenheiten beachten: Einerseits kann die ortsübliche Vergleichsmiete durch einen Mietspiegel nachgewiesen werden. Andererseits kann die Höhe der ortsüblichen Vergleichsmiete aber auch in einem sogenannten „Vergleichsmietenverfahren“ begründet werden, z.B. durch ein mit Gründen versehenes Gutachten eines öffentlich bestellten und vereidigten Sachverständigen oder durch Mietangaben von mindestens drei vergleichbaren Wohnungen. Der Eigentümer und wir forderten nun von ihm, diese zu beherzigen und mit dem neuen Mieter eine aktuelle Miete von 10,50 EUR je qm zu vereinbaren. Was dann passierte, war verstörend: Der Hausverwalter verweigerte sich schlichtweg. Er beharrte auf seiner Auslegung des Mietspiegels.

Brach liegende Potentiale freilegen

Im Sinne der Sache bot ich an, die freie Wohnung zu vermieten, und zwar nicht zum bisherigen Durchschnittspreis von 7,75 EUR, sondern zu 10,50 EUR je qm. Ich tat dies nicht aus Spaß an der Sache, sondern um die Chance des Verkaufs des Objekts zu steigern. Um das Potential der Immobilie zu beweisen, habe ich diese Aufgabe kostenfrei für den Vermieter übernommen. Damit war der Beweis nun erbracht: Es ging auch anders! Das Haus hatte unbestritten Potential, spätestens bei der Neuvermietung, aber auch generell: Die Mieten könnten alle 3 Jahre um 15 Prozent erhöht werden.

Danach positionierte ich mich gegenüber Dr. Seller und Clever erstmalig deutlich gegen den Hausverwalter und riet Dr. Seller zur Neuvergabe der Verwaltung mit der damit verbundenen Aufgabe: das Management inklusive Ertragssteigerung der Immobilie. Ich bezifferte einen sechsstelligen Betrag als Schaden, den der Hausverwalter verursacht hatte. Und zwar aus folgenden Gründen: Das Hauptentscheidungsmerkmal des Käufers eines Mehrfamilienhauses ist und bleibt die Rendite. Die Vernachlässigung der Mietentwicklung schafft Vorteile für die Mieter und Nachteile für den Eigentümer. Daraus resultiert aber keineswegs ein besseres Verhältnis zwischen Mieter und Vermieter, was sich auch schon des Öfteren gezeigt hat. Eher ist sogar das Gegenteil der Fall. Die Mieter wissen sehr genau, welchen Wert eine niedrige Miete für Sie darstellt. Nehmen wir einmal eine 70 qm Wohnung als Beispiel. Mit 8 EUR je qm wurde sie um 2,50 EUR je qm zu billig vermietet. Der Vorteil eines langjährigen Mieters im Zeitraum von 10 Jahren beträgt 2,50 (EUR) * 70 (qm) * 12 (Monate) * 10 (Jahre), also genau 21.000 EUR. Bei 7 Wohnungen summiert sich das auf einen Verzicht des Vermieters in diesen 10 Jahren auf 147.000 EUR. Was könnte von diesem Geld nicht alles am Haus modernisiert werden, wovon auch der Mieter einen Vorteil hätte.

Schließlich verliert der Vermieter einen guten Teil dieses Geldes, vielleicht sogar ein Vielfaches davon im Verkaufsfall, denn dabei werden nicht 10 Jahre, sondern 30 Jahre betrachtet. Rechnerisch also steht der dreifache Betrag in Gefahr. Sicherlich lässt sich dies durch andere Faktoren relativieren, welche auch eine wichtige Rolle spielen, aber der Schaden beträgt nichtsdestotrotz einen deutlich sechsstelligen Betrag.

Und wie ging der Verkauf in diesem Falle aus? Das Objekt konnte schließlich im Mai 2019 für 1,28 Mio. EUR verkauft werden, weil es uns gelang, dem neuen Eigentümer eine nachhaltige und mieterverträgliche Entwicklung der Immobilie aufzuzeigen. Sie können sich vorstellen, dass Dr. Seller mit diesem Ausgang mehr als zufrieden war.

Fazit

Als Makler verstehen wir uns als Berater für beide Vertragsparteien, als Berater des Verkäufers, dessen Auftrag wir gerne erhalten möchten und als Berater des Käufers, der uns am Ende bezahlt. Denn in Berlin ist die Regelung noch so, dass der Käufer den Makler bezahlt nicht aber der Verkäufer. Um dieses Ziel zu erreichen, sind umfangreiche Kenntnisse und Erfahrungen auf verschiedenen Gebieten Voraussetzung. Beide Seiten profitieren davon – unabhängig davon, ob man als Käufer oder Verkäufer mit dem Makler Kontakt aufnimmt.

Ich wünsche Ihnen jedenfalls einen Immobilienexperten, der in der Lage ist, das Potential einer Immobilie freizulegen.

Ihr
Dieter Huber

Ihr Verkaufserfolg kann schon an der Bewertung scheitern

Von Christian Bubeck
Bubeck Immobilien, Stuttgart

Inhalt

- Die Bewertung der Immobilie als Grundlage für den Verkaufsbeginn
- Vom Wunsch zur Realität
- Die Online-Wertermittlung und ihre Tücken
- Die Bewertung der Immobilie als Grundlage für den Verkaufsbeginn
- Die Folgen einer falschen Wertermittlung und deren Vermeidung
- Die Ermittlung des realistischen Marktwertes

Die Bewertung der Immobilie als Grundlage für den Verkaufsbeginn

Meist ist bei einem Immobilienverkauf die erste Frage die nach dem Wert der Immobilie. Dieser bietet letztlich die Grundlage für die Festsetzung des Angebotspreises.

Bei der Frage nach dem Wert der Immobilie spielt es keine Rolle, ob er aus Altersgründen, Gewinngründen, dem Wunsch nach einer Standortveränderung oder im Zuge einer Erbschaft verkauft oder ob er aus reiner Neugier ermittelt werden soll. Um diesen Wert zu bestimmen, ist der Beginn eines Preisfindungsprozesses auf Basis relevanter und valider

Daten erforderlich. So zumindest sollte es der Theorie nach sein.

Vom Wunsch zur Realität

Oft bekomme ich von Kunden zu hören: „Mein Nachbar hat sein Haus kürzlich für 500.000 Euro verkauft. Die Interessenten haben sich sogar hochgeboten und das Haus ist sofort verkauft gewesen. Da haben wir gedacht 550.000 Euro wären doch locker drin."

Oder: „Ich habe mal die Preise im Internet verglichen und ähnliche Angebote zum Preis von 800.000 Euro gefunden. Diese Objekte waren aber alle viel älter und in einem schlechteren Zustand als unseres. So denken wir, dass wir vom Preis her mit 870.000 Euro gut aufgestellt wären."

Schließlich gibt es auch noch diejenigen, die einer ganz neuartigen Art und Weise der Preisfindung großes Vertrauen schenken: der Online-Wertermittlung.

Die Online-Wertermittlung und ihre Tücken

Hierbei existieren hauptsächlich zwei Varianten. Bei der ersten werden beim Eigentümer die groben Eckdaten (Objektart, Adresse, Quadratmeterzahl, Zustand) sowie die Kontaktdaten abgefragt. Daraufhin werden die erfassten Daten direkt an einen Mitarbeiter des Dienstleisters zur anschließenden Kontaktaufnahme mit dem Eigentümer weitergegeben. Oder die Daten werden an einen Dritten, z.B. einen Makler gegen ein bestimmtes Entgelt verkauft, sodass dieser mit dem Eigentümer Kontakt aufnehmen kann. Meistens wird dem Eigentümer nach Eingabe der Daten eine grobe Preisspanne anhand von Vergleichswerten aus den gängigen Immobilienportalen angezeigt. Zusätzlich erhält man per Mail ein hochwertig anmutendes „Gutachten“ im PDF-Format übermittelt. Gerade diese Methode der „Wertermittlung" wird gerne von sogenannten „Lead-Portalen“ kostenlos angeboten. Lead-Portale haben es sich zur Aufgabe gemacht, unter Beachtung datenschutzrechtlicher Bestimmungen die Kontaktdaten von Personen zu erhalten. Meist erfolgt dies über vordergründige Service-Angebote, wie z.B. eine kostenlose Wertermittlung. Tatsächlich geht es ihnen aber um Ihre Kontaktdaten. Bei einer anderen Variante der Online-Wertermittlung werden komplexe Daten abgefragt. Anhand von aufwendigen Algorithmen und auf Basis vergleichbarer Daten anderer Objekte sowie mit Hilfe von Daten aus Immobilienportalen (wie Immobilienscout24, Immowelt usw.) erhalten Sie eine durchaus exaktere Beurteilung Ihrer Immobilie. Diese kann schon eine hilfreiche Vorab-Orientierung sein.

Beide Alternativen bringen jedoch Gefahren mit sich. Aufgrund des vermeintlich hohen Stellenwertes dieser „Gutachten“ besteht die Gefahr, dass der so ermittelte Wert nicht nur als grobe Orientierung, sondern zur bindenden Grundlage für eine Preisfestlegung wird. Sie wird beispielsweise für Folgendes als Grundlage genutzt:

- Kauf oder Tausch einer Immobilie
- Ermittlung des Verkaufswertes in Folge einer Scheidung oder Trennung einer eheähnlichen Gemeinschaft
- Vermögensaufstellung
- Wertermittlung in Folge eines Erbnachlasses oder einer Testamentserstellung

- Wertermittlung in Folge von Auseinandersetzungen von Erbengemeinschaften oder sonstiger Erbstreitigkeiten
- Wertermittlung zur Eruierung der Erbschaftssteuer
- Ermittlung des Immobilienwerts für die Festsetzung des Einheitswertes für bebaute und unbebaute Grundstücke
- Ermittlung des Immobilienwertes für die Versicherung, zum Beispiel für die Grundstücks- oder Gebäudeversicherung
- Wertermittlung zum Zweck einer Kreditaufnahme
- Ermittlung des Immobilienwertes vor einer Zwangsversteigerung

Die Folgen einer falschen Wertermittlung und deren Vermeidung

Spätestens an dieser Stelle werden Sie als Leser feststellen, wie folgenschwer die Auswirkungen einer fehlerhaften Wertermittlung auf der Basis einer ungenauen oder gar falschen Datengrundlage, einer falschen Berechnungsmethode, einer Fehleinschätzung der eigenen Kompetenzen oder falscher Erwartungen an eine Online-Wertermittlung sein können. Dies können die Folgen sein:

- Ihre Immobilie wird zum „Ladenhüter“ mit der Folge, dass Sie den Preis senken müssen
- Minderung des nach dem Verkauf zur Verfügung stehenden Kapitals
- Fehleinschätzung der eigenen Vermögensaufstellung
- Verluste bei Erbauseinandersetzung
- Falschberechnung der Erbschaftssteuer
- Falschberechnung der Spekulationssteuer

- Falschangaben bei der Gebäudeversicherung
- fehlerhafte Anfrage bei der Kredithöhe
- Falschangabe bei den Testamentswerten
- Fehleinschätzung des eigenen Vermögens

Nun fragen Sie sich sicherlich,

- wie sich solche Fälle vermeiden lassen,
- woran Sie die Plausibilität eines Immobilienwertes erkennen,
- wie Sie den richtigen Dienstleister finden oder
- wie generell die richtige Vorgehensweise ist?

Wie es in vielen Bereichen des Lebens und auch in der Wirtschaft ist, gibt es nicht nur einen Weg zum Erfolg. Es gibt tatsächlich mehrere Optionen, um die hier dargestellten Risiken und Fehler zu vermeiden.

Auf den folgenden Seiten möchte ich Ihnen einen Leitfaden an die Hand geben, den ich konzipiert habe und der aus den über Generationen in unserem Familienunternehmen bei der Wertermittlung gesammelten Erfahrungen besteht. Er ist eine Anleitung zur Fehlervermeidung und somit eine gute Basis für eine richtige Wertermittlung.

<u>Bringen Sie von Beginn an den Marktwert Ihrer Immobilie in Erfahrung!</u>

Es ist von unschätzbarem Vorteil, dass Sie als Immobilieneigentümer von Beginn an den Marktwert Ihrer Immobilie kennen.

Bilden Sie sich eine gute Wissensgrundlage!

Bereits vor der Auswahl und Kontaktierung eines lokalen Marktexperten bietet es sich an, sich mit den Grundlagen einer qualifizierten Wertermittlung zu beschäftigen. Diese und weitere Informationen erlangen Sie binnen kurzer Zeit ganz einfach anhand der zahlreichen in diesem Buch behandelten Themen.

Lassen Sie sich nicht beeinflussen!

Vermeiden Sie es, sich durch Medienberichte, Immobilienplattformen, Online- Bewertungsplattformen, Eigenbewertung oder gar Meinungen von Nachbarn und Bekannten beeinflussen zu lassen.

Verschaffen Sie sich einen Überblick über die lokale Marktsituation!

Diesen erlangen Sie am einfachsten, indem Sie sich die Eckdaten der betreffenden Immobilie (Standort, Objektart, Baujahr, Wohnfläche, Zustand) notieren und sich über die gängigen Immobilienportale wie Immobilienscout24, Immowelt sowie über Zeitungsinserate einen Überblick verschaffen:

- Wie viele in etwa vergleichbare Objekte werden am Standort der Immobilie oder im nahen Umkreis angeboten?
- Welche Objektarten werden am häufigsten angeboten?
- In welcher Preisspanne bewegen sich die Angebotspreise vergleichbarer Objekte?
- Wie ist der Zustand der vergleichbar angebotenen Immobilien?
- Wie beliebt ist der Standort meiner Immobilie?

Vermeiden Sie es, dabei in die Tiefe zu gehen oder zu versuchen anhand weiterer Merkmale Ihrer Immobilie einen genauen Wert zu ermitteln. Denn Sie dürfen nicht vergessen, dass es sich auf den oben genannten Portalen und Angebotsplattformen lediglich um „Immobilienangebote mit Preisbildung auf individueller Basis“, also um Wunschpreise handelt. Es gibt Statistiken, wonach der tatsächlich notariell beurkundete Preis 20 bis 25 Prozent unter dem Angebotspreis liegen kann.

Überblick über die aufgerufenen Immobilienwerte und Plausibilitätskontrolle

Nachdem Sie sich über die oben genannten Merkmale einen Überblick verschafft haben, notieren Sie am besten die folgenden Punkte:

- die Objektanzahl der im Umkreis Ihres Immobilienstandorts angebotenen Immobilien
- die der anhand der Merkmale (Objektart, Baujahr, Wohnfläche und Zustand) aufgerufenen Preise der wirklich vergleichbaren Immobilienangebote
- die nahen Arbeitgeber und Besonderheiten des Standorts

Und falls man einen Schritt weiter gehen möchte:

- ermittelt man einen Durchschnittswert der angebotenen Immobilienpreise
- listet man alle Arbeitgeber, Einkaufsmöglichkeiten, Schulen, Ärzte und sonstigen Mehrwerte des Standorts auf und behält die Objektangebote und die Zahl der Angebote vergleichbarer Immobilien im Blick

Anhand dessen kann man zu hohe Werte leicht enttarnen.

Die Ermittlung des realistischen Marktwertes
Selbst wenn Sie die zuvor geschilderten umfangreichen Informationen eingeholt, sich den erforderlichen Sachverstand erarbeitet und die Analysen erstellt haben, besteht immer noch die Gefahr eines subjektiven und damit nicht marktkonformen Ergebnisses. Wenn Sie dies alles als Vorarbeit für das zu erstellenden Sachverständigengutachten sehen, dann war der Aufwand wahrlich nicht umsonst. Denn jetzt können Sie dem Experten schon nahezu auf gleicher Augenhöhe begegnen. Es empfiehlt sich in jedem Fall für eine genaue und realistische Wertermittlung einen kundigen Immobilienexperten hinzuziehen. Seinen angebotenen Dienstleistungsumfang können Sie aufgrund Ihrer Vorarbeiten gut einschätzen.

Ein Gutachten umfasst etwa 25 Seiten und enthält in der Regel eine Wertanalyse mittels des gängigen Vergleichswertverfahrens. Hierbei werden vergleichbare Objekte, die der Experte anhand verschiedenster Quellen heranzieht (Gutachterausschuss, eigene verkaufte Objekte, Erfahrung, sowie weitere Quellen), mit Ihrem Objekt direkt verglichen. Bei diesem Verfahren ist es sehr wichtig darauf zu achten, dass der Fachmann nicht lediglich Objektangebote vergleicht, sondern dass er auch die folgenden Maßnahmen vor Ort durchführt, um Ihr Objekt genau kennen zu lernen und erst auf dieser Basis den Wert ermittelt:

- Sichtung des gesamten Wohnbereichs sowie Überprüfung des Kellers auf Feuchtigkeit bzw. Schimmelbildung und sonstige Mängel

- grobe energetische Prüfung und/ oder Befragung über Dinge wie den Zustand der Fenster, Türen etc.
- Fragen nach der Isolation von Hauswand, Dämmung sowie nach Modernisierungen und Renovierungen
- Sichtung und/ oder Befragung bezgl. des allgemeinen Zustands des Objekts
- Sichtung und/ oder Befragung über den Zustand des Daches, der Fassade, der Heizanlage
- Sichtung und/ oder Befragung über den Zustand der Haustechnik sowie der Elektroinstallation
- Sichtung und/ oder Befragung bezüglich Garage und Überdachungen
- Begutachtung des Gesamtzustands
- Befragung über den potenziellen Sanierungsstau
- Befragung über die Höhe der Nebenkosten

Häufig hört man: „Eine Wertermittlung mache ich nur kostenfrei, wenn ich auch den Auftrag bekomme." oder „Eine Wertermittlung ist auch ohne Sichtung des Objekts möglich." Es gibt viele Argumente, Wertermittlungen nicht kostenfrei anzubieten, sondern zu Preisen zwischen 200 bis 1.500 Euro. Schließlich kostet eine fundierte Wertermittlung den Marktexperten einiges an Zeit und Arbeitsaufwand. Aus diesem Grund kann man nur raten, auf den Inhalt und den Umfang eines Gutachtens ein besonderes Augenmerk zu legen. Lassen Sie sich nicht auf mündliche Werte oder auf grobe Preisspannen ein! Lassen Sie sich nicht zum Verkauf oder zur Vertragsunterschrift überreden! Fragen Sie nach einem genauen Wert und auf welcher Grundlage dieser gebildet wurde. Verlangen Sie einen Termin vor Ort und achten Sie auf ein möglichst umfangreiches Gutachten, welches Sie auch behalten dürfen, um es zu prüfen, egal ob Sie verkaufen wollen oder nicht. Hierbei spielt es keine Rolle, ob dieses kostenfrei oder gegen Entgelt angeboten wird.

Fazit

Um Fehler bei der Wertermittlung zu vermeiden, sollten Sie sich die Frage stellen, ob und welchem Dienstleister Sie Ihr Vertrauen schenken, Ihre Immobilie zu vermarkten. Im Anhang des Buches finden Sie eine ausführliche Aufstellung über die Leistungen eines qualifizierten Maklers. Diese kann Ihnen bei der Auswahl eine wertvolle Hilfe sein. Bilden Sie sich auf Basis der von mir dargestellten und den weiteren, aus diesem Buch gewonnenen, Tipps und Einblicke eine solide Wissensgrundlage. Nur so vermeiden Sie teure und ärgerliche Fehler beim Verkauf Ihrer Immobilie. Lassen Sie sich nicht durch eine hohe Wertnennungen und vermeintlich kostenlose Online-Wertermittlung täuschen. Bilden Sie sich besser eine solide Wissensgrundlage für Ihre Entscheidung auf Basis eines fundierten Wertgutachtens!

Ich hoffe, ich konnte Ihnen einige wertvolle Hilfen geben!

Ihr
Christian Bubeck

Immobilien mit maßgeschneiderten Modernisierungs- und Sanierungskonzepten besser verkaufen

Von Frank Leonhardt
RE/MAX Immobilien Nürnberg, Fürth, Stein, Ansbach, Schwabach

Inhalt

- Die Gebrauchtimmobilie
- Die Denkmalschutz-Immobilie
- Die Liquidations-Immobilie

Die Gebrauchtimmobilie
Nachfolgend betrachten wir den „Klassiker“: Eine „Gebraucht-Immobilie“ soll verkauft werden.

Neben den Neubauprojekten von Bauträgerunternehmen und unbebauten Grundstücken ist die meistverkaufte Immobilienart die „Gebrauchtimmobilie von Privat“. Dabei stehen 2-, 3- und 4-Zimmer-Eigentums-wohnungen, freistehende Einfamilienhäuser, Doppelhaushälften oder Reihenhäuser im Vordergrund. Meist kommen derartige Immobilien dann zum Verkauf, wenn die Kinder aus dem Haus sind, das Rentenalter erreicht oder greifbar ist, die Immobilie immer mehr zur Last fällt und in der Größe nicht mehr benötigt wird. Diese in die Jahre gekommenen Immobilien wurden in ganz verschiedenen Qualitäten errichtet. Ferner wurden sie unterschiedlich genutzt, gepflegt und instandgehalten. Je nachdem in welchem Zustand sich das zu verkaufende Objekt befindet, sind unterschiedliche Maßnahmen und Vorbereitungen sinnvoll, um ein optimales Verkaufsergebnis erzielen zu können. Bei nahezu allen Fällen ist das Hinzuziehen von Fachleuten anzuraten oder sogar erforderlich. Das kann beim Maler beginnen und geht über diverse Handwerker, Planer und Energieberater, über Homestager bis hin zu Architekten, Statikern und anderen Sonderfachleuten. Einen ersten Gesamtüberblick kann ein gut ausgebildeter und entsprechend qualifizierter Immobilienmakler liefern.

Für die weitere Betrachtungsweise ist zu differenzieren, ob die Immobilien nur ein wenig renoviert, oder von Grund auf saniert werden muss.

Die Immobilien mit wenig Renovierungsaufwand

Wenn wir eine Immobilie als renovierungsbedürftig bezeichnen, so meinen wir, dass diese substanziell und technisch im Großen und Ganzen in Ordnung ist. Es gibt kaum Schäden, die Immobilie ist lediglich etwas abgewohnt. Die Fliesen im Bad haben nicht den Charme der späten 60er Jahre, sondern sind zeitgemäß oder zumindest zeitlos. Somit sind für einen entspannten Einzug lediglich die Boden- und Wandbeläge aufzufrischen oder zu erneuern, ggf. auch noch die Sanitärgegenstände wie Waschbecken incl. Armaturen sowie die Bade- oder Duschwanne auszutauschen. Ein komplette Badsanierung, die mögliche Interessenten vor größere finanzielle Herausforderungen stellen kann, ist dann nicht nötig. Wie kann diese Immobilie nun bestmöglich präsentiert werden? Hier ist zu unterscheiden, ob die Immobilie bereits leer ist oder noch komplett möbliert oder ggf. sogar noch bewohnt ist.

Das Anwesen steht bereits leer

Ist die Immobilie bereits geräumt und sorgfältig gereinigt, kommt es bei einer Besichtigung verstärkt auf den ersten Eindruck eines möglichen Interessenten an. Betrachten Sie die Immobilie immer aus dessen Blickwinkel, auch wenn dies bei der eigenen Immobilie oft schwerfällt. Versuchen Sie sich in dessen Lage zu versetzen, als gingen Sie zum ersten Mal durch „Ihr" möglicherweise künftiges Zuhause. Sind Wände und Decken gepflegt und zeigen nur leichte farbliche Unterschiede in den Bereichen der ehemaligen Möblierung, so kann auf deren komplette Renovierung verzichtet werden. Sind sie stark verfärbt, ggf. auch durch Nikotin, so kann das einen Verkauf deutlich erschweren oder zumindest zu Verhandlungen über Preisnachlässe führen. Derartige Preisverhandlungen bewegen sich gerne in einem mittleren 4-stelligen Bereich, zuweilen geht es sogar um 5-stellige Beträge. Werden nur einzelne Wände gestrichen oder tapeziert, kann der Eindruck entstehen, dass hier etwas vertuscht werden soll, z.B. eine möglicherweise schimmelige Außenwand. Also sollte bevorzugt zumindest raumweise renoviert werden. Ähnlich verhält es sich bei den Bodenbelägen. Hier gilt die Devise, dass sich ein nackter Betonboden besser macht als ein stark abgenutzter Teppichboden. In diesen Fällen ist die Auslegeware sinnvollerweise zu entfernen. Parkett und Echtholzbeläge sollten ordentlich gereinigt und, sofern erforderlich, lasiert oder gewachst werden. Das ist relativ wenig Aufwand und es sieht alles gleich viel schöner aus. Im Bad sind Waschbecken und WC nebst Deckel schnell getauscht. Der Rest des Bades ist in einem ordentlichen Zustand. Wenn es dort bei der Besichtigung auch noch gut riecht, macht das einfach einen angenehmen Eindruck und wirkt nicht abstoßend. Es sollte also dafür gesorgt sein, dass der Gesamteindruck positiv ist. Zuviel des Guten in einzelnen Teilbereichen der Immobilie macht hingegen verdächtig. Dann sollte man diese eher in einem renovierungsbedürftigen Zustand belassen. Ein guter Makler oder Modernisierungsexperte kann abwägen, was für die Immobilie am besten geeignet ist, und ob sich eine Investition von vielleicht einigen Tausend Euro am Ende nicht sogar um ein Vielfaches über einen dann höheren Verkaufspreis rentiert.

Die Immobilie ist noch möbliert oder bewohnt

Ist das Anwesen lediglich ein wenig in die Jahre gekommen, die Möblierung vielleicht nicht der letzte Schrei, aber grundsätzlich in Ordnung, so macht es durchaus Sinn, sie in diesem Zustand zu präsentieren. Die Interessenten haben dann schon eine Vorstellung, wie man alles in etwa einrichten kann und es fallen keine Farbunterschiede an Wänden und Böden auf. Im Bad und beim WC kann man verfahren, wie bei der bereits leerstehenden Immobilie. Es kommt einfach auf den Zustand der Sanitärgegenstände an. Bei Besichtigungen ist darauf zu achten, die Immobilie aufgeräumt, sauber, gelüftet, gut belichtet und wohlriechend zu präsentieren. Kaffeeduft schlägt Fischgeruch, hell und luftig schlägt dunkel und muffig.

Die Immobilie mit zusätzlichem Handlungsbedarf

Zunächst gelten auch hier die gleichen Regeln und Rahmenbedingungen. Allerdings gibt es in dieser Immobilie aufgrund technischer Einrichtungen, die nicht mehr en vogue sind und somit ein Kaufhemmnis darstellen können, noch zusätzlichen Handlungsbedarf. Konkrete Beispiele dafür sind Nachtspeicheröfen, eine veraltete Heiztherme, nicht mehr zeitgemäße Badfliesen, Schraubsicherungen in der Elektroverteilung usw.

Derartige Dinge sind nicht ungewöhnlich und waren in den letzten 30 - 40 Jahren zweckmäßig, ausreichend und in Ordnung. Kauft man sich heute für viel Geld eine neue Immobilie und möchte diese selbst bewohnen, wird man einen derartig veralteten Stand der Technik nicht akzeptieren. Stattdessen wird man unzeitgemäße Einrichtungen entfernen oder austauschen und auf in einen aktuellen Stand bringen. Versetzt man sich nun wieder in die Rolle des Interessenten, der die Beschreibung in Ihrem Inserat nur flüchtig gelesen hat, so kann es bei der Besichtigung gut sein, dass dieser mit jeder Öffnung einer weiteren Tür eine neue persönliche Enttäuschung erlebt. Gedanklich verbindet er dies mit der Frage, was ihn die Umsetzung in einen heute üblichen Standard wohl kosten wird. 90 Prozent der Interessenten sprechen das Ihnen gegenüber nicht aus; sie sind einfach weg und lassen nichts mehr von sich hören. Von den verbleibenden Interessenten können die Wenigsten die anfallenden Baukosten richtig einschätzen. Wenn sie die Immobilie trotzdem unbedingt haben möchten, werden sie entweder mit vielen Sachverständigen, Architekten oder Handwerkern erscheinen, um Kostensicherheit zu bekommen oder einen ordentlichen Sicherheitspuffer einzukalkulieren. In beiden Fällen endet das in einer Preisdiskussion zu Lasten des Verkäufers. Diese Szenarien kann man durch eine optimale Vorbereitung vermeiden. Entweder führt man die technische Aufwertung bereits ganz oder teilweise zuvor durch und geht dann erst mit der „revitalisierten“ Immobilie an den Markt. Dabei ist allerdings abzuwägen, ob sich die Investitionen schlussendlich durch den besseren Verkaufspreis auch rentieren. Oder man hat für diese Fälle konkrete Kostenvoranschläge der Handwerker parat, damit der Kaufinteressent noch entstehende Kosten einschätzen kann. Das ist insbesondere auch für dessen finanzierende Bank maßgeblich. Alternativ genügt auch eine Einzel-Kostenaufstellung durch einen anerkannten Sachverständigen oder zertifizierten Modernisierungsexperten. Es geht fast immer um die Frage, wie in Anbetracht der anstehenden Maßnahmen die Gesamtfinanzierung für den Käufer zu bewerkstelligen ist. Dabei sind sich weder der Verkäufer noch Käufer über das mögliche Ausmaß der Investitionskosten im Klaren. Gemeinsames Schulterzucken ist meist der Fall. Überlässt man dem Käufer die Recherche und die Auswahl der Fachleute, so begibt man sich ein Stück weit in dessen Hände und hat auch gegenüber anderen Kaufinteressenten keine neuen Argumente. Daher ist zu empfehlen, selbst zu handeln und vor der Vermarktung die entsprechenden Fachleute hinzuzuziehen. Hilfe bei der Auswahl können gut qualifizierte Makler oder z.B. der Bundesverband Gebäudemodernisierung e.V. (BVGeM) leisten.

Die Immobilie mit erheblichem Instandhaltungsstau

Wir betrachten nun die zu verkaufende Immobilie, die neben den bereits beschriebenen Optimierungsmöglichkeiten zusätzlich offensichtliche Schäden aufweist, die durch die bisherigen Besitzer nicht beseitigt wurden. Klassische Beispiele dafür sind feuchte Kellerwände mit abplatzendem Putz, kristallinen Ausblühungen oder gar Schimmelbildungen oder aber deutlichen Rissbildungen an den Wänden und Decken der Wohn- und Kellerräume. Abgenutzte und undichte Holzfenster mit sichtbarem Feuchtigkeitseintritt, eingeschränkte oder eine nicht vorhandene Funktionsfähigkeit des Heizsystems, ein schwacher Wasserdruck und Ausblühungen an den Wasserhähnen oder versottete Kamine sind ebenfalls sichtbare Schäden, die die Verkaufbarkeit einer Immobilie zumindest stark einschränken und in manchen Fällen auch unmöglich machen können. Der wichtige erste Eindruck bei der Besichtigung einer Immobilie durch Interessenten wurde schon erwähnt, hier kommt nun allerdings noch der Faktor Angst dazu: Angst vor nachhaltigen substanziellen Schäden, Angst vor einem „Fass ohne Boden" oder Angst vor einem wirtschaftlichen Totalverlust. Denn die wenigsten Menschen haben die Möglichkeit, derartige Schäden und deren Bedeutung für die Gebäudesubstanz und den Beseitigungsaufwand seriös einschätzen zu können. Und die wenigsten Verkäufer, die mit der Immobilie weitestgehend „abgeschlossen" haben, wollen oder können jetzt noch übermäßig Zeit und Geld in die Immobilie investieren. Oft befindet sich diese ja auch in diesem vernachlässigten Zustand, weil dem Eigentümer die wirtschaftlichen Möglichkeiten für die Sanierungsmaßnahmen fehlten. Um derartige Immobilien trotzdem zu einem angemessenen Preis verkaufen zu können ist es unerlässlich, die Ursachen für die Schäden zu analysieren und professionell bzw. sachverständig zu dokumentieren. Dazu sind die Beseitigungskosten möglichst exakt zu ermitteln und entweder mit konkreten Angeboten oder einer sachverständigen Kostenaufstellung zu belegen. Nur so ist es möglich, dem Kaufinteressenten Planungssicherheit zu geben und ihm die Ängste zu nehmen. Eine nicht zu unterschätzende Rolle spielen in diesem Fall die Banken und Finanzierer. Sämtliche, erforderliche Maßnahmen müssen bei der Aufstellung des Gesamtfinanzierungsplans berücksichtigt werden. Sollten mehrere der aufgezählten Schadenszenarien zusammenkommen, kommt man relativ schnell auf einen sechsstelligen Betrag, der neben dem Kaufpreis und den Kaufnebenkosten vom Käufer getragen werden muss. Wenn die Gesamtkosten nicht plausibel greifbar sind, kann der Interessent die Immobilie in der Regel nur mit einem deutlich erhöhten Eigenkapitaleinsatz erwerben. Das ist nicht immer möglich ist und schließt somit viele mögliche Interessenten vom Kauf aus.

Wer kann nun dabei helfen und wer wird zudem von Banken und Käufern als seriös und neutral anerkannt? Ein gut ausgebildeter Makler und/ oder Modernisierungsexperte kann da sicher Hinweise liefern. Je nach Art der Schäden sind Sonderfachleute hinzuzuziehen, die dann mit einem Kurzgutachten oder einer schriftlichen Stellungnahme für technische und finanzielle Klarheit sorgen können. Bei größeren Rissen oder Senkungen sollte in jedem Fall ein Statiker befragt werden, inwieweit die Schäden substanzieller Art sind, welche Maßnahmen oder ggf. auch tiefergehende Untersuchungen erforderlich sind und welche Risiken bestehen. Bei früheren Baumaßnahmen wurde der Baugrund nicht immer so sorgfältig untersucht und auch die Gründung und Fundamentierung nicht immer sachverständig begleitet. Das kann sich dann erst über die vielen Lebensjahre eines Gebäudes bemerkbar machen, wenn eben ungleichmäßige Senkungen erfolgen, die manchmal auch zu massiven Rissbildungen führen können. Der Statiker muss dann zunächst feststellen, ob der Senkungsprozess abgeschlossen ist oder wie er gestoppt werden kann, z.B. durch Ertüchtigung der vorhandenen Fundamente oder zusätzliche Unterfangungen. Bevor das nicht abgeschlossen ist, macht die Risssanierung selbst noch keinen Sinn. Derartige Maßnahmen unter einem bestehenden Gebäude können ziemlich kostenaufwendig werden, sind aber auch unerlässlich, um nicht einen wirtschaftlichen Totalschaden zu riskieren. Für feuchte Keller gibt es auch Spezialisten, die ermitteln können, wo das Wasser herkommt und ob eine Substanzgefährdung vorliegt. Nach dieser Klärung kann man ebenfalls einen Maßnahmenplan aufstellen und die Beseitigungskosten ermitteln. Maßgeblich ist hier auch die künftige Nutzung des Kellers. Es gibt genügend Häuser, bei denen es wirtschaftlich nicht sinnvoll ist, den Keller komplett trocken zu legen, weil z.B. keine Bodenplatte existiert. Trotzdem kann man diese Keller gut für die Nutzung als Vorratsraum, Waschraum oder Fahrradkeller verwenden. Dazu sollten entsprechende Maßnahmen ergriffen werden, die verhindern, dass die Feuchtigkeit bis in die Wohnräume der oberen Geschosse aufsteigt.

Die zu sanierende Immobilie

Haben wir bislang in erster Linie einzelne Maßnahmen betrachtet, die für einen reibungslosen Verkaufsablauf wichtig und sinnvoll erscheinen, so wird es in diesem Abschnitt deutlich komplexer. Wir betrachten den nicht so seltenen Fall eines Hauses, das 30, 40 oder 50 Jahre alt ist und in dem in der bisherigen Lebenszeit nur die nötigsten Instandhaltungsmaßnahmen durchgeführt wurden aber keine grundsätzlichen. Vielleicht wurde das Dach schon erneuert, oder die Heizung ausgetauscht. Möglicherweise ist diese aber auch schon wieder veraltet. Man findet in der Regel alte Leitungssysteme vor, sowohl beim Abwasser als auch beim Wasser und bei Heizung und Strom. Dazu kommen antiquierte Unterverteilungen mit Schraubsicherungen ohne Fehlerstromschutzschalter. Vielleicht wurden einzelne Fenster bereits erneuert, die ungedämmte Fassade wurde zwischenzeitlich einmal angestrichen. Rundum ein Haus, in dem man über Jahrzehnte durchaus angenehm wohnen konnte. Manche Anwesen befinden sich aber auch in einem weitaus schlechteren Zustand, es wurde in den letzten Jahrzehnten wenig bis Nicht erneuert und eine Komplettsanierung steht an.

Auch diese Immobilien lassen sich verkaufen. Doch wenn man nicht sorgfältig vorbereitet ist, geht das ausschließlich über den Verkaufspreis. Es gibt genügend Schnäppchenjäger, die haben Ahnung von der Materie und wollen solche Immobilien günstig einkaufen. Im Sinne des Verkäufers kann das nicht unbedingt sein. Auch hier geht es zumindest um mittlere 5-stellige Beträge, die verschenkt werden und die vielleicht dann bei der Altersvorsorge fehlen. Man benötigt in diesem besonderen Fall einen Plan, die Immobilie attraktiv zu machen, damit man dennoch einen optimalen Erlös erzielen zu kann.

Betrachten wir das Ganze wieder aus Sicht der möglichen Interessenten. Oft interessiert sich eine junge Familie mit handwerklichem Geschick für eine solche Immobilie, weil sie den nächsten Schritt im Leben wagt. Es geht um die größte Investition, die diese Familie vielleicht einmal im Leben tätigt, es geht um Emotionen und existenzielle Überlegungen. Und es geht um das Wohlfühlen für die nächsten 10, 20 oder mehr Jahre. Diese Familie möchte wissen und am besten sehen, wie dieses Haus nach erfolgtem „Relaunch“ (also einer Komplettsanierung) aussehen kann und was dieses schöne „Wohlfühlhaus“ auf dem aktuellen Stand der Technik dann insgesamt kostet. Am besten erfährt sie auch etwas von der zu erwartenden monatlichen Belastung, einschließlich der geschätzten Betriebs- und Nebenkosten. Wenn dann die emotionale Entscheidung für das Haus gefallen ist und die Zahlen passen, kommt in der Regel die sehr verständliche Frage nach der Sicherheit der Schätzungen. Wer hat sich diese Maßnahmen und Zahlen ausgedacht? Sind diese auch realistisch? Wer kann die Planungs- und Baumaßnahmen durchführen? Diese Fragen stellt nicht zuletzt auch die finanzierende Bank. Eine Aufstellung der möglichen Maßnahmen des Verkäufers oder eines Bekannten, der vielleicht Handwerker ist und sich ein wenig besser auskennt, ist da sicher nicht zielführend. Kostenvoranschläge für einzelne Bauleistungen sind besser als Nichts, bieten aber auch keine hinreichende Sicherheit für den komplexen Gesamtaufwand. Benötigt werden ein umfassender Maßnahmenplan, ein Kostenplan und ein Finanzierungsplan. In letzteren sind idealerweise die vielen möglichen Fördermittel einzuarbeiten, dazu sind die künftigen laufenden Betriebskosten zu prognostizieren. Umso niedriger die künftige (realistische) monatliche Belastung für die Käufer ist, desto attraktiver ist das Immobilienangebot. Der eigentliche Hauskaufpreis rückt in den Hintergrund und wird dann oft erst gar nicht so intensiv diskutiert oder verhandelt, sofern er nicht völlig überzogen erscheint. Eher wägen die Kaufinteressenten dann ab, ob eine Gasbrennwertheizung oder doch die Wärmepumpe die bessere Alternative darstellt, eine Großraumregenwalddusche oder doch die große Eckbadewanne eingebaut werden soll. Wie gelangt man aber nun zu so einem umfassenden Plan? Welche Fachleute benötigt man dazu? Welche Schritte sind zu tun und mit welchen Kosten vorab ist das verbunden?

<u>Ist es besser gleich ganz oder nur teilweise zu sanieren und dann zu verkaufen?</u>

Die zweite Frage ist relativ schnell beantwortet. Ist man auf diesem Gebiet selbst kein Profi, sollte man sich den immensen Aufwand einfach sparen – außer man möchte selbst noch ein paar Jahre in dem künftigen „Wohlfühlhaus“ wohnen bleiben. Für viele ist das finanziell gar nicht möglich und Sinn macht es ja nur dann, wenn durch die Investition ein deutlich höherer Ertrag erzielt werden kann. Das ist selten der Fall, zumindest wenn ordentlich saniert wird. Dazu kommen noch der persönliche Aufwand und das Bauherrenrisiko. Diese Variante ist also in den seltensten Fällen ratsam. Widmen wir uns deshalb der ersten Frage, nach dem „Wie, Wer, Was, Wieviel?“ Entscheidend ist ein konkreter und umfassender Ablaufplan, der auf den möglichen Wohnwünschen der künftigen Bewohner des Hauses aufbaut und eine zeitgemäße Architektur, moderne Ausstattung auf dem aktuellen Stand der Technik sowie einen guten Energiestandard berücksichtigt. Gerade die Bereiche Energiesparen, Barriere-Reduzierung und Sicherheit spielen beim Thema Wohlfühlhaus eine Schlüsselrolle und sind sogar hochgradig förderfähig. Um diesen Maßnahmenplan mit Gesamtüberblick, kostenbewusst und fördermitteloptimiert erstellen zu können, ist ein erfahrener und kreativer Fachmann erforderlich. Gut geeignet sind beispielsweise Architekten mit Energieberaterausbildung, Bauunternehmer mit Planungs- und Energieberatungskompetenz, findige Energieberaterbüros mit einer Planungsabteilung oder sonstige Modernisierungsexperten. Hinweise und Empfehlungen erhält man u.a. beim Bundesverband für Gebäudemodernisierung BVGeM. Der Verband bildet selbst Modernisierungsberater und -experten aus und zertifiziert diese Fachleute, die in der Regel Energieberater, Immobilienmakler oder Architekten sind. Aufgabe des Beraters ist es nun, die vorhandene Bausubstanz zu analysieren, um mit seiner Marktkenntnis ein marktfähiges und nachgefragtes Planungskonzept zu erstellen. Dazu ist die künftige Ausstattung zu definieren und die Maßnahmen aufzunehmen, die zu förderfähigen Standards führen (insbesondere im energetischen Bereich). Ein KfW 70 Standard ist meist mit relativ überschaubaren Mitteln erreichbar, kann jedoch bereits von öffentlichen Förderungen erheblich begünstigt werden. Übrigens sind auch schon die Beratungsleistungen förderfähig. Die erste Beratung ist zumeist kostenfrei. Sobald es aber in die Tiefe geht, Planungsleistungen erstellt und energetische Konzepte entwickelt werden, ist die Beratungsleistung natürlich mit Kosten verbunden.

Das fertige Konzept besteht nun aus der künftigen Planung, sowie einer vorläufigen Bau- und Ausstattungsbeschreibung. An dieser Stelle wird dann auch klar, ob noch weitere Sonderfachleute wie Statiker, Haustechnikplaner, Architekten etc. eingeschaltet werden müssen und welche Behörden (z.B. für ein Baugesuch) zu involvieren sind.

Im nächsten Schritt kann nun der genaue Maßnahmen- und Kostenplan erstellt werden. Welche Leistungen sind von welchen Unternehmen gefordert? Welche Massen wurden ermittelt und wie ist der Kostenvoranschlag für das jeweilige Gewerk? Dazu kann bereits ein Zeitplangerüst erstellt werden, damit auch klar wird, mit welcher Gesamtbauzeit zu rechnen ist und wann die künftigen Eigentümer einziehen und ihr neues Zuhause bewohnen können.

Eine Schlüsselrolle fällt nun dem kundigen Energieberater zu, ggf. in Zusammenarbeit mit dem Modernisierungsexperten. Aus insgesamt ca. 6.000 Fördermitteltöpfen, die es für Bau und Modernisierung in Deutschland gibt, ist die optimale Kombination herauszufiltern. Beispielhaft ist durch die Einplanung eines kleinen Einlieger-Appartements im Dachgeschoss eines Hauses eine Verdoppelung der Zuschüsse möglich, weil diese sich auf die Anzahl der möglichen Wohneinheiten des Anwesens bezieht. Gefördert werden insbesondere Maßnahmen die zur energetischen Verbesserung, zur

Barriere-Reduzierung mit Erhöhung des Wohnkomforts sowie zu mehr Sicherheit für das Anwesen führen. Nach Abschluss dieser Recherchen entsteht für einen möglichen Erwerber der komplette Maßnahmen- und Finanzierungsplan. Das kann ein bauunerfahrener Interessent nicht ansatzweise selbst leisten oder abschätzen. Somit wäre der Ankauf einer Sanierungsimmobilie dann ein völlig unkalkulierbares Risiko. Oft werden derartige Immobilien angekauft und können dann aufgrund einer unprofessionellen Vorplanung und zu geringen Finanzierung nur unzureichend saniert werden. Fördermittel werden verschenkt, das Haus wird nur nach und nach auf Vordermann gebracht (immer da „wo es am Nötigsten ist“) und man selbst wohnt von Anfang an in einer Kompromisslösung, was an den Nerven zehrt. Wenn der Interessent dagegen bereits im Vorfeld weiß, was ihn auf dem Weg zum „Wohlfühlhaus“ erwartet, welche Betriebskosten, welche Finanzierungskosten und wieviel Fördergelder ein energetisch optimales Haus ohne bauliche und finanzielle Risiken in den nächsten Jahren kostet, fällt es leicht der emotionalen Entscheidung auch die Finanzierung und Kaufentscheidung folgen zu lassen. Die Kosten für die im Vorfeld erforderliche Beratungsleistung werden in der Regel durch den höheren, unverhandelten(!) Kaufpreis um ein Mehrfaches wieder eingespielt. Alle Beteiligten haben durch diese Vorgehensweise einen echten Mehrwert.

Die Denkmalschutz-Immobilie

Für ein Denkmalschutzobjekt gelten zunächst einmal die vorhergehenden Aussagen uneingeschränkt. Allerdings ist hier zusätzlich noch der Denkmaleigenschaft Rechnung zu tragen und auch die hier erforderlichen Recherchen sollten zwingend im Vorfeld getroffen werden, bevor man die Immobilie am Markt anpreist. Ein Vorgespräch mit dem Denkmalschutzamt ist sinnvoll, um zu erfahren, welche baulichen Maßnahmen zulässig, welche Maßnahmen genehmigungspflichtig und welche Maßnahmen ausgeschlossen sind. Oftmals sind Änderungen am äußeren Erscheinungsbild wie Anbauten, Dachausbauten oder der Abbruch von Nebengebäuden nicht möglich und eine gewünschte Vergrößerung der Wohnfläche somit nicht realisierbar. Oder es werden bestimmte Maßnahmen und Materialien vorgeschrieben, die im Vergleich zu konventionellen Baumaßnahmen zu einer signifikanten Kostensteigerung führen können. Auf der anderen Seite können möglicherweise auch weitere Fördermittel oder Zuschüsse gewährt werden. Dazu kommen eventuell auch noch steuerliche Effekte aufgrund der Möglichkeit von Sonderabschreibungen für denkmalgeschützte Immobilien. Somit macht hier neben den Gesprächen mit den Denkmalschutzbeauftragten auch das Hinzuziehen eines Steuerberaters Sinn. Die sowieso erforderlichen Modernisierungsexperten, Energieberater und Planer sollten auch entsprechende Erfahrungswerte mit derartigen Objekten haben, da in diesem Fall teilweise völlig andere Anforderungen bestehen. Das sollte bei der Auswahl der Fachleute unbedingt berücksichtigt werden.

Die Liquidations-Immobilie

Handelt es sich bei dem zu veräußernden Anwesen um ein freistehendes, sanierungsbedürftiges und nicht unter Denkmalschutz stehendes Objekt, so kann es sein, dass eine Sanierung wirtschaftlich keinen Sinn macht. Ein reiner Immobilienbewerter kann dann schon auch zu der Erkenntnis kommen, dass es sich um ein Liquidationsobjekt handelt und von dem ermittelten reinen Grundstückswert sogar noch die

Kosten für die Grundstücksfreimachung (also die Abbruchkosten) in Abzug zu bringen sind. Aber Achtung: Befindet sich das Grundstück in einem für Bauträger interessanten Gebiet, so kann sich der tatsächlich mögliche Verkaufspreis auch schnell in ganz andere Euro-Regionen bewegen. Um das feststellen zu können sind Kenntnisse der Immobilienprojektentwicklung erforderlich. Ein möglicher Kaufpreis richtet sich beim Ankauf durch einen Bauträger in erster Linie danach, was auf dem Grundstück in Zukunft errichtet werden kann. Bei einem Wohnbaugrundstück richtet sich der Preis danach, wieviel vermarktbare Wohnfläche produziert werden und welcher Ertrag dadurch in dieser Region erzielt werden kann. Zieht man hier keinen Fachmann zu Rate, der die Bauleitplanung der Kommune (z.B. den Bebauungsplan) interpretieren kann, planerische Grundkenntnisse besitzt und über eine entsprechende Marktkenntnis verfügt, so können auch in diesem scheinbar einfachen Fall große Geldbeträge regelrecht verschenkt werden.

Fazit

Der Verkaufserfolg und der schlussendlich auszuhandelnde Verkaufspreis wird maßgeblich von den Faktoren „optischer Eindruck“ und „Kostenangst“ beeinflusst. Je besser der Verkäufer auf diese Faktoren vorbereitet ist, desto höher liegen die Verkaufschancen und am Ende auch der Kaufpreis. Oft sind es Kleinigkeiten, die beim ersten Eindruck die emotionale Entscheidung beeinflussen, zumal ein Immobilienkauf (insbesondere bei Eigennutzung) eine höchst emotionale Angelegenheit ist. Bei der Preisfindung spielen dann die Sanierungs- und Schadensbeseitigungskosten eine wesentliche Rolle. Hält man sich das vor Augen, ist es offensichtlich ratsam, den Immobilienverkauf sorgfältig vorzubereiten. Empfehlenswert ist die professionelle Unterstützung z.B. durch einen qualifizierten Immobilienmakler oder Modernisierungsberater. Neben einem entspannten Verkaufsablauf ohne große Preisdiskussionen kann das für den Verkäufer finanziell sehr lukrativ sein, denn die Kosten für die Recherchen und die Berater sind überschaubar und in der Regel bestens investiert.

Ich wünsche Ihnen bei der Umsetzung Ihres Vorhabens viel Erfolg

Ihr
Frank Leonhardt

Die Autoren

An dieser Stelle sei allen Autoren für Ihre Mühe und Ihren Einsatz gedankt!

Sie haben aufwändig das Thema in ihrem jeweiligen Kapitel zusammengefasst, was aus ihrer Sicht für Verkäufer und Käufer wesentlich ist, damit sie keinen finanziellen Schaden erleiden.

Nachfolgend werden die Autoren in alphabetischer Reihenfolge des Nachnamens genannt. Anschließend folgt eine kurze Vorstellung mit Kurzvita.

- Wolfgang Bertol
- Michael Bruchhage
- Christian Bubeck
- Jürgen Engelberth
- Sebastian Fesser
- Alexander Gebelein
- Klaus Gölbert
- Oliver-D. Helfrich
- Dieter Huber
- Markus Langenbach
- Marcus Lasar
- Frank Leonhardt
- Bianca Merk
- André W. Ockenfels
- Jürgen Pfund
- René Reuschenbach
- Sven Weida
- Helge Ziegler

Wolfgang Bertol

ist Diplomkaufmann und absolvierte ein Studium der Wirtschaftswissenschaften mit den Schwerpunkten Absatzwirtschaft, Markt- und Werbepsychologie.

Seit seinem Einstieg in die Immobilienwirtschaft konzentriert er sich auf den Verkauf von Häusern und Eigentumswohnungen sowie die Entwicklung und Verwertung von Grundstücken und Neubauprojekten in München, im Starnberger und Brucker Land. Als Gründer von team:::B.I.M. entwickelte er seine Firma in diesem Gebiet zu einem führenden Anbieter.

Seit Jahren wird sein Unternehmen regelmäßig von Fachmagazinen wie Capital, Focus und Bellevue prämiert.

Wolfgang Bertol ist vielfach engagiert. Als Landesdirektor München/Oberbayern repräsentiert er den BVFI – Bundesverband für die Immobilienwirtschaft. Zudem wurde er zum Abgeordneten im Bundeskongress für die Immobilienwirtschaft berufen und ist Mitglied im Vorstand des örtlichen Unternehmerverbands. Ferner schreibt er regelmäßig Ratgeber und Fachartikel zu Themen der Immobilienwirtschaft.

Kontaktdaten:
Wolfgang Bertol
B.I.M. Bertol Immobilien Management e.K.
wb@team-bim.de
www.team-bim.de

Michael Bruchhage

wurde 1958 in Altena als waschechter Sauerländer geboren.

1981 startete er in einem Finanzdienstleistungsunternehmen und war dort der erste Vertriebspartner, der ein Fertighaus verkaufte. Damals entdeckte er seine Leidenschaft für Immobilien und gründete 1982 sein eigenes Immobilienunternehmen.

Seit diesem Zeitraum hat er ca. 1.500 Immobilien vermittelt, mehr als 10.000 Immobilien mit Kunden besichtigt und weit über 100.000 Telefonate mit diesen geführt. Hierauf basiert sein reichhaltiger Erfahrungsschatz, der durch die Teilnahme an einer Vielzahl von Fortbildungsmaßnahmen komplettiert wird.

Im Jahr 2018 wurde er DEKRA-zertifizierter Sachverständiger für Immobilienbewertung. Zahlreiche Auszeichnungen und Ehrungen, zum Beispiel durch das internationale Immobilienmagazin Bellevue und das deutsche Nachrichtenmagazin Focus, tragen dem Rechnung. Seit 2015 ist er Abgeordneter im Bundeskongress für die Immobilienwirtschaft und seit 2016 Landesdirektor Westfalen für den BVF I.

Kontaktdaten:
Century 21 Bruchhage Immobilien
michael.bruchhage@bruchhage-immobilien.de
www.bruchhage-Immobilien.de

Christian Bubeck

wurde im Jahr 1995 in Stuttgart geboren.

Nach seinem dualen Studium der Betriebswirtschaft, der Ausbildung zum Groß- und Außenhandelskaufmann in immobilienlastigen und technischen Betrieben sowie der Weiterbildung zum Sachkundigen für die Immobilienbewertung (IHK) führt er seit 2016 die seit 1969 familiengeführte Stuttgarter Bubeck Immobilien GmbH.

Bereits während der Schulzeit machte er sich nebenberuflich im Direktvertrieb selbstständig. Im Jahr 2016 griff er das Wissen und die Erfahrung aus dem familiengeführten Geschäftsbetrieb auf und gründete unter neuer Rechtsform die Bubeck Immobilien GmbH mit Hauptsitz in Stuttgart, die bislang eine weitere Filiale in Gerlingen bei Ludwigsburg unterhält.

Zusätzlich zum Immobilienvermittlungsgeschäft besteht eine Abteilung für die Immobilienprojektierung für zahlreiche Partner aus angrenzenden Bereichen, wie Architektur, Finanzierung, Marketing, Recht und Bau.

Kontaktdaten:
Bubeck Immobilien GmbH vormals BCI GmbH
c.bubeck@bubeck-immobilien.de
www.bubeck-immobilien.de

Jürgen Engelberth

wurde im Jahr 1963 geboren.

Bereits seit seinem 25. Lebensjahr ist er als Immobilienunternehmer tätig und hat in seinem Berufsleben alle möglichen Positionen in der Branche durchlaufen, sei es Immobilienmakler, Baufinanzierer, Bauträger, bis hin zur Bauleitung größerer Wohnungsprojekte.

Seit 2008 bekleidet er beim Business-Portal XING in Hamburg die Position eines Expert-Ambassadors für die Immobilienwirtschaft und gründete im Jahr 2010 gemeinsam mit Helge Ziegler den BVFI – Bundesverband für die Immobilienwirtschaft, dem er bis heute als Vorstandsvorsitzender vorsteht.

Er ist Veranstalter der Deutschen Immobilienmesse, Herausgeber diverser Fachmagazine und Gründer des ersten deutschen Immobilclubs dem „Owners Club Real Estate".

Kontaktdaten:
BVFI – Bundesverband für die Immobilienwirtschaft
engelberth@bvfi.de
www.bvfi.de

Sebastian Fesser

Seit 2002 ist der gelernte Bankkaufmann als Immobilienmakler im Bereich Hannover und Umland erfolgreich tätig.

Seither ist viel passiert: Sebastian Fesser ist nicht nur mehrfach von den Zeitschriften Capital und Focus als Top-Makler ausgezeichnet worden, er ist auch international als Speaker u.a. für die Sprengnetter-Akademie und die Immopreneur-Gruppe tätig.

Des Weiteren wird Fortbildung bei dem 41-Jährigen großgeschrieben: So ist er staatlich geprüfter Sachverständiger, Asbest-Sachverständiger, sowie Sachverständiger für die Immobilienbewertung (IHK), geprüfter Immobilienmediator und vom BDN geprüfter Nachlasspfleger, was ihn zu einem Profi für Erbschafts- und Scheidungsimmobilien macht. Da es in seinem Unternehmen seit Jahren Azubis gibt, ist er auch in den Prüfungskommissionen der IHK Hannover für den Bereich der Immobilienkaufleute tätig.

Im Jahr 2017 wurde er vom BVFI zum Landesdirektor für den Bereich Niedersachsen-Süd berufen. Privat ist er ein Autofan und engagiert sich ehrenamtlich im Bereich der Obdachlosenhilfe.

Kontaktdaten:
fesser:immobilien GmbH & Co. KG
fesser@fesser.de
www.fesser.de

Alexander Gebelein

wurde im Jahr 1981 in Bayreuth als Urenkel von Konrad Leonhardt, dem ersten Immobilienmakler und Rechtsbeistand von Bayreuth, der seine Firma 1908 gründete, geboren.

Nach dem Abitur folgte das Studium der Wirtschaftsgeografie. Danach studierte er Kunstgeschichte mit Schwerpunkt Architektur, bevor im Jahr 2009 der offizielle Eintritt in das Familienunternehmen Gebelein Immobilien erfolgte, deren Geschäftsführer er seit 2013 ist.

Um seinen Kunden eine gehobene Dienstleistungsqualität zu garantieren, nahm er an zahlreichen Weiterbildungslehrgängen teil, z.B. zur Mitarbeitermotivation, zur Unternehmensführung und zu immobilienspezifische Themen. Ferner absolvierte er eine Ausbildung zum Qualitätsmanagement-Beauftragten beim TÜV Süd.

Im Jahr 2019 wurde Herr Gebelein zum Regionaldirektor des BVFI berufen.

Kontaktdaten:
Gebelein Immobilen GmbH
info@immobilien-gebelein.de
www.immobilien-gebelein.com

Klaus Gölbert

wurde 1963 in der Pfalz geboren.

Nach seiner Ausbildung zum Industriekaufmann und der Weiterbildung zum Industriefachwirt arbeitete er bei einer Genossenschaftsbank im Raum Ludwigshafen.

Im Jahr 2001 machte er sich im Bereich Versicherungs- und Finanzierungsvermittlung selbstständig. 2006 gründete er die Immobilienmaklerfirma Immotas mit Hauptsitz in Grünstadt. Die Fima hat aktuell 14 Angestellte und einen freiberuflichen Mitarbeiter. Neben dem Immobiliengeschäft verfügt die Firma über eine Abteilung für Finanzierungsvermittlungen mit zwei angestellten Bankfachwirten.

Als Inhaber von Immotas hat Klaus Gölbert die Zulassung als zertifizierter Sachverständiger für Grundstücke und Immobilien. Immotas ist inzwischen im Bereich Immobilien Premiumpartner der Sparda-Bank Südwest und betreut alle Filialen in den Bundesländern Rheinland-Pfalz und Saarland. Ein weiterer Partner ist die Deutsche Bank in Ludwigshafen und Frankenthal sowie eine namhafte Rechtsanwaltskanzlei in Mannheim.

Kontaktdaten:
Immotas GmbH & Co. KG
goelbert@immotas.de
www.immotas.de

Oliver-D. Helfrich

Jahrgang 1975, ist glücklich verheiratet und stolzer Vater eines Sohnes. Er lebt mit seiner Familie in der Salz- und Hansestadt Lüneburg. Er ist geprüfter Immobilienmakler (IHK) und Fachwirt für Finanzberatung (IHK) sowie zertifizierter DiSG®-Trainer. Seit 1999 beschäftigt sich Oliver-D. Helfrich mit den Themen Finanzberatung, Baufinanzierungen und Immobilien. Seit 2010 ist er aktiv in der reinen Immobilienvermittlung tätig.

Aufgrund der Kombination von Finanzberatung, Immobilie und Baufinanzierungen kennt er sowohl die Eigentümer-, als auch die Interessenten- und Bankenseite gut. Seit einigen Jahren gibt er dieses Wissen in Büchern, in Inhouse-Seminaren und Aktiv-Trainings weiter und blickt auf weit über 100 gegebene Seminare zurück. Seit 2019 ist Oliver-D. Helfrich einer der Vorstände des BVFI – Bundesverband für die Immobilienwirtschaft.

Kontaktdaten:
BVFI – Bundesverband für die Immobilienwirtschaft
helfrich@bvfi.de
www.bvfi.de

Dieter Huber

Bankdirektor a. D., Diplom-Kaufmann und Publizist ist ein erfahrener Unternehmer in der Wohnungs-, Versicherungs-, und Finanzwirtschaft.

15 Jahre Erfahrung und Erfolge in leitenden Stellungen, im Risikomanagement von Kreditinstituten, Firmenkunden- und Immobiliengeschäft, sowie 20 Jahre Erfahrung und Erfolge im Vertrieb hoch anspruchsvoller Dienstleistungen machen ihn zu einer optimalen Vertrauensperson im Bereich der Immobilienwirtschaft.

Abgerundet hat er seine Fachkenntnisse und Erfahrungen mit 10 Jahren Aufsichtsratsmandat in einer Wohnungsgenossenschaft (Hellersdorfer Kiez eG), als Geschäftsführer diverser Baugruppen (u.a. Polis, am Gleisdreieck) und als Mitglied des Verwaltungsbeirats einer in Berlin ansässigen Bank (Berliner Volksbank eG).

Neben seiner nun bereits 10-jährigen Tätigkeit als Makler steht er heute Bauträgern und Baugruppen als Interimsmanager zur Verfügung.

Kontaktdaten:
ADORABLE Immobilien Berlin GmbH
info@adorable-immobilien.de
www.adorable-immobilien.de

Markus Langenbach

ist Dipl. Betriebswirt, Gründer und Inhaber der PROFI-MAKLER-AKADEMIE. Hierbei handelt es sich um „Deutschlands größtes Online Trainings- und Informationsportal für Immobilienmakler und Wohnungsverwalter". Damit ist die Akademie Marktführer in diesem Bereich.

Markus Langenbach startete seine Karriere zunächst bei der SAP AG, wo er sowohl in der Firmenzentrale in Walldorf als auch im kalifornischen Palo Alto tätig war.

Im Jahr 2007 wechselte er dann in die Immobilienbranche und baute sein erstes eigenes Maklerbüro als selbstständiger Immobilienmakler auf. Bereits 2008 erhielt er von einem der größten und weltweit operierenden Immobilien-Franchiseunternehmen die höchste Auszeichnung „Büroinhaber mit herausragenden Leistungen"!

Heute ist er zusätzlich zu seiner Geschäftsführertätigkeit bei der PROFI-MAKLER-AKADEMIE auch einer der Vorstände des BVFI – Bundesverband für die Immobilienwirtschaft.

Kontaktdaten:
PROFI-MAKLER-AKADEMIE
info@makler-wissen.de
www.makler-wissen.de

Marcus Lasar

ist seit 2001 als Rechtsanwalt zugelassen.

Als Fachanwalt für Bau- und Architektenrecht sowie Miet- und Wohnungseigentumsrecht liegen seine Beratungsschwerpunkte im Immobilienwirtschafts- sowie Bau- und Architektenrecht.

Anwaltlich war Marcus Lasar in bundesweit auftretenden Schwerpunktkanzleien des Bau- und Immobilienwirtschaftsrechts in Dortmund, Essen und Berlin tätig. Er berät bis heute vor allem mittelständische Branchenunternehmen und Maklerbüros.

Im April 2018 eröffnete Herr Lasar für die ETL Rechtsanwälte GmbH die Niederlassung in Dortmund. Gleichzeitig forcierte er die Kooperation zwischen ETL und dem BVFI, die zur heutigen Premium Partnerschaft der ETL führte. Herr Lasar hat aktiv an dem letzten Bundeskongress für die Immobilienwirtschaft als Podiumssprecher teilgenommen.

Aufgrund der regelmäßigen Netzwerkveranstaltungen zwischen dem BVFI und ETL ist Herr Lasar immer „nah an der Branche und ihrer täglichen Herausforderungen“.

Kontaktdaten:
ETL Rechtsanwälte GmbH NL Dortmund
marcus.lasar@etl.de
www.etl-rechtsanwaelte.de

Frank Leonhardt

wurde im Jahr 1968 in Nürnberg geboren und ist seitdem mit seiner Familie in der Region fest verwurzelt.

Schon seit 1992 ist er in unterschiedlichen Positionen als Immobilienunternehmer aktiv. Nach dem Studium zum Diplom-Immobilienwirt folgte noch die Weiterbildung zum Sachverständigen für Immobilienbewertung und Baukostenplanung (EIPOS Dresden). Zunächst war er als Projektentwickler und Bauträger tätig, baute ein kleines Hausverwaltungsunternehmen auf und übte parallel dazu stets die Sachverständigentätigkeit aus.

2010 erwarb er sein erstes Franchiserecht von RE/MAX und übernahm Zug um Zug weitere. Mittlerweile betreibt er mehrere RE/MAX-Immobilienbüros in der Metropolregion Nürnberg.

2016 wurde er zum Landesdirektor des BVFI in Franken ernannt, ist seitdem Abgeordneter im Bundeskongress für die Immobilienwirtschaft und gründete 2018 den Bundesverband für Gebäudemodernisierung (BVGeM), dessen Vorstand er ist.

Kontaktdaten:
RE/MAX Immobilien
Nürnberg-Fürth-Stein-Ansbach-Schwabach
frank.leonhardt@remax.de
www.remax-makler.com

Bianca Merk

wurde im Jahr 1970 geboren und wuchs auf dem geschichtsträchtigen Betzenberg in ihrer Heimatstadt Kaiserslautern auf.

Heute lebt sie mit Ihrer Familie in Neustadt an der Weinstraße. Dort eröffnete sie vor einigen Jahren nach Kaiserslautern einen zweiten Standort, der heute auch eine Regionalrepräsentanz des BVFI ist.

Die Geschäftsphilosophie von MERK Immobilien unterstützt den Menschen bei der Findung eines passenden Zuhauses oder eines geeigneten Wohlfühlortes. Selbst in schwierigen Lebensphasen wie Scheidung oder Vererbung von Immobilien steht Merk Immobilien seinen Kunden mit Vertrauen und Fachkompetenz zur Seite. Die Leistungen beinhalten individuelle Marketingmaßnahmen, die eine faire und transparente Vermittlung gewährleisten. Ob Privat-, Gewerbe- oder Anlageobjekte, Neubauprojekte, Bestands- oder Pflegeimmobilien: Hier erhält jede Art der Immobilie, auch unter Einsatz modernster Technologien (wie u.a. Drohnenaufnahmen, 360-Grad-Touren und Visualisierungen) eine individuelle Vermarktungsstrategie.

Kontaktdaten:
Merk Immobilien
info@merkimmobilien.de
www.merk.immo

André W. Ockenfels

Nach einer technischen Ausbildung und langer Vertriebserfahrung erlernte André Ockenfels von der Pike auf den Beruf des Immobilienkaufmanns.

Seine Kenntnisse und sein Wissen hat der Immobilienfachwirt mit einem Studium an der Universität Freiburg im Sachverständigenwesen vertieft. Weiter absolvierte er eine Vielzahl von Fachseminaren, z.B. als Energiewert-Experte oder Sachverständiger im Bereich barrierefreiem Wohnen. Zudem hat er bereits viele junge Menschen erfolgreich zu Immobilienkaufleuten ausbilden können.

Seit der ersten Stunde besteht ein enger Kontakt zu den Vorständen des BVFI. Aufgrund seiner Verbandsarbeit wurde er als Abgeordneter in den Bundeskongress für die Immobilienwirtschaft berufen. Ferner ist er BVFI-Landesdirektor für die Region Rhein-Ruhr.

Zahlreiche Ehrungen, z. B. den Immobilien-Dienstleister-Award für besondere Verdienste und innovative Dienstleistungen in der Immobilienwirtschaft, sowie Auszeichnungen durch das Immobilienmagazin Bellevue und das Nachrichtenmagazin Focus tragen dem Rechnung.

Kontaktdaten:
Rheinische Immobilien Kompetenz GmbH
info@rheinland.immo
www.rheinland.immo

Jürgen Pfund

ist Inhaber der Firma Pfund Immobilien.

Er hat mehr als zehn Jahre im Großraum Stuttgart für namhafte Kreditinstitute Wohn- und Gewerbeimmobilien bewertet und erfolgreich vermittelt. Zudem hat er bei der Sprengnetter Akademie eine Ausbildung in der Immobilienbewertung, sowie weitere Zusatzausbildungen im Bereich Gewerbe-, Spezialimmobilien und Projektentwicklung absolviert. Jürgen Pfund kümmert sich mit seinem kompletten Rund-um-Service persönlich um alle Maßnahmen, um einen möglichst schnellen und gelungenen Verkauf zu realisieren.

Jürgen Pfund ist aktives Premiummitglied im BVFI – Bundesverband für die Immobilienwirtschaft (BVFI). Zudem ist er BVFI-Regionaldirektor für Waiblingen und Ludwigsburg. Gemeinsam mit seinem Team orientiert er sich an einem besonders strengen Verhaltenskodex.

Kontaktdaten:
Pfund Immobilien
info@pfund-immobilien.de
www.pfund-immobilien.de

René Reuschenbach

wurde im Jahr 1968 geboren, ist verheiratet und hat zwei Kinder.

Seit mehr als drei Jahrzehnten ist er in der Immobilienbranche tätig. Nach seiner Ausbildung zum Kaufmann in der Grundstücks- und Wohnungswirtschaft (Hösel) wurde er Prokurist im elterlichen Betrieb, welchen er später übernahm und bis heute erfolgreich führt. Ferner ist René Reuschenbach Gesellschafter und Geschäftsführer von mehreren Unternehmen in der Immobilienbranche. Neben der Vermarktung von Wohn- und Gewerbeimmobilien ist er auch in der Grundstücksentwicklung tätig. Sein Tätigkeitsgebiet ist der Großraum Köln/ Bonn.

Im Jahr 2002 wurde er vom TÜV Rheinland als Sachverständiger für die Bewertung von bebauten und unbebauten Grundstücken zertifiziert.

Seit Anfang 2015 ist René Reuschenbach auch erster Vorsitzender der Kölner Immobilienbörse, einem Zusammenschluss von professionellen Immobilienmaklern und Hausverwaltern im Raum Köln/ Bonn.

Kontaktdaten:
WAV Immobilien Reuschenbach GmbH
rene.reuschenbach@wav-immobilien.de
www.wav-immobilien.de

Sven Weida

ist Gründer von W4/Immobilien und seit Jahren erfolgreicher Immobilienexperte in und um Karlsruhe.

Egal ob Verkaufen, Kaufen, Vermieten oder Mieten – mit Sven Weida und seinem Team haben Sie jederzeit den richtigen Experten an Bord, wenn es um die eigenen vier Wände geht, denn W4/Immobilien hat ein tragfähiges Netzwerk aufgebaut, das Ihnen zu Gute kommt.

Nach herausragenden Leistungen für die Immobilienwirtschaft wurde Sven Weida vom BVFI – Bundesverband für die Immobilienwirtschaft zum Abgeordneten des Bundeskongresses der Immobilienwirtschaft berufen. Diese Stellung ist auch mit der regionalen Verbandsvertretung des BVFI in Karlsruhe verbunden.

Das „W". von W4/Immobilien steht für wertebewusstes Handeln. Die "4" symbolisiert das ganzheitliche Betrachten des Unternehmens, nämlich *„Beraten, Bewerten, Bewerben* und *Begeistern"*. Darum dreht sich alles bei W4/Immobilien.

Kontaktdaten:
W4/Immobilien
s.weida@w4-immobilien.de
www.w4-immobilien.de

Helge Ziegler

ist verheiratet, hat zwei Töchter und vier Enkel.

Der Dipl. Wirtschaftsjurist (FH), Dipl. Immobilienwirt (DIA) und Immobilienfachwirt (IHK) ist Präsident des BVFI – Bundesverband für die Immobilienwirtschaft sowie geschäftsführender Gesellschafter der ImmobiliA GmbH, zu der auch der ImmobilienFachVerlag gehört.

Im Jahr 2010 gründete er gemeinsam mit Jürgen Engelberth den BVFI, der sich mittlerweile zu einem der größeren Verbände entwickelt hat.

Helge Ziegler beschäftigt sich mit Rechtsfragen rund um die Immobilie und steht den Verbandsmitgliedern mit seinem Fachwissen zur Verfügung. Er veröffentlicht regelmäßig Fachartikel, Newsletter und Fachbücher, die beispielsweise im Verlag C.H.Beck, dem Haufe-Verlag, dem ImmobilienFachVerlag, in ImmoCompact, dem Sachwert-Magazin oder den Newslettern des BVFI erschienen sind. Zudem ist er politisch aktiv.

Kontaktdaten:
BVFI – Bundesverband für die Immobilienwirtschaft
ziegler@bvfi.de
www.bvfi.de

Anhang

Das Leistungsprofil eines qualifizierten Immobilienmaklers
An der nachfolgenden Auflistung der möglichen Leistungen eines Immobilienmaklers haben sich viele Mitglieder des AKIP (Arbeitskreis für Immobilien & Politik des BVFI) beteiligt. Ihnen allen sei an dieser Stelle für ihren Einsatz, den sie für alle Mitglieder des BVFI und Leser dieses Buches erbracht haben, gedankt.

Es wird keineswegs der Anspruch erhoben, dass diese Auflistung vollständig ist. Da sich die Tätigkeit eines Immobilienmaklers an neue Gegebenheiten, seien sie durch gesetzliche Änderungen oder Kundenverhalten bedingt, anpassen muss, wird auch diese Aufstellung einer gewissen Dynamik unterworfen sein.

Es soll aufgezeigt werden, welche umfangreichen und vielfältigen Leistungen ein qualifizierter Immobilienmakler im Interesse eines Verkäufers, eines Suchenden und eines Käufers zu erbringen hat. Dabei würdigt er, dass es sich bei den Beteiligten meist um die größte Investition ihres Lebens handelt. Für diesen Makler sind auch die Respektierung der alt-ehrwürdigen Grundregeln eines hanseatischen Kaufmanns sowie die üblichen Anstandsregeln elementar, auch dann, wenn Kunden sie einmal missachten sollten.

Es ist bekannt, dass leider nicht alle Immobilienmakler das nachfolgende Leistungsprofil erfüllen. Das ist jedoch nicht nur den Maklern, sondern auch dem Gesetzgeber wegen der nach wie vor viel zu geringen Berufszugangsvoraussetzungen zuzuschreiben. Mit den nachfolgenden Beschreibungen dieser Standesregeln ist es jedoch dem Maklerkunden möglich, die Spreu vom Weizen zu trennen.

Die folgende Darstellung beschränkt sich nur auf Leistungen eines Immobilienmaklers, der für die Vermittlung von wohnwirtschaftlichen Immobilien tätig ist. Ein Makler, der auch zu bebauende Grundstücke, Anlageobjekte, Gewerbeobjekte, Mietshäuser und/oder Mietwohnungen (bzw. die dafür erforderlichen Verträge) vermittelt, hat noch eine Vielzahl weiterer Leistungen zu erbringen, um das Anforderungsprofil eines qualifizierten Maklers zu erfüllen. Es würde den Rahmen sprengen, diese hier auch noch aufzulisten.

Je nach Arbeitsweise des Maklers können die beschriebenen Leistungen auch in einer anderen Reihenfolge als der hier gewählten getätigt werden.

Nicht alle hier genannten Leistungen gehören zu den Grundleistungen eines Immobilienmaklers, die mit der Zahlung der Provision an ihn abgegolten sind. Im Einzelfall ist daher in Absprache mit ihm eine gesonderte Vereinbarung mit Vergütungsregelung erforderlich.

<u>Grundvoraussetzungen für die qualifizierte Berufsausübung eines Immobilienmaklers</u>

Für die Unternehmensgründung, die Firmenerstausstattung und den Aufbau eines Immobilienbüros sind mindestens 50.000 EUR erforderlich, rechnet man das erste Jahr als Anlaufphase hinzu, eher 150.000 EUR. Die weiteren Voraussetzungen sind die folgenden:

- Erteilung der gesetzlichen Gewerbeerlaubnis nach § 34c der Gewerbeordnung

- Erstellen eines Businessplans unter Zuhilfenahme eines Unternehmensberaters, Rechtsanwalts, Steuerberaters oder der Industrie- und Handelskammer
- Anmietung von geeigneten Räumlichkeiten und deren Bereithalten für Besprechungen
- Bereitstellung des erforderlichen Eigenkapitals (siehe oben)
- Beschaffung der kompletten Büroausstattung, wie beispielsweise Hardware, Telefonanlage, Fax, Kopierer, Scanner, Server, Mitarbeiterrechner, Datensicherungsrechner, spezielle Branchensoftware, Büro-Software, Backup-Systeme, Customer-Relation-ship-Management Software (CRM-System), Cloud-System, Einschulung in die Software (auch die des Personals), professionelle Fotoausrüstung, Fotobearbeitungssoftware
- Erstellung eines Leistungs- und Dienstleistungskatalogs mit Differenzierungsanalyse zu den Mitbewerbern
- Festlegen der Rechtsform, Unternehmensgründung, Unternehmensanmeldung
- Abschluss und Unterhaltung einer Betriebs- und Vermögensschaden- sowie Berufshaftpflichtversicherung
- Beschaffung und Erstellung von geeigneten Formblättern, Checklisten und Arbeitsmaterialien zur Optimierung der Büroabläufe und Verkaufsprozesse
- Juristische Ausarbeitung von Vertragsformularen und Allgemeinen Geschäftsbedingungen
- Aufbau der Firmen-Homepage samt rechts- und abmahnsicherem Impressum und der Datenschutzerklärung

- Einrichten weiterer Internet-Profile, z.B. für Google, Facebook, XING, Linked-In
- SEO-Optimierung, Einrichten von Google-Adwords usw.
- Verträge mit Internetportalen zur Bewerbung der Angebotsimmobilien
- Erstellung von geeignetem Marketing-Material, z.B. Unternehmensbroschüren, Exposés, Flyer
    - Personalsuche und deren Einarbeitung

Die Leistungen eines qualifizierten Immobilienmaklers

Diese nachfolgend genannten Voraussetzungen, gleich ob sie vom Gesetzgeber vorgeschrieben sind oder nicht, hat ein Immobilienmakler zu erfüllen, um für alle Beteiligten eine optimale Leistung erbringen zu können:

- Definition und Dokumentation der Unternehmensprozesse zur Optimierung der internen Abläufe
- Dokumentation seiner Aktivitäten für seine Kunden
- Kontaktherstellung zu zukünftigen Auftraggebern durch geeignete Werbemaßnahmen, wie z.B. Zeitungswerbung, Newsletter, Einwurf-Flyer, Tippgebersystem
- Fortlaufende Qualifizierung und Weiterbildung der Geschäftsleitung und des Personals (Die gesetzlich geforderten 20 Stunden in 3 Jahren reichen für die erforderliche Qualifikation bei weitem nicht aus.)
- Externe und interne Seminare und Fortbildungen der eigenen MitarbeiterInnen, z.B. für die Themen EU-Datenschutz-Grundverordnung (DSGVO), Wettbewerbsrecht, Energie-Einsparverordnung (EnEV2014), Geldwäschegesetz (GWG), Marketing, Vertrieb

- Zusatzausbildung zum Sachverständigen für die qualifizierte Bewertung von Liegenschaften
- Kenntnis über folgende Gesetze: Bürgerliches Gesetzbuch (BGB), Maklerrecht, Fernabsatzgesetz mit seinem Widerrufsrecht, Geldwäschegesetz (GwG), EU-Datenschutz-Grundverordnung (DSGVO), Makler- und Bauträgerverordnung (MaBV), Energieeinsparverordnung (EnEV 2014), Preisangabenverordnung (PAngV), Gesetz gegen den unlauteren Wettbewerb (UWG) usw.
- Vorbereitung des Erstgesprächs: Rechercheleistungen bzgl. Person, Liegenschaft und Marktumfeld, Zusammenstellung geeigneter Vertriebsunterlagen, z.B. Unternehmensdarstellung, Referenzen, Objektaufnahme-Checkliste
- Bestätigung des eigentlichen Termins kurz bevor er stattfindet, da ca. 30 Prozent der Termine „verpasst" werden und damit die Anfahrt umsonst war
- Erarbeitung einer individuellen Vertriebsstrategie
- Vor-Ort-Besichtigung, Ermittlung objektbezogener Besonderheiten, Feststellung von Mängeln sowie etwaiger Renovierungs- und/oder Instandsetzungsmaßnahmen und deren Kosten
- Sammeln objektspezifischer Unterlagen, wie z.B. Grundbuchauszug, Baupläne, Energieausweis, Teilungserklärung usw., ggf. Vollmachtserteilung des Auftraggebers für den Makler
- Analyse der Mikro- und Makrolage des Objekts und Analyse der in der Vergangenheit in der näheren Umgebung verkauften Immobilien

- Vorstellung des Profils des Maklerunternehmens sowie Erläuterung der Unterscheidungsmerkmale zu anderen Maklerunternehmen, Übergabe von Referenzen, Schilderung bisheriger Vermarktungserfolge, Vorstellen des Leistungsverzeichnisses und ausgewählter Tätigkeiten, Aushändigung eines Muster-Exposés
- Erstellen einer professionellen und fachkundigen Marktwertanalyse der zu verkaufenden Immobilie
- Detaillierte Erklärung der Marktwertanalyse gegenüber dem Auftraggeber, Erläuterung der verwendeten Berechnungsmethoden, Information über die Datensammlung des Gutachterausschusses und über die realisierten Verkaufspreise ähnlicher Immobilien, Beeinflussung der besonderen objektspezifischen Gegebenheiten auf den Marktwert, Erklärung des Marktanpassungsfaktors, Begründung des ermittelten Marktwertes
- Erläuterung der möglichen Preis- und Vertriebsstrategie unter Berücksichtigung des optimalen Markteintrittspreises und der Vermarktungsdauer
- Detailbesprechung des Maklervertrags und der AGB's, Ausarbeitung individueller Vereinbarungen
- Information über das gesetzliche Widerrufsrecht, die Bestimmungen des Geldwäschegesetzes (GwG), die EU-Datenschutz-Grundverordnung (DSGVO) und das Bundesdatenschutzgesetz (BDSG)
- Erteilung von Vollmachten für Behörden, Verwalter usw.
- Erfassung aller Daten im Datenbanksystem
- Aufbereitung von weiterführenden Unterlagen für den Vertrieb

- Ablösevoraussetzungen bestehender Darlehen (Vorfälligkeitsentschädigungen) klären
- Aktuelle Kreditinformationen mit möglichen Darlehensgebern für die Interessenten erfragen
- Liste des evtl. auch zu verkaufenden Zubehörs und Inventars erstellen und deren Wert ermitteln bzw. die Rechnungsunterlagen besorgen.
- Liste der fertiggestellten Reparaturen und Wartungsarbeiten erstellen
- Liste mit eventuell noch notwendigen Reparaturen erstellen und Angebote einholen
- Mieter über den beabsichtigten Verkauf informieren und vereinbaren, wie die Besichtigungstermine durchgeführt werden
- Zugang des Auftraggebers zum speziellen Kundenbereich und Passwortvergabe in der Maklersoftware zur Nachvollziehbarkeit der Aktivitäten des Maklers
- Professionelle Fotos vom Objekt erstellen und nachbearbeiten
- Erstellen eines ausführlichen Farbexposés mit Fotos, Grundrissen und notwendigen Objektinformationen, von vermarktungsgeeigneten Grundrisszeichnungen, eines 360°-3D-Video-Rundgangs und/oder von Luftaufnahmen
- Präsentation der Immobilie in den gängigen Internetportalen und auf der eigenen Webseite
- Vorgemerkte Suchkunden informieren und mit ihnen das neue Angebot besprechen

- Anbringen eines Verkaufsschilds in Absprache mit den Kunden
- Einsatz weiterer geeigneter Marketing-Aktivitäten, wie z.B. Zeitungsinserate, Newsletter, Einwurf-Flyer, Nachbarschaftsmailings
- Farming: Flyer in der näheren Umgebung verteilen und infrage kommende Personen direkt ansprechen
- Analyse der Kundenanfragen, Ermitteln der persönlichen Möglichkeiten wie Eigenkapital, Vermögen, Einkommen, Finanzierbarkeit, Besprechen der Wünsche und Bedürfnisse des Interessenten
- Erstauswahl der wahrscheinlich infrage kommenden Interessenten, besprechen und klären, ob die angebotene Immobilie in das Anforderungsprofil der Interessenten passt, Beratung der Interessenten hinsichtlich des näheren Umfelds der Immobilie, Lage und Infrastruktur hinsichtlich der Eigenschaften der angebotenen Immobilie, (z.B. Nutzungsmöglichkeiten, Veränderungen, Anpassungen)
- Übereinstimmung der Wunschvorstellungen des Interessenten mit der angebotenen Immobilie prüfen
- Detaillierte Erläuterung des ermittelten Angebotspreises
- Mit allen Beteiligten einen Besichtigungstermin abstimmen, Besichtigung durchführen und die Liegenschaft im Detail zeigen, Klärung weiterer offener Fragen
- Ggf. Durchführung einer Zweitbegehung mit einem Bausachverständigen
- Regelmäßige Information des Auftraggebers über die Gespräche und die Ergebnisse der Besichtigungen

- Identifizierung der Interessenten über die Bestimmungen des Geldwäschegesetzes (GwG)
- Moderation in den Preisgesprächen und Erzielen einer Preiseinigkeit zwischen Käufer und Verkäufer
- Reservierung der Immobilie für den Kaufinteressenten
- Betreuung des Interessenten bei der Finanzierung, geeignete Finanzierungsalternativen eruieren
- Dem finanzierenden Institut alle notwendigen Unterlagen zur Verfügung stellen
- Die Finanzierungsbestätigung an den Verkäufer weiterleiten
- Zusammentragen der für den Notar erforderlichen Unterlagen (Daten Käufer, Verkäufer, Vertragsobjekt und weiterer Vertragsgegenstände)
- Mit dem Verkäufer und dem Käufer die Vertragsmodalitäten besprechen, z.B. Preis, Zahlungstermin, Verfügbarkeit, Übergabe
- Mit dem Interessenten die vermeintliche Höhe der Grunderwerbssteuer unter Berücksichtigung der Instandhaltungsrücklage und dem Wert des Zubehörs besprechen
- Weiterleitung der kaufvertragsrelevanten Informationen an den Notar
- Für den Interessenten den Notar beauftragen und auf dessen Rechnung einen Kaufvertragsentwurf erstellen lassen
- Mit dem Interessenten, dem Verkäufer und dem Notar geeignete Termine für die Beurkundung ermitteln

- Erste Prüfung des Kaufvertrags vornehmen und ggfs. Fehler korrigieren lassen
- Den Kaufvertragsentwurf an die finanzierende Bank, den Käufer und den Verkäufer zur Information und Prüfung weiterleiten
- Den Kaufvertragsentwurf mit dem Verkäufer und dem Käufer besprechen und offene Fragen klären
- Den Notar über etwaige Änderungswünsche informieren
- Dem Notar für Rückfragen zur Verfügung stehen
- Käufer und Verkäufer im Notartermin begleiten und bei aufkommenden Unstimmigkeiten moderieren
- Die im Kaufvertrag getroffenen Vereinbarungen bis zu ihrer Erledigung begleiten
- Dazu beitragen, eventuelle Konflikte zu lösen
- Käufer und Verkäufer weiterhin bei Fragen zur Verfügung stehen
- Die Voraussetzungen der Kaufpreiszahlung und deren Fälligkeit begleiten
- Die Übergabe der Immobile begleiten und ein Übergabeprotokoll anfertigen, Ablesen der Zählerstände
- Den Käufer über sein Sonderkündigungsrecht hinsichtlich der Brand- und Elementarversicherung informieren, ggf. neue Versicherungsangebote einholen
- Dem Käufer geeignete Fachfirmen für etwaige Sanierungs- und Modernisierungsmaßnahmen sowie den Umzug empfehlen

Bei Eigentumswohnungen zusätzlich

- Inhalte der Teilungserklärung und der Gemeinschaftsordnung samt Nachträgen erläutern, ebenso die Beschlüsse der Wohnungseigentümergemeinschaft und deren Folgen
- die Betriebskostenabrechnungen der letzten 3 Jahre erklären
- überprüfen, ob es uneinbringliche Forderungen anderer Eigentümer gibt, für die der neue Eigentümer einstehen muss
- die Höhe der Instandhaltungsrücklage ermitteln und mit dem Zustand des Objektes abgleichen
- auf einen eventuellen Instandhaltungsstau und der möglichen Erhebung einer Sonderumlage hinweisen
- Erläuterung der Vorgehensweise bei einem unterjährigen Eigentümerwechsel, insbesondere bei einer vermieteten Eigentumswohnung
- Hinweise auf Grundsteuerzahlungen (Der am Anfang des Kalenderjahres eingetragener Eigentümer zahlt in der Regel bis zum Ende des Kalenderjahres.)
- Zeitliche Trennung der Jahresabrechnung durch den Verwalter mit dem Verkäufer und dem Käufer veranlassen

Hinweis

Sicher gibt es noch Leistungen des Maklers, die hier nicht genannt sind, weil einfach dessen Tätigkeit weitaus komplexer ist, als es allgemein gesehen wird. Ein Immobilienmakler geht mit allen Leistungen in Vorlage. Sie werden ihm nur dann mit der Zahlung einer Provision honoriert, wenn er erfolgreich den Kaufvertragsabschluss vermitteln konnte – sonst nicht!

Checkliste Unterlagen für den Verkauf eines Hauses

Nachfolgend haben wir Ihnen einmal, nach Objektarten unterteilt, eine Checkliste vorbereitet, damit Sie wissen, welche Unterlagen Sie als Verkäufer oder Käufer einer Immobilie benötigen.

Auf den ersten Blick mag Ihnen das viel vorkommen oder gar unlösbar erscheinen, doch genau das sind die Unterlagen, die die Bank des Käufers nach § 18 Kreditwesengesetz (KWG) und nach der Wohnimmobilienkreditrichtlinie (WKR) sehen möchte und prüfen muss.

Sie haben diese Unterlagen nicht vollständig? Das macht nichts. Mit der den Makleralleinauftrag ergänzenden Vollmacht kann ein Immobilienmakler all diese Unterlagen für Sie anfordern. Diese Serviceleistung ist für Sie grundsätzlich kostenfrei!

Folgend wird nicht der Anspruch erhoben, dass die Liste vollständig ist. Es kann durchaus sein, dass ein Dritter weitere Unterlagen benötigt. Sind aber die hier genannten griffbereit oder werden gar in einer schönen Mappe übergeben, hinterlässt das schon mal einen hervorragenden Eindruck!

Für den Verkauf Ihres Hauses stellen Sie bitte folgende Unterlagen zusammen:

- Aktuelle Katasterkarte
- Altlastenauskunft
- Auszug aus dem Baulastenverzeichnis
- Baubeschreibung und Bauzeichnungen

- Bebauungsplan bzw. ausführliche Informationen zum Baurecht
- Beschlüsse nach dem Kommunalabgabengesetz
- Denkmalschutzverzeichnis/ Bestätigung über Denkmalschutz (falls erforderlich)
- Energieabrechnungen
- Energieausweis
- Flächen- und Kubatur-Aufstellungen des Architekten
- Flächennutzungsplan
- Grundbesitzabgabenbescheid
- Grundbuchauszug (nicht älter als 3 Monate)
- Hinweise auf die angewandte Berechnungsmethode (wie beispielsweise Wohnflächenverordnung, DIN277 usw.)
- Liegenschaftskarte/ Flurkarte
- Mietverträge (bei vermieteten Objekten)
- Nachgezeichnete Grundrisse mit Beispielmöblierung
- Nachweise der Gebäude- und Brandversicherungen
- Nachweis über Erschließung
- Nebenkostenabrechnung der letzten drei Jahre mit dem Mieter (sofern vermietet)
- Pläne, Grundrisse mit Maßketten, Schnitte und Ansichten
- Statik
- Wohnflächenberechnung

Checkliste Unterlagen für den Verkauf einer Eigentumswohnung

Um Wiederholungen zu vermeiden, werden hier nur die Unterlagen genannt, die zusätzlich zu den bei einem Hausverkauf erforderlich sind.

- Aufstellung der Instandhaltungsrücklage
- Aufstellung beabsichtigter Instandhaltungsmaßnahmen
- Aufstellung möglicher Hausgeldrückstände
- Beschlussprotokolle der letzten drei Eigentümerversammlungen
- Gemeinschaftsordnung
- Hausgeldabrechnung
- Information über beabsichtige oder beschlossene Sonderumlagen
- Teilungserklärung
- Verwaltervertrag
- Wirtschaftsplan

Der ImmobilienFachVerlag

Der ImmobilienFachVerlag hat sich auf die Veröffentlichung von Sach- und Fachliteratur aus dem Bereich der Immobilienwirtschaft spezialisiert. Das Angebot richtet sich beispielsweise an Immobilienmakler, Hausverwalter, Finanzdienstleister, Gutachter und Sachverständige, die bereits Berufserfahrung gesammelt haben. Aber auch Existenzgründern oder Berufsanfängern wird ein reichhaltiges Programm geboten. Zudem ist das Verlagsprogramm für Verkäufer, Vermieter und all jene interessant, die mit Immobilien zu tun haben.

Vorstellung ausgewählter Bücher
Hier wird Ihnen eine kleine Auswahl an Büchern, die Sie über den ImmobilienFachVerlag beziehen können, vorgestellt.

„Richtig vermieten – beruhigt schlafen"
Eine Wohnung zu vermieten war noch nie eine leichte Aufgabe. Vermietern werden wertvolle Hilfen gegeben, wie man zum Beispiel einen passenden Mieter findet, die Wohnungsübergabe handhabt, wo man den richtigen Mietvertag erhält oder wie man die Bonität eines Interessenten prüft, um einen Mietausfall mit erheblichen finanziellen Folgen zu vermeiden, u.v.m.

Doch nicht nur Vermieter erhalten wertvolle Ratschläge zur Eigenvermietung. Die Lektüre ist auch jedem Makler zu empfehlen, der etwas auf sich hält und sich an den hohen Maßstäben seiner Kunden messen lassen möchte. Für manchen Makler wird das darin Beschriebene Ansporn sein müssen, ihre bisherige Qualität zu überprüfen und ggf. an die Anforderungen anzupassen.

Im Ratgeber werden also alle wichtigen Prozesse einer Vermietung behandelt. Geeignete Formulare können per E-Mail beim Autor ohne Berechnung angefordert werden. So ist der Leser bestens auf die Praxis seiner Vermietung vorbereitet – ob mit oder ohne Makler – er kann gleich loslegen! Und nach der Vermietung „beruhigt schlafen!"

Die Autoren
Helge Ziegler, Dipl. Wirtschaftsjurist (FH), Dipl. Immobilienwirt (DIA), Immobilienfachwirt (IHK)
Dr. Ralf Stark, Rechtsanwalt, Fachanwalt für Miet- und Wohnungseigentumsrecht
www.beck.de oder www.immobilienfachverlag.de

„Abmahnungen – Nein, Danke!"
Die Autoren, der eine Wirtschaftsjurist und Präsident des BVFI - Bundesverband für die Immobilienwirtschaft, der

andere Vorstand des gleichnamigen Verbands, Schulungsleiter eines Maklerverbundes und Immobilienmakler (IHK) müssen sich nahezu täglich mit Abmahnungen beschäftigen. Immer wieder kommen besorgte, teilweise gar wütende Immobilienmakler auf sie zu und verstehen die Welt nicht mehr. Sie sehen sich in ihrer eigentlichen Berufsausübung gehindert. Zudem sind sie unsicher, wie sie mit Abmahnungen umgehen sollen. Die Autoren wiederum müssen oftmals feststellen, dass sich Makler viel zu fahrlässig dem Risiko einer Abmahnung aussetzen. Zuweilen müssen sie mit ansehen, wie unprofessionell Makler mit Abmahnungen umgehen. Unnötige Kosten von 10.000 EUR und mehr könnten vermieden werden. Verärgert sind die Betroffenen auch, weil jemand mit der Methodik eines Spürhundes ihre Fehler aufdeckte und ihnen auf die Schliche gekommen ist. Muss das sein, fragen sich fast alle zurecht? Nein! Die meisten Abmahnungen müssen nicht sein, wenn Immobilienmakler doch wenigstens einige Regeln kennen und beachten würden. Denn oft sind es dieselben Abmahnungen, von denen die Autoren erfahren. Es häufen sich nämlich bestimmte Wettbewerbsverstöße, die mit einfachen Mitteln vermeidbar gewesen wären. Wie, darauf geht dieses Buch ein.

Die Autoren schildern die Abmahngründe, die ihnen am häufigsten begegnen. Es ist ihnen ein Anliegen, diese zu schildern und aufzuzeigen, wie Immobilienmakler die Gefahr, abgemahnt zu werden, erheblich verringern. Denn Abmahnungen sind lästig und teuer und zumeist unnötig. Die Autoren haben mehr als 30 Abmahnfallen aufgedeckt. In diesem Buch erläutern sie und zeigen auf, wie man richtig mit Abmahnungen umgeht.

<u>Die Autoren</u>
Helge Ziegler, Dipl. Wirtschaftsjurist (FH), Dipl. Immobilienwirt (DIA), Immobilienfachwirt (IHK)
Oliver-D. Helfrich, Immobilienmakler (IHK), Fachwirt für Finanzberatung (IHK)
www.immobilienfachverlag.de

„Erfolgreich als Immobilienmakler“

Der Beruf des Immobilienmaklers wird immer anspruchsvoller. Makler müssen sich immer häufiger mit Fragen, wie z.B. der Provisionssicherung oder der Scheinselbständigkeit beschäftigen. Zudem verlangt auch der Kunde dem Makler immer mehr ab. Hinzu kommt der zuweilen gnadenlose Wettbewerb unter den Maklern. Dieses Buch vermittelt unabdingbare Basics. Ohne dieses Wissen sollte niemand Makler werden oder diesen Beruf ausüben. Die Gefahr, sich Regressansprüchen auszusetzen oder seinen wohlverdienten Provisionsanspruch zu verlieren wäre zu groß.

Die Autoren sind einerseits Juristen, anderseits aber auch Praktiker. Denn täglich werden Sie mit den Sorgen und Nöten der Makler konfrontiert. Diesen reichen Erfahrungsschatz stellen sie dem Leser zur Verfügung, unabhängig davon, ob er ein erfahrener Profi ist oder ein Existenzgründer.

Die Autoren

Helge Ziegler, Dipl. Wirtschaftsjurist (FH), Dipl. Immobilienwirt (DIA), Immobilienfachwirt (IHK)

Dr. Ralf Stark, Rechtanwalt, Fachanwalt für Miet- und Wohnungseigentumsrecht

Dr. Malte Schwertmann, Rechtsanwalt, Vorsitzender der Feuerbach Akademie Ansbach

www.haufe.de oder www.immobilienfachverlag.de

„Anforderungen an den Datenschutz in Immobilienunternehmen. Die EU-Datenschutz-Grundverordnung (DSGVO)“

Am 25. Mai 2018 trat die neue EU-Datenschutz-Grundverordnung, kurz DSGVO, in Kraft. Der Autor hat für alle in der Immobilienwirtschaft Tätigen eine übersichtliche Zusammenfassung erstellt. Aufgrund ihrer Komplexität bezeichnet er die DSGVO als „Schlangengrube“, denn die neuen datenschutzrechtlichen Bestimmungen haben gravierende Auswirkungen auf den beruflichen Alltag von Immobilienmaklern, WEG- und Miethausverwaltern. Es wird dringend angeraten, sich ernsthaft mit der Implementierung der DSGVO und den Bestimmungen des Bundesdatenschutzgesetzes (BDSG) auseinanderzusetzen. Nach dem BDSG können Ordnungswidrigkeiten mit einer Geldbuße bis zu 50.000 EUR, im Einzelfall sogar bis zu 300.000 EUR geahndet werden, nach der DSGVO sogar mit 4 Prozent des weltweit erzielten Umsatzes und bis zu 20 Millionen EUR!

<u>Der Autor</u>

Helge Ziegler, Dipl. Wirtschaftsjurist (FH), Dipl. Immobilienwirt (DIA), Immobilienfachwirt (IHK), www.immobilienfachverlag.de

Der „BVFI – Bundesverband für die Immobilienwirtschaft“

Der BVFI wurde von den beiden Unternehmern Jürgen Engelberth und Helge Ziegler gegründet. Er hat seinen Sitz in Frankfurt am Main. Gleich nach seiner Gründung im Jahr 2011 wuchs die Mitgliederzahl rasant an. Heute sind es über 10.000.

Mit seiner eigenen, auch Nichtmitgliedern offenstehenden Akademie bietet er seinen Mitgliedern kostenlos Online-Schulungen zur Erfüllung der gesetzlichen Weiterbildungspflicht an, ferner vergünstigt er die Ausbildungen zum „Fachmakler der Immobilienwirtschaft BVFI®“ und zum „Geprüften Immobilienbewerter für Wohnimmobilien BVFI®“ (www.bvfi-akademie.de)

Der BVFI ist beim Deutschen Bundestag als Interessenvertretung akkreditiert.

Kontaktdaten:
BVFI – Bundesverband für die Immobilienwirtschaft
The Squaire 12
60549 Frankfurt/Main
Telefon: +49 (69) 24 74 84 80
E-Mail: info@bvfi.de
Internet: www.bvfi.de

Charity

Meine Frau und ich möchten mit unseren Möglichkeiten dazu beitragen, dass es Menschen besser geht. Deshalb unterstützen wir u.a. das Projekt der „Ein-Dollar-Brille“, mit dessen Hilfe es nahezu weltweit Menschen mit einfachen Mitteln ermöglicht wird, (wieder) sehen zu können. Aber auch andere Organisationen, wie z.B. das SOS-Kinderdorf in Hohenroth oder MAKE-A-WISH, unterstützen wir mit unseren Zuwendungen.

An diese Stelle wollen wir Sie über die Ein-Dollar-Brille informieren.

Stellen Sie sich nur einmal kurz vor,

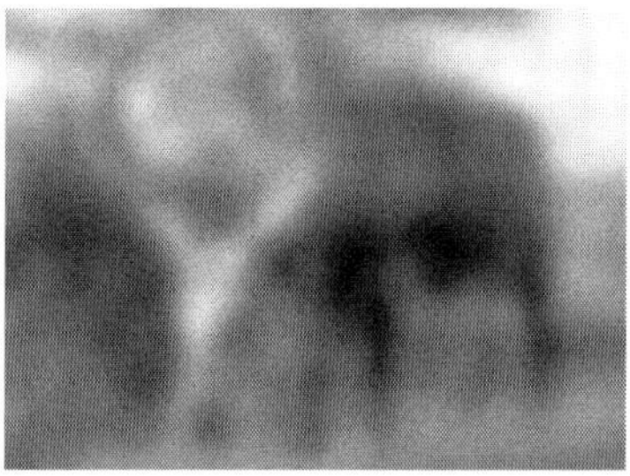

Sie könnten nur unscharf oder gar nichts sehen, Sie könnten keine Zeitung mehr lesen, nicht googeln oder keinen Film mehr schauen. Möglicherweise wäre ihre Sehkraft sogar so gering, dass Sie nicht einmal mehr Auto fahren dürften. Oder Sie könnten keiner Arbeit nachgehen. Wäre das nicht schlimm?

Viele Menschen könnten mehr aus ihrem Leben machen, wenn ...

... sie eine Brille hätten. Kinder könnten lernen, denn Bildung ist das A&O. Eltern könnten arbeiten und für ihre Familien sorgen. Die Folge wäre weniger Bildungsarmut und weniger finanzielle Nöte. Menschen könnten in ihrer Heimat bleiben, anstatt in Länder des vermeintlichen Wohlstandes zu flüchten. Mit einer Brille würde sich Vieles zum Guten ändern! Mehr als 150 Millionen Menschen auf der Welt könnte geholfen werden.

Einen Lehrer aus Erlangen lässt das nicht mehr ruhen!

Martin Aufmuth, ein Lehrer aus Erlangen, ließ dieser Gedanke nicht los. Er fragte sich, wie es wäre, wenn sich Menschen,

die von einem Dollar am Tag leben müssen, eine Brille leisten könnten. Und dann begann er mit der Entwicklung der EinDollarBrille. Ein Jahr später hatte er sie! Heute können Menschen z.B. in Brasilien, Nicaragua, Bolivien, Benin, Burkina Faso, Malawi, Äthiopien, Ruanda, Bangladesch und hoffentlich bald noch in vielen anderen Ländern mit einfachen Mitteln selbst diese EinDollarBrille herstellen. Das ist doch faszinierend, oder?

Schon 100.00 Menschen konnte geholfen werden!

Zwischenzeitlich konnten 100.000 Menschen mit einer Ein-

DollarBrille versorgt werden! Das sind alles zusammen mehrere Hunderttausende neue Lebensperspektiven. So leben zum Beispiel in Burkina Faso über 30 teilweise körperbehinderte Menschen von der Herstellung und dem Verkauf der EinDollarBrillen. Bis zu 1.000 Brillen verkaufen sie im Monat. Ist das nicht wunderbar?

Ein Dollar hilft den Menschen in ihrer Heimat bleiben zu können!
Wer sehen kann, kann lernen, einen Beruf ausüben, sich und seine Familie ernähren, in seiner Heimat bleiben... Die Ein-DollarBrille hilft mittelbar auch uns, weniger Flüchtlinge aufnehmen zu müssen.

Ja, ich unterstütze dieses Projekt!
Mir ist es ein Anliegen, vielen Menschen dieses wunderbare Projekt nahe zu bringen. Machen Sie mit?

Von der spannenden Entwicklungsgeschichte können Sie hier mehr erfahren: www.eindollarbrille.de